Josef Imbach
Geheimnisse der kirchlichen Küchengeschichte

Josef Imbach

Geheimnisse der kirchlichen Küchengeschichte

Pikante Episoden
und köstliche Rezepte

Albatros

Bibliografische Information der Deutschen Nationalbibliothek

Die Deutsche Nationalbibliothek verzeichnet diese Publikation
in der Deutschen Nationalbibliografie; detaillierte bibliografische Daten
sind im Internet über http://dnb.d-nb.de abrufbar.

Umschlaggestaltung: butenschoendesign.de
Umschlagmotiv: © akg-images/Joseph Martin
Printed in Germany
ISBN 978-3-491-96227-9
www.patmos.de

Inhalt

PETRUS ERAM QUEM PETRA TEGIT DICTUSQUE COMESTOR –

NUNC COMEDOR. VIVUS/DOCUI, NEC CESSO DOCERE.

STEIN WAR MEIN NAME.

NUN NAGEN DIE WÜRMER AN MIR UNTERM GRABSTEIN.

ABER NICHTSDESTOTROTZ/WIRKT MEIN GESCHRIEBENES WORT.

Grabinschrift, welche Petrus Comestor (der Verschlinger) für sich selbst verfasste.

Vorwort

Petrus (vom Lateinischen *petra*, der Stein), von dem das Motto zu diesem Vorwort stammt, erhielt den Beinamen *Comestor*, auf Deutsch *der Fresser*, nicht etwa weil er den Tafelfreuden übermäßig zugetan gewesen wäre, sondern weil er die meiste Zeit seines Lebens damit verbrachte, Bücher zu verschlingen. Dieser Bücherwurm stammte aus Troyes in der Champagne und starb 1169 in Paris, wo er Theologie unterrichtete. Sein Hauptwerk mit dem Titel *Historia scholastica*, eine Geschichte der Menschheit von der Erschaffung Adams bis zur Ankunft des heiligen Paulus in Rom, galt während des ganzen Mittelalters als Standardwerk, was einen Dante veranlasste, den berühmten Gottesgelehrten geradewegs ins Paradies zu befördern.

Anderseits zögerte der florentinische Dichter keinen Augenblick, sogar Päpste für eine Weile im Fegefeuer schmoren zu lassen, weil diese, statt den Geist zu nähren, bei Tisch gelegentlich ein bisschen zu übertreiben pflegten, wenn ihr Leibgericht aufgetragen wurde. Es trifft dies zu für Martin IV., welcher anno Domini 1285 an Verdauungsbeschwerden starb, weil er zu viel von dem in Vernaccia gedünsteten Aal in sich hineingestopft hatte, auf den er zeitlebens so scharf war.

Erfahrungsgemäß verhält es sich nicht so, dass nur Kostverächter mit kirchlichen Ehren und Würden überhäuft worden wären. Von Kardinal Talleyrand, dem nichts Menschliches fremd war, stammt das Wort: »Man zeige mir ein anderes Vergnügen, das sich jeden Tag einstellt und eine Stunde dauert.« Wohlgemerkt, Eminenz sprach vom Essen.

Wenn in diesem Buch Kirche und Kochkunst zwar nicht auf einen Nenner oder unter einen Hut, aber doch miteinander in Verbindung gebracht werden, hängt das weniger mit der dem Klerus angedichteten Gaumenlust, sondern vielmehr mit der historisch und liturgisch bedingten Wechselbeziehung zwischen Fasten und Feiern zusammen – und mit der Tatsache, dass es auch unter den Christenmenschen sehr verschiedene Kostgänger gibt, Asketinnen und Feinschmecker, Fastenfanatiker und Naschkatzen, Menschen eben, die Lebensfreude ausstrahlen und solche, die permanent eine Leidensmiene zur Schau tragen. Wenn die Kinder des Lichts dem Pluralismus in Glaubensdingen manchmal etwas skeptisch gegenüberstehen, so sollten sie diesen zumindest im kulinarischen Bereich tolerieren. Hier gerät sogar das sonst verpönte Mittelmaß zur Tugend; schließlich geht es ja gerade darum, die Gaumenfreude in Grenzen und die Askese im Zaum zu halten.

Dass die Wahrung dieses Gleichgewichts gelegentlich etwas schwierig ist, zeigt die Reproduktion des Gemäldes von Francisco de Zurbarán auf dem Schutzumschlag. Dargestellt ist das »Speisewunder« des heiligen Bischofs Hugo von Grenoble (1053–1132). Der betritt das Refektorium eines Kartäuserklosters ausgerechnet in dem Augenblick, in welchem ein Diener Fleisch aufträgt, dessen Genuss die Ordensregel den Mönchen verbietet. Wie der Heilige mit einem Finger die Schüssel berührt, verwandelt sich der Inhalt in Asche. Notorische Spötter und eingefleischte Zweiflerinnen werden natürlich behaupten, dass der Braten schon im Ofen angebrannt sei. Möglicherweise trifft dies tatsächlich zu, was aber nichts daran ändert, dass die meisten Menschen anscheinend den Verlockungen der Gaumenlust leichter erliegen als der Versuchung zur Askese.

Manche der hier veröffentlichen Rezepte verdanke ich Bekannten, die mich durch ihre Gastfreundschaft, aber auch durch mancherlei Hinweise und Ratschläge nicht nur zu neuen Kreationen, sondern auch zu der einen oder anderen Geschichte inspirierten. Zu besonderem Dank verpflichtet bin ich Imelda Casutt, die viele Stunden darauf verwandte, dem Druckfehlerteufel nach Möglichkeit den Garaus zu machen.

Josef Imbach

Falls nicht anders vermerkt, sind die Rezepte jeweils für vier Personen berechnet. Die Angaben in EL und TL beziehen sich auf gehäufte Ess- und Teelöffel.

Klerikergelüste und Klosterspeisen

Ach lieber Gott, wie ein edel Kleinodt ists umb einen gesunden Leib, der essen und trinken, schlaffen, harnen und scheissen mag. Wie wenig dankt man Gott dafür.

Martin Luther, 1538 (während seiner Krankheit)

Pastoralreise zu Kirchen und Küchen

Wir zogen dann zurück zur Burg Finkenstein, um das Fasten des Vortages vor S. Matthias zu beenden, wie wir hofften mit guten Speisen, und in der Tat, unsere gute Meinung hat uns nicht getrogen. Wir nahmen zu mehreren Platz, da wurde als erster Gang schon aufgetragen Mandelmilch und Suppe, in der aufgeweichtes frisches Weißbrot in kleinen Brocken schwamm, als zweiter Gang frische Fische, gesotten, als dritter Gemüse mit gebackenen Forellen; als vierter Suppe von ausgelösten Krebsen in Wein mit Gewürznelken versetzt; als fünfter Feigen in Wein – und zwar in bestem Rebolio – gekocht und mit herumschwimmenden Mandeln gewürzt; als sechster Reis gekocht, mit Mandelcreme übergossen und in der Mitte Mandelkerne eingesteckt, welche Speise auf Deutsch »Weltmutter« heißt. Das siebente Gericht waren eine Masse Forellen in Wein gesotten, vom bestem Geschmacke; achtens eine Fülle Krebse von wunderbarer Größe in Wein gesotten; neuntens Bäckereien (Busserln, Plätzchen) von der Größe zweier Hostien in eine Schüssel getan und mit Weinberln untermischt zu einer Masse verarbeitet, dann mit Oblaten umgeben in die Backpfanne eingelegt, hernach Tellerportionen mit Staubzucker angerichtet, süß und herzerfrischend; als Nachtisch wurden Birnen verschiedener Gattungen mit frischen Äpfeln und Nüssen gegeben.

Die Schilderung dieses opulenten Mahles findet sich in einer lateinischen Handschrift, welche unter der Nummer 3795 in der Vatikanischen Bibliothek gehütet wird und in der nachzulesen ist, wie eine bischöfliche Visitationsreise zum gastronomischen Erlebnis geriet. Es handelt sich um die Tagebuchaufzeichnungen eines gewissen Paolo Santonino, der aus dem umbrischen Narni stammte. Dieser, ein wohlhäbiger Bürger mit Stadthaus und Landbesitz, war verheiratet und Vater mehrerer Kinder. Um 1469 fand er in Udine als Sekretär des Patriarchen von Aquileia ein anständiges Auskommen. Nachdem die Türken in Osttirol und im Gailtal, aber auch im Rosental und in Villach, sowie in der Provinz Saunien, der heutigen Untersteiermark, gewütet und dabei eine Reihe von Kirchen und Friedhöfen profaniert hatten, galt es, die heiligen Orte neu zu weihen. Mit dieser Aufgabe wurde der Bischof der bei Venedig gelegenen kleinen Lagunenstadt Caorle, Pietro Carlo, betraut, welcher in den Jahren 1485–87 in Begleitung des bereits erwähnten Paolo Santonino drei Pastoralreisen unternahm, die gleichzeitig der Firmspendung und der Überprüfung des Klerus dienten. Was die Geistlichkeit betrifft, rügt Santonino vor allem, dass die dortigen Pfarrer nicht vom Patriarchen bestimmt, sondern von Laien vorgeschlagen werden. Aber »noch eine andere Verderbnis begann schon seit langem sich in diesen Gegenden auszubreiten, welche, wenn ich mich nicht irre, die Seelen eher schädigt als rettet, dass alljährlich an bestimmten Sonntagen die Kuraten während des Gottesdienstes öffentlich die ihnen anvertrauten Pfarrkinder von jeder größeren oder kleineren Exkommunikation, gleichgültig, wodurch sie sich der Einzelne zugezogen, freisprechen, obwohl sie nicht angeben, auf Grund welcher Ermächtigung sie dies tun. Es empfangen die Geistlichen für die törichte Absolution ein Huhn pro Haus, das Pfundhuhn heißt, d. h. Huhn von einem Pfund, für die aufgehobene Exkommunikation.«

Ob der Bischof selber eher an die mit den Visitationsreisen verbundenen Strapazen oder an das Wohl der ihm anvertrauten Gläubigen dachte, geht aus den Auf-

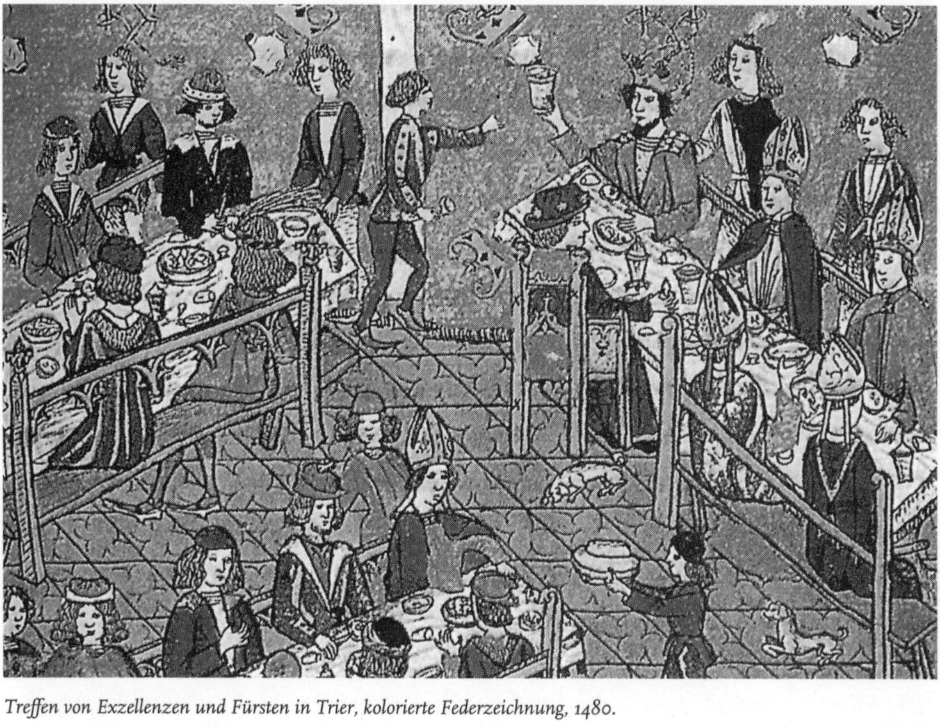

Treffen von Exzellenzen und Fürsten in Trier, kolorierte Federzeichnung, 1480.

zeichnungen seines protokollierenden Begleiters nicht hervor. Fest steht hingegen, dass dieser Letztere sich schon auf das Mittagessen freute, noch bevor Seine Exzellenz die Frühmesse überhaupt begonnen hatte. Tatsächlich findet sich in seinen Aufzeichnungen kaum eine Seite, in der nicht in der einen oder anderen Weise von den Freuden der Tafel die Rede ist.

Das bedeutet natürlich nicht, dass Santonino sich ausschließlich aufs Kulinarische fixiert; im Gegenteil. Als Bediensteter der Kirche beweist er Sinn für Etikette und Zeremonien. Als Gelehrter begeistert er sich für die noch vorhandenen Spuren des klassischen Altertums. Als fremdländischer Besucher berichtet er akkurat über örtliche Einrichtungen und lässt sich aus über Wehranlagen, Fischteiche und Viehbestand. Als Gast beschwert er sich gelegentlich über unzumutbare Zustände, etwa wenn er festhält, wie ein österreichischer Priester »mit seiner eigenen ganz verschmutzten Leibwäsche das Fenster des Schlafzimmers abdichtete, damit der Nordwind nicht dem Kopfe und dem Magen unseres Bischofs Schaden täte«, oder wenn er sich an eine schlaflose Nacht in einem Kloster erinnert, wo »die Flöhe und Wanzen gegen mich einen unübersehbaren Heerzug aufgeboten haben. Mit dem musste ich ständig kämpfen und bin schließlich besiegt und erschöpft des Morgens aufgestanden mit einem Fluch auf den Abt und seine zudringlichen Tierchen.« Als Mann ist Santonino empfänglich für die Reize der Damen; in Erinnerung an ein Bankett, an dem er an der Seite der Gemahlin eines Ritters platziert war, gesteht er freimütig: »*Sensi hic aliam legem immutatam in membris meis legi dei repugnantem* – Ich verspürte in meinen Gliedern ein zweites, gewandeltes Gesetz, das dem Gesetz Gottes widerstreitet.« Als Chronist berichtet er von Mirakeln, welche selbst bei Wundersüchtigen Glaubenszweifel hervorrufen. Als einmal mitten im Mahl der Wein ausging, »betete der hochwürdige Geistliche Michael ein passendes Gebet zum Herrn, segnete eine eiserne Flasche, die des Öfteren ausgeleert worden war und goss allen reichlich ein – er hatte Mitleid mit den Mahlgenossen und nicht weniger mit sich, da er vorher zu Fuß die Strecke gegangen war und einen mächtigen Durst bekommen hatte. Wir alle dankten dem unsterblichen Gott, der durch seinen österreichischen Diener den Dürstenden das rechte Maß Wein hat zukommen lassen.« Als Kirchenmann schließlich registriert Santonino mancherlei Sitten und Gebräuche, die ihm zuweilen fremd erscheinen: »Die Geistlichen haben meistenteils Wirtschafterinnen, junge und schöne, denen auch Mägde beigegeben sind. Die Zivilbevölkerung nimmt daran keinerlei Anstoß, denn fast überall werden von ihr die Geistlichen verehrt, geachtet und hoch geschätzt.« Dass ein siebzigjähriger Pfarrer »Nachkommenschaft gezeugt hat, damit sein Geschlecht nicht aussterbe«, scheint der Chronist zu billigen, wie er auch Verständnis zeigt, dass der Bischof in einem Frauenkloster »im Beisein des ganzen Nonnenkapitels« gebadet wird, wobei eine »jüngere und schönere von ihnen« ihm den Kopf wäscht und »eine zweite ihm ein gewärmtes Kopftuch auflegt. Unser Bischof machte diese Handreichungen alle mit Geduld mit, und wer hätte dergleichen von Jungfrauen, noch dazu schönen, zurückgewiesen! Jedoch ist dabei nichts Unziemliches irgendwann geschehen, wenigstens nicht im Werke. In Gedanken aber und im Wunsche blieb man vielleicht kaum in den Schranken der Sittsamkeit.« In Sachen Liturgie schließlich weiß Santonino insbesondere im Vergleich zu seiner Heimatdiözese höchst Erbauliches zu vermelden: »Nirgends ist bei den vielen Weihen von Kirchen und Altären, welche der ehrwürdige Bischof vollzogen hat, getanzt worden, sondern alle wohnten lediglich in einzigartiger Andacht dem Gottesdienste bei. Nirgends kam es zum Raufen oder zu Streitigkeiten, nirgends gab es auch nur den geringsten Skandal. Es mögen sich daher die Friauler Bauern schämen, die an Zucht und Frömmigkeit von den Barbarenleuten übertroffen werden.«

Aufs Ganze gesehen bilden die Aufzeichnungen des Paolo Santonino eine wahre Fundgrube für Historikerinnen und Heimatkundler, für Kulturbeflissene und Kunstverständige, für Moralisten und Mediävisten.

Nicht weniger aufschlussreich aber sind sie für jene, die für die Geschichte der Gastronomie etwas übrig haben. Denn wenn immer sich der schreibfreudige Sekretär daran erinnert, wo er mit seinem Bischof Pietro Carlo und dessen Gefolge nächtigte, wo er einkehrte, wo er Rast hielt, und sei es bloß für eine Jause, fließt die Tinte in Strömen. Noch die nachträglichen Schilderungen geraten dem Chronisten zur Schwelgerei. Man meint zu hören, wie er in Erinnerung an die genossenen Speisen mit der Zunge schnalzt, so etwa wenn er des Essens gedenkt, das auf der Burg Gonobitz aufgefahren wurde:

> Wir stiegen empor zum Speisesaale, in dem nicht bloß ein Tisch, sondern mehrere gedeckt waren, beladen mit Rosen, Blumen und duftenden Kräutern. Als erstes Gericht wurde den Mahlgenossen aufgetragen süßer Rahm über einen Haufen Nudeln gegossen und dick gezuckert. Dieses Gericht war wahrhaftig süß und lieblich. Zweitens ein gemästeter Kapaun und mehrere Hühner, gedünstet und in ihrem eigenen Safte angerichtet. Drittens kamen die lang erwarteten und besonders während der Fasttage im Rohitscher Tale sehr vermissten Forellen. Wenn sie auch schön anzuschauen sind, zum Essen waren sie uns noch lieber. Viertens klein geschnittenes Kraut mit einem Stücke Speck. Von diesem Gange haben wir uns fast alle enthalten, um dem Koch auch etwas zu lassen. Fünftens Ziegenbraten, begleitet von drei und mehr Hühnern. Sechstens marschierten auf andere große Fische, in Suppe angerichtet. Die Leute nannten sie Karpfen, sie sind von gutem Geschmacke, aber nicht so wie Karpfen in unserem Italien. Siebtens Stücke von Ziegenfleisch, in safrangelber Suppe schwimmend. Achtens Appetitbissen aus gestoßenem Krebsenfleisch, in Butter herausgebacken mit Zwiebel, Eingesottenem und Gewürzen versetzt. Von dieser Speise, die uns neu war, ist nichts übrig geblieben. Wir haben uns ans Sprichwort gehalten, das besagt: alles Neue gefällt. An neunter Stelle ist aufgetragen worden ein anderes Fleischgericht, das ich für Fleisch in Blutsuppe halte und das sonst »Fleisch in der Dunkelheit« heißt. Zehntens gab es Pfannkuchen mit Salbei und mehrere Pilze, die man beim ersten An-

blick für echte Waldschwämme hätte halten können, aber sie haben sich bald als hausgemacht erwiesen und waren von bestem Geschmacke. Von ihnen ist keiner übrig geblieben, der den anderen die unheilvolle Aufnahme hätte melden können. Elftens wurde aufgetragen Gerste in fetter Suppe gekocht, ferner leichtes und weißes Brot. Mehrere Sorten Wein wurden geboten, in vorzüglicher Güte und wohl harmonierend mit den würdigen Gängen. Ich habe nichts mehr hinzuzufügen.

Das war offenbar auch für den »allmächtigen Magen« des Bischofs des Guten genug. Von diesem heißt es ein andermal, dass ihm ein »Eichhörnchen in Kräutersoße« besonders schmeckte, und dass er einen unterwegs erbeuteten Bilch – eine Art Siebenschläfer – »eilends und allein verzehrte«. Auch was die Getränke betrifft, scheint Seine Exzellenz gelegentlich bevorzugt bedient worden zu sein. Als unweit der Burg Rosegg im Pfarrhof von Trostenheim ein essigsaurer Wein auf den Tisch kam, behielt der Bischof, wie sein Sekretär neidvoll registriert, »sorgsam einen ausgezeichneten Wein für sich und trank ihn genüsslich, indem er ihn bewachen ließ, damit sein Nass länger fließe.« Santonino selber allerdings schluckte nicht alles, was auf seinem Teller landete. Bald beschwert er sich über den »ranzigen Speck«, dann wieder mäkelt er an einem Gamsbraten herum (»dieses Fleisch ging nicht ein unter mein Dach, da es länger abgelegen war, als seine Natur verlangt hätte...«), und vereinzelt gibt er seinem Unmut über die aufgetragenen Speisen Ausdruck, indem er bedeutet, sie seien die Tinte nicht wert, um der Nachwelt überliefert zu werden.

Kärntner Schinkencremesuppe

Bevor wir weiter berichten, nehmen wir den ersten Gang eines Menüs zu uns, welches sich durchwegs aus Kärntner Spezialitäten zusammensetzt und das wir zur Gänze nach dem von Werner Freudenberger herausgegebenen Band Schmankerln aus Kärnten *(Landesverlag, Linz 1995) zubereiten.*

100 g Speck
50 g glattes Mehl
500 ml Milch (für Einmach)
150 g Schinken
125 ml Milch
500 ml Rindsuppe
125 ml Rahm
Salz, Pfeffer, Paprika
Schnittlauch

Speck würfelig schneiden, auslassen, mit dem Mehl hellgelb rösten, mit Milch aufgießen und dicklich einkochen. Schinken mit 125 ml Milch im Mixer pürieren, mit der Suppe in die Einmach rühren und fein aufschlagen. Rahm und Gewürze dazugeben, mit viel Schnittlauch bestreut servieren.

Tafelnde Bauern beim dörflichen Fest, Stich von Daniel Hopfer, 1. Hälfte 16. Jh.

Gelegentlich scheint Santoninos Interesse am Gastronomischen geradezu astronomische Ausmaße anzunehmen, vor allem, wenn er nicht nur die Mahlzeiten selbst, sondern auch noch die sie begleitende Tafelmusik und die anschließende Unterhaltung in seine Darstellung mit einbezieht. So erzählt er nicht ohne Schadenfreude, wie die Tochter eines Burghauptmanns nach genossenem Mahl mit dem Kaplan des Bischofs Karten spielt, und zwar um Ohrfeigen: »Wenn sie gewann, schlug sie wacker auf den Besiegten los.« Schon fast ans Zynische hingegen grenzt eine Bemerkung, die der Schreiber sich im Anschluss an ein besonderes Festessen erlaubt; nur zu gerne habe er zugegriffen, »damit die leckeren und unverhofften Köstlichkeiten nicht dem herumstehenden hungrigen Landvolk übrig blieben«.

Gailtaler Jägerbraten

Diese unangebrachte Bemerkung missbilligen wir und widmen uns der Zubereitung der Hauptspeise.

200 g Rindfleisch	***Käse***
200 g Schweinefleisch	***Fett***
Zwiebel	***etwas Pfeffer***
Petersilie	***Mehl***
Knoblauch	***1 Ei***
Majoran	

Für die Soße:

100 g Eierschwammerln	***Salz, Pfeffer***
100 g Champignons	***Rahm***
Butter	***Petersilie***

Fleisch faschieren und Zwiebel fein hacken, mit gehackter Petersilie, Knoblauch, Majoran und Pfeffer gut verkneten. Striezel formen und ca. 1 Stunde braten. Den abgekühlten Braten in ca. 1–2 cm dicke Scheiben schneiden, in Mehl, Ei und Käse wälzen und in heißem Fett beidseitig backen.

Eierschwammerln und Champignons blättrig schneiden, in Butter anrösten, salzen, pfeffern, mit Rahm aufgießen und dicklich einkochen. Petersilie hacken und zur Soße geben. Die Soße über die gebackenen Fleischscheiben gießen.
Dazu gibt's Polentanocken.

Polentanocken

1 1/2 l Wasser	*Salz*
500 g Polentamehl	*etwas Butter*

Salzwasser kochen und Polentamehl langsam einrieseln lassen. Butter dazugeben und ständig rühren, bis das Wasser eingekocht ist. Ca. 45 Minuten zugedeckt bei schwacher Hitze dämpfen, mit einem Suppenlöffel Nocken ausstechen.

Paolo Santonino gab sich sehr wohl Rechenschaft, dass während der drei Visitationsreisen des Bischofs Pietro Carlo von Caorle das Geistliche mit dem Weltlichen eng verquickt war. Dies beweist eine Bemerkung über die zweite Reise: »Vielleicht wird einer sagen: der Bischof von Caorle und der Sekretär Santonino ziehen nur zu gern in die Fremde zum Vergnügen und zum Gelderwerbe. Wenn er aber wahrhaft und richtig überlegt, wird er klar erkennen, dass den Mahlzeiten in Deutschland mehr Galle als Zucker beigemischt ist, und wenn schon ein bisschen Gold und Silber verdient wird, so erwirbt man es nicht ohne Schweiß, nicht fern von Gefahr und schwerer Unbequemlichkeit.«

Die Strapazen scheinen sich gelohnt zu haben. Am Ende seines dritten Berichts jedenfalls vermerkt der Schreiber, dass er »wohlbehalten durch des Allmächtigen Gnade« wieder nach Udine zurückkehrte – »und das mit einem anständigen Gewinne«.

Kärntner Torte

Teig

Zehn Dotter	*240 g Haselnüsse*
240 g Staubzucker	*80 g Brösel*
100 g Schokolade	*10 Eiklar*

Creme

3 Eier	*3 Rippen Schokolade*
200 g Staubzucker	*125 ml Schlagobers*
200 g Margarine	

Dotter und Staubzucker dickflüssig schlagen, die erweichte lauwarme Schokolade dazurühren, Nüsse und Brösel mit dem steif geschlagenen Schnee unterheben. Masse in eine

Tortenform von 26 cm Durchmesser streichen, bei 190° ca. 40 Minuten backen. Torte erkalten lassen und zwei Mal durchschneiden. Für die Creme Eier und Staubzucker über Dunst weiß und dickschaumig schlagen, Margarine mit der erweichten Schokolade cremig schlagen und löffelweise unter die Eimasse rühren. Eventuell das steif geschlagene Obers unter die Creme ziehen. Torte füllen und außen mit Creme verzieren. Die Torte schmeckt auch ohne Zugabe von Obers sehr fein.

Vom Küchenmeister zum Kardinal

Als Kirchenhistoriker war Caesar Baronius so bedeutend, dass er heute in jeder Kirchengeschichte erwähnt wird, und zwar nicht nur in einer Fußnote. Geboren wurde er am 31. Oktober 1538 in Sora, in der Campagna. Nach Studien in Jurisprudenz und Theologie verschlug es ihn 1557 von Neapel nach Rom. Dort wohnte er zunächst für sieben Jahre im Haus eines Adeligen namens Giovanni Parravicini, wo er ein paar Gemälde, die sein sittliches Empfinden störten, teilweise kurzerhand mit Farbe übertünchte. 1564, inzwischen zum Doktor beider Rechte promoviert, ließ er sich zum Priester weihen und schloss sich dem damals stadtbekannten Philipp Neri und der von ihm gegründeten Priestergemeinschaft an.

Kardinal Baronius, zeitgenössisches Gemälde, Anfang 17. Jh.

In Deutschland erschienen zu der Zeit die berüchtigten *Magdeburger Centurien*, eine mehrbändige, von einigen protestantischen Hitzköpfen verfasste Kirchengeschichte, deren gehässige Polemik das Verhältnis zwischen den Konfessionen über Jahrhunderte hin belasten sollte. Da die darin erhobenen Anschuldigungen gegen die katholische Kirche auch in Italien verbreitet waren, hielt Baronius auf Geheiß Philipp Neris allwöchentlich mehrmals Vorträge über Fragen zur Kirchengeschichte.

1593 übernahm Baronius die Leitung der von Philipp Neri gegründeten Gemeinschaft der Oratorianer. Ein Jahr darauf ernannte ihn Klemens VIII. zu seinem Beichtvater und 1596 machte er ihn gar zum Kardinal (und drohte ihm mit Strafmaßnahmen, als er dieses Amt zunächst nicht annehmen wollte). Wiederum ein

Jahr später avancierte Baronius zum Leiter der Vatikanischen Bibliothek, ein Posten, der damals nur einem Humanisten von Ruf und Format übertragen wurde. 1605, nach dem Tod Papst Klemens' VIII., beschwor er die Kardinäle während eines ziemlich turbulenten Konklaves, ihn um Gottes willen ja nicht zu dessen Nachfolger zu wählen. Gut zwei Jahre später, am 30. Juni 1607, verstarb er.

Viel Zeit verbrachte der gelehrte Kardinal mit der Niederschrift seiner *Kirchlichen Annalen,* die von 1588–1607 in zwölf umfangreichen Bänden erschienen. Es handelt sich dabei um die umfassendste bis dahin veröffentlichte Kirchengeschichte. Wären Baronius die dafür wohlverdienten Lorbeeren wirklich übergeben worden, so hätte er sie vermutlich in der Küche verwendet, zur Aromatisierung von Braten oder zum Würzen seiner Soßen.

Denn – wir ahnen es schon längst, weil wir ja ein Kochbuch in den Händen halten – Caesar Baronius befasste sich nicht nur mit historischen Quisquilien, sondern widmete sich, und zwar ungern genug, auch den flüchtigen Freuden, welche die Küche zu bieten hat. Tatsächlich machte ihn Philipp Neri nicht nur zum Kirchenlehrer, sondern ernannte ihn auch zum Küchenchef. Irgendwann aber muss es dem studierten Speisemeister dann doch zu viel geworden sein. Zu der Zeit nämlich, als er mehrmals wöchentlich seine kirchengeschichtlichen Vorträge hielt, wohnte er noch bei der Kirche S. Girolamo della Carità, wo sich die Priestergemeinschaft des Philipp Neri zunächst niedergelassen hatte. Um diesen daran zu erinnern, dass er ihn ein bisschen entlasten könnte, schrieb er eines Tages mit Kohle in großen Lettern über den Kamin der Küche:

CAESAR BARONIUS COQUUS PERPETUUS?
IST CAESAR BARONIUS DENN AUF EWIG ZUM KOCHEN VERDAMMT?

Wie der fröhliche Philipp Neri darauf reagierte, ist nicht überliefert. Sicher hingegen scheint, dass Baronius auf dem Sektor der Kirchengeschichte um einiges besser bewandert war als auf dem Gebiet der Kochkunst, da von ihm keine Rezepte überliefert sind. Was uns veranlasst, an dieser Stelle ein eher einfaches und doch wohlschmeckendes Gericht zu propagieren.

Panierter Sellerie

1 sehr große Sellerieknolle
1 Zwiebel
2 EL Weißweinessig
1 EL Mehl
1 Ei
4–5 EL Semmelbrösel
Salz, Pfeffer
Olivenöl

Die geschälte Knolle in 1 cm dicke Scheiben schneiden. Die Zwiebel vierteln und zusammen mit 250 ml Wasser und dem Essig in einen Topf geben, in welchem die Selleriescheiben eine knappe Viertelstunde zugedeckt gekocht werden, sodass sie noch Biss haben. Inzwischen das Ei mit einer Gabel verquirlen. Die leicht ausgekühlten Selleriescheiben im Mehl und dann im Ei und schließlich in den mit Salz und Pfeffer vermischten Semmelbröseln wenden. Bei mittlerer Hitze in Olivenöl goldbraun braten. Dazu passt gemischter Salat. Oder Kartoffelsalat.

Panierter Kohlrabi und Rettich

Auf die gleiche Art lassen sich auch Kohlrabi und Rettich zubereiten. Alle drei Gemüse zusammen ergeben eine vollwertige vegetarische Hauptmahlzeit; sie eignen sich aber auch als Beilage zu Fleisch- oder Geflügelgerichten.

Die Tunfischmousse der Klostermaus

An ihrem Wohnsitz am Ufer des Zürichsees steht sie im Ruf eines multikulturellen Phänomens. Und in der Propstei St. Gerold im Großen Walsertal ist sie die Klostermaus.

Die Rede ist von Eve Landis. Ihre Leidenschaft gilt der Musik, ihr Interesse der Schriftstellerei und ihre Liebe der Küche. Wenn sie musiziert oder schreibt, verneigen sich sämtliche neun Musen vor ihr; Euterpe und Klio gehen gar in die Knie. Und wenn sie in St. Gerold am Herd steht (was ab und an vorkommt), wird der tote Lucullus vor Eifersucht noch töter, während der Propst das Mittagessen herbeisehnt wie ein Gefangener die Freiheit. Falls sie gar ihre sagenhafte Tunfischmousse zubereitet, möchten die Statuen in der Propsteikirche am liebsten von ihren Podesten herabsteigen und sich mit an den Tisch setzen.

Denn die haben Ähnliches noch nicht erkostet, obwohl sie auf eine tausendjährige Geschichte zurückblicken. Allenfalls könnten sie erzählen, dass im 10. Jahrhundert Jäger des Grafen von Jagdberg-Montfort auf ihren Streifzügen durch die Wildnis des Großen Walsertales auf einen frommen Einsiedler namens Gerold stießen; dass Graf Otto diesem ein Stück Land schenkte und ihm eine Zelle baute; dass der Gottesdiener, wie er sein Ende nahen fühlte, seinen irdischen Besitz samt allen damit verbundenen Rechten dem Kloster Einsiedeln vermachte …

Sankt Gerold verstarb im Jahre 978. Über seinem Grab entstand eine romanische Kirche, welche der Abt von Einsiedeln später zu einem Kloster ausbauen ließ, in welchem die Mönche bis 1939 zu Gottes Ehre und zur eigenen Erbauung die

Horen sangen. Danach hat man die Klosteranlage für andere Zwecke genutzt. 1960 wurde sie in eine Propstei umgewandelt und wiederum ihrer ursprünglichen Bestimmung zugeführt. Anlässlich der im Zusammenhang mit der Restaurierung vorgenommenen Erdarbeiten kamen nicht nur das Grab des heiligen Gerold, sondern auch die Reste der ursprünglichen Kirche zu Tage.

Tunfischmousse

Das Rezept für ihre Mousse hat Eve Landis in einem ihrer Kochbücher festgehalten (Von himmlischen und irdischen Köstlichkeiten. Ein Kochbuch rund um die Propstei St. Gerold, *Verlag PhiloXenia, Meilen/Schweiz 1996).*

300 g weißer Tunfisch (Konserve)
200 g Mascarpone
5 Blätter Gelatine
1 gestrichener TL Salz
weißer Pfeffer
1 TL Senf
2–3 Essiggurken (oder Kapern)
100 ml steif geschlagene Sahne

Den Tunfisch gut abtropfen lassen und zusammen mit dem Mascarpone im Cutter pürieren. Die Gelatineblätter 5 Minuten in kaltes Wasser einlegen, ausdrücken und mit 2 EL Wasser im Wasserbad oder im Mikrowellenofen auflösen. 1 EL Tunfischpüree unter die Gelatine mischen und diese mit der restlichen Masse vermengen. Mit Salz, weißem Pfeffer und Senf würzen. Die Essiggurken fein würfeln und zu der Tunfischmasse geben. Die Sahne darunter ziehen. Eine Terrine mit Klarsichtfolie auslegen, die Tunfischmousse einfüllen und während 3–4 Stunden im Kühlschrank fest werden lassen. Zum Auftragen mit 2 Löffeln Kugeln ausstechen, mit etwas Salat oder marinierten Zucchini garnieren und mit einer Baguette als Vorspeise servieren.

Während Sie, liebe Leserinnen und Leser, von dieser Leckerei kosten, möchte ich Ihnen eine passende Geschichte *Von einem der lieber groß als kleine Fisch isst* erzählen; sie findet sich in einer Sammlung von Schwänken, die Otho Melander und Joco Seria unter der Überschrift *Das ist Schimpff und Ernst* im Jahre 1618 in Darmstadt veröffentlichten:

> **Es kam ein guter Gesell in ein Wirtshaus an Tisch, da viel Herren saßen, und es kam unter anderem ein köstliches Fisch-Essen und wurden die kleinsten und unachtbarlichsten Fisch für den Gesellen gekehret, da nahm er der kleinsten Fisch einen und tat ihn, als ob er etwas mit ihm redete, hielt ihn zu dem rechten Ohr, als wollt er hören, was ihm der Fisch sagete. Die Herren sahen ihn an und lachten. Einer unter ihnen**

sprach: »Lieber Freund, was meinet ihr mit dem Fisch, dass ihr ihn also zu den Ohren haltet?« Der gute Gesell stellte sich, als ob er es nicht gern sagte, und sprach: »Meine Herren, ich habe etwas mit ihm zu reden gehabt, lasset euch das nicht irren!« Die Herren baten ihn, er sollt's doch sagen. Er sagte: »Liebe Herren, mein Vater ist vor etlichen Jahren nit weit von hinnen ertrunken. So hab ich den Fisch gefraget, ob er ihn nicht gesehen hab. So gibt er mir zur Antwort, er sei noch jung, ich soll seine Eltern fragen, die könnten mir Bescheid geben.« Da lachten die Herren und legten zween großer Fisch auf seinen Teller, merkten wohl, dass es seine Meinung sei, dass er gern hätte von großen Fischen gessen, also, da sie gnug lachten, schenkten sie ihm das Mahl und ließen ihn davon ziehen.

Falls Sie jetzt noch ein Gäbelchen von der legendären Mousse vernaschen möchten, brauchen Sie nicht mit der Zunge zu schnalzen. Die Klostermaus spielt mehrere Instrumente und besitzt das absolute Musikgehör; auf Anhieb versteht sie, was ihre Gäste meinen, wenn sie sagen, zu einem derart exquisiten Gericht müsste der Propst eigentlich sämtliche Kirchenglocken läuten lassen.

Eine Fisch-Mousse lässt sich auch auf der Basis von gedünstetem Fisch herstellen, wobei natürlich alles von der beigegebenen Würzmischung abhängt.

22 Das Brot der Mönche

Manche Bücher sorgen schon vor ihrem Erscheinen für Aufregung, vor allem, wenn die Presse das Gerücht streut, es seien irgendwelche Enthüllungen zu erwarten. Dies war der Fall, als einige deutsche Tageszeitungen im April 1998 verbreiteten, ein thüringischer Lokalhistoriker beabsichtige, mit einer schon fast ans Perfide grenzenden Publikation den Stolz der Bayern zu verletzen.

Nun haben die Bayern aber eine ganze Menge Gründe stolz zu sein. Wenn sie von der Zugspitze reden, tun sie so, als hätten sie diese in jahrhundertelanger mühseliger Muskelarbeit selber geschaffen. Sie bilden sich etwas ein auf ihre Geheimsprache, die sie als Dialekt bezeichnen. Sie brüsten sich mit Karl Valentin und Franz Josef Strauß, wobei die Reihenfolge wechselt, je nachdem was *Der Spiegel* über die Hinterlassenschaft des Münchner Vollblutpolitikers jeweils wieder zu Tage fördert. Ihren eigentlichen Stolz aber bilden die heimischen Hopfenfelder, das Münchner Hofbräuhaus, das Oktoberfest und das Reinheitsgebot. Wobei Letzteres natürlich nichts mit dem kategorischen Imperativ, sondern mit der Bierproduktion zu tun hat. Denn einer im Freistaat allgemein verbreiteten Überzeugung zufolge haben weder die alten Kulturvölker, noch die neuzeitlichen Brauereien ein Bier zu Stande gebracht, das sich mit dem Gebräu der Bajuwaren messen könnte.

Bekanntlich ist die Kunst des Bierbrauens nicht am Alpenrand erfunden, sondern schon von den Babyloniern, Ägyptern und Griechen und sogar von den Wein gewöhnten Römern gepflegt worden. In Nordeuropa brachten die Germanen lediglich ein Gesöff zu Stande, welches sich allenfalls als Aufputschmittel vor ihren barbarischen Kampfhandlungen, sicherlich aber nicht als Genussmittel für gemütliche Stunden eignete. Viel früher und weit besser als die rauen Germanen verstanden sich die Sumerer auf die Bierproduktion, bei denen man schon im vierten Jahrtausend vor Christus zwischen einem dunklen und einem hellen Bier wählen konnte. Später, um 2050 v. Chr. setzte sich im babylonischen Reich die Ansicht durch, dass der Genuss von Gebrautem sich schlecht mit gottesdienstlichen Verrichtungen vertrage. Dies geht aus der berühmten in Stein gemeißelten Gesetzessammlung des Königs Hammurapi (2067–2025 v. Chr.) hervor: »Wenn eine Naditu-Priesterin, die nicht in einem Gagu-Kloster wohnt, eine Schänke eröffnet oder zum Biertrinken in eine Schänke eintritt, soll man diese Priesterin verbrennen.« Die Ägypter verstanden es da schon besser, das Profane mit dem Sakralen zu verbinden. Bevor sie sich an den Braukesseln zu schaffen machten, versuchten sie Osiris, den Gott der Erde und der Fruchtbarkeit, günstig zu stimmen. Bei den Babyloniern genossen die Mitglieder der Brauerinnung unter König Nebukadnezzar im 6. vorchristlichen Jahrhundert das Privileg, bei Prozessionen den Wagen des ältesten babylonischen Gottes Anu ziehen zu dürfen. Auf diese Weise bekam ihr »Oktoberfest« gewissermaßen einen religiösen Anstrich.

Rinderschmorbraten in Bier

Dass das »flüssige Brot« nicht nur in der Schänke genossen wird, sondern auch so manche Speise verfeinert, dokumentiert Thomas Häußner in seinem Bändchen Das kleine Buch vom Bier *(Echter Verlag, Würzburg 1999), welchem die vier folgenden Bier-Rezepte entnommen sind.*

1 l Rinderbrühe
500 ml dunkles Bier
1 kg Rindfleisch (Schulter, Stotzen, Nuss)
250 g Karotten
1 Zwiebel
1 Prise Salz
1 Prise Pfeffer
2 Lorbeerblätter
1 Kohlrabi
2 Stangen Sellerie
2 Senfkörner
1 Stange Lauch
1 kleiner Wirsing

Fleisch waschen und trocken tupfen.
Die Rinderbrühe mit dem Bier aufkochen und das Fleisch hinzugeben.
Bei mittlerer Hitze leicht kochen lassen und Zwiebel, Lorbeerblätter, Senfkörner, Salz und Pfeffer zufügen. Das Gemüse putzen und würfeln und nach 90 Minuten zum Fleisch geben und noch 20 Minuten kochen lassen.

Angesichts der babylonischen Gebräuche wundert sich wohl niemand, dass auch die mittelalterlichen Mönche, welche die Kunst des Brauens von der Antike in unsere Zeit hinüberretteten, sich nach einem Schutzpatron umsahen. Den fanden sie in Gambrinus, einer im Wortsinn sagenhaften Gestalt. Bezüglich seiner Identität sind die Ansichten nach wie vor geteilt. Die einen halten ihn für einen trinkfesten König der Germanen; nach anderen soll er als Braumeister am Hof Karls des Großen gewirkt haben. Nüchterne Historiker hingegen behaupten mit guten Gründen, dass er lediglich ein virtuelles Dasein fristete. Unbestritten ist jedenfalls, dass die Mönche das scheinbar so dunkle Mittelalter nicht nur mit Altarkerzen illuminierten, sondern dass sie zur Erhellung – vielleicht auch bloß zur Erheiterung – des Volkes auch durch die Kultivierung von Rebbergen und, vor allem in nordischen Gegenden, durch den Anbau von Hopfen einiges beigetragen haben.

So verzeichnet der Bauplan des Klosters St. Gallen aus dem Jahre 814 auf dem Areal der Abtei nicht weniger als drei Brauereien. Nicht ganz zu Unrecht also bezeichnet der Volksmund das Bier als »flüssiges Brot« oder als »Brot der Mönche« – was natürlich auch darauf zurückzuführen ist, dass in früheren Jahrhunderten in den Klöstern zu gewissen Zeiten streng gefastet wurde, sodass die geschwächten Gottesmänner gewissermaßen »der Not gehorchend, nicht dem eignen Triebe«, nicht umhinkamen, sich mit einem kräftigen Bier Stärkung zu verschafften. Große Verdienste um das Kräfte gebende Gebräu scheint sich seinerzeit Anselm Schulzer (1775–1796), der Abt des altehrwürdigen bayrischen Stiftes St. Veit erworben zu haben. Von ihm weiß der Chronist zu berichten, dass er nicht nur für die Beschaffung von »Pferden und Hornvieh«, sondern auch für »herrliches Bier sorgte«. Um dieses fachgerecht zu konservieren, ließ er 15 Meter tief unter der Erde eigens zwei Keller ausheben. Angeblich soll der etwas launische Abt seine Klosterbrüder wegen Übertretungen der Ordensregel gelegentlich arg verprügelt, sie jedoch zum Ausgleich reichlich »mit guten Trünken« versorgt haben ... Dass die geistliche Obrigkeit nicht nur für das Seelenheil ihrer Anvertrauten Sorge trug, sondern auch deren leibliches Wohl im Auge hatte, zeigt unter anderem eine testamentarische Verfügung des Bamberger Domkapitulars Odalricus aus dem Jahre 1093. Diese sah vor, dass die Armen jeweils am Jahrestag seines Todes Weizenbrot, ein Schwein und drei Eimer Bier, nach heutigem Maß rund 90 Liter, erhalten sollten.

Schäuferle-Braten

Was das Schwein betrifft, rät Thomas Häußner den Schäuferle-Braten mit etwas Bier zuzubereiten.

1 ¹/₂ kg Schweineschulter mit Schwarte	***1 Zwiebel***
¹/₂ TL weißer Pfeffer	***2 Nelken***
2 TL Salz	***2 EL Sauerrahm***
3 Knoblauchzehen	***2 Karotten***
2 Salbeiblätter	***125 ml helles Bier***
1 Rosmarinzweig	***1 Streifen Selleriewurzel***
2 Lorbeerblätter	

Fleisch waschen und abtrocknen, die Schwarte rautenförmig aufschneiden. Pfeffer, Salz, den gepressten Knoblauch, eines der Lorbeerblätter und den Rosmarinzweig hacken und alles zu einer Paste vermischen, das Fleisch damit einreiben und 30 Minuten einziehen lassen. Die geschälte Zwiebel mit den Nelken und dem zweiten Lorbeerblatt spicken. Fleisch, Zwiebel, Selleriewurzel und die geviertelten Karotten in eine eingefettete Bratpfanne legen und diese in den auf 220° vorgeheizten Backofen schieben. Zwei Stunden garen und dabei den Braten von Zeit zu Zeit mit Bier übergießen. Das Fleisch aus der Soße nehmen, diese durchsieben und unter Aufkochen den Sauerrahm hinzufügen.
Dazu passen Klöße und Salat.

Noch heute erinnern viele Flaschenaufkleber an die Verdienste der mittelalterlichen Gottesmänner, welche dem Gerstensaft in unseren Gegenden zum Überleben und den Durstigen zur Erlösung verhalfen; zu den bekanntesten Bezeichnungen gehören nach wie vor das Franziskaner-, das Augustiner-, das Kartäuserbier oder, ganz allgemein, das Klosterbräu. In unseren säkularisierten Zeiten spricht einiges für die Vermutung, dass selbst Unsere Liebe Frau im oberbayrischen Andechs ein Rentnerinnendasein fristen müsste, wenn dort nicht ein Bier ausgeschenkt würde, welches selbst bei dezidierten Atheisten und erklärten Gottesleugnerinnen Zweifel weckt, ob sie sich nicht doch auf dem falschen Weg befinden. Zur Klärung dieser Frage würde sich vielleicht der »Nothelfertrunk«, das dunkle Export-Bier der Alten Klosterbrauerei Vierzehnheiligen eignen, welches schon manchen eingefleischten Protestanten zu der Überzeugung brachte, dass die katholische Kirche im Lauf der Jahrhunderte ein paar bemerkenswerte Leistungen zu Stande gebracht hat.

Allerdings gab gerade das Bier immer wieder einmal Anlass zu Konflikten, die nicht minder stürmisch verliefen als die harten Glaubenskämpfe zur Zeit der Re-

Bierbrauer aus dem »Mendelschen Bruderhausbuch«, 15. Jh.
Wirte und Brauer hatten das Sternzeichen als ihr Symbol. Das mit der Spitze nach oben gerichtete Dreieck ist das alchemistische Zeichen für Feuer, das nach unten gerichtete Dreieck Zeichen für das Wasser. Damit sind Sieden, Kochen und Brauen gemeint.

formation. Das hängt mit den von König Heinrich (919–936) geschaffenen Bierbannmeilen zusammen. Praktisch bedeutet das, dass in einer Stadt und in deren Umkreis nur der dort hergestellte Gerstensaft verkauft werden durfte, wodurch man die auswärtige Konkurrenz ausmanövrierte. Wegen dieses Gesetzes kam es 1491 im Oberlausitzischen zu einem regelrechten Bierkrieg. Damals nämlich begannen die Bürger der Handelsstadt Zittau ihr Bier auch an die Geistlichkeit von Görlitz zu verkaufen, weil diese von der Biermeile ausgenommen war. Der Görlitzer Klerus jedoch orderte das schmackhafte Zittauer Bier nicht nur für den Eigengebrauch, sondern auch für den Weiterverkauf. Das führte eines Tages dazu, dass die aufgebrachten Görlitzer Brauer im Dorf Schlegel die Zittauer Bierfässer zertrümmerten, die nach ihrer Stadt gefahren wurden. Worauf die Zittauer prompt gegen die Görlitzer ins Feld zogen. Was zur Folge hatte, dass nicht mehr nur Bier, sondern auch Blut floss.

Nicht minder heftig, wenn auch weniger blutig verlief der bislang letzte Bierkrieg in deutschen Landen, der nicht durch die Übertretung einer obrigkeitlichen Verordnung, sondern durch die Entdeckung

Das bayerische Reinheitsgebot von 1516.

Das bůch der gemainen landpot. Landſordnung. Satzung/vnd Gebreuch/des Fürſtenthombs/in Oberñ/vnd Niderñ Bairn/im funftzehenhundert vnnd Sechtzehendem Jar aufgericht.

Wie das Pier ſummer vñ winter auf dem Land ſol geſchenckt vnd praüen werden

Item Wir ordnen/ſetzen/vnnd wöllen/ mit Rathe vnnſer Lanndtſchafft/das füran allenthalben in dem Fürſtenthůmb Bayrñ/auff dem lande/ auch in vnſern Stettñ vñ Märckthen/da deßhalb hieuor kain ſonndere ordnung iſt/ von Michaelis biß auff Georij/ain maſs oder kopffpiers über ainen pfenning Müncher werung/ vñ von ſant Jorgen tag/biß auff Michaelis/die maſs über zwen pfenning derſelben werung/vnd derenden der kopff iſt/über drey haller/bey nachgeſetzter Pene/nicht gegeben noch außgeſchenckht ſol werden. Wo auch ainer nit Mertzñ/ſonder annder Pier prawen/oder ſonſt haben würde/ſol Er d och das/kains wegs höher/dann die maß vmb ainen pfenning ſchencken/vnd verkauffen. Wir wöllen auch ſonderlichen/das füran allenthalben in vnſern Stetten/Märckthen/vñ auff dem Lannde/zů kainem Pier/merer ſtückh/dañ allain Gerſten/Hopffen/vñ waſſer/genomen vñ gepraucht ſölle werdñ. Welher aber diſe vnſere Ordnung wiſſentlich überfaren vnnd nit hallten wurde/dem ſol von ſeiner gerichtzöbrigkait/daſſelbig vas Pier/zůſtraff vnnachläßlich/ſo offt es geſchicht/genommen werden. Yedoch wo ain G:ūwirt von ainem Pierprewen in vnnſern Stettñ/Märckten/oder aufm lande/yezůzeitñ ainen Emer piers/zwen oder drey/kauffen/vnd wider vnnter den gemaynnen Pawrſuolck außſchenncken würde/ dem ſelben allain/aber ſonnſt nyemandts/ſol dye maſs/ oder der kopffpiers/vmb ainen haller höher dann oben geſetzt iſt/ zegeben/vñ/außzeſchencken erlaubt vnnd vnuerpotñ.

eines alten Dokuments verursacht wurde. Bis vor wenigen Jahren hegte niemand Zweifel, dass die älteste in Deutschland existierende lebensmittelrechtliche Bestimmung in Bayern festgesetzt wurde. Und diese betraf, wie denn anders, die Herstellung von Bier. Es handelt sich dabei um die von Herzog Wilhelm IV. am 23. April 1516 erlassene Verordnung, nach welcher zum Brauen nur Gerstenmalz, Hopfen und Wasser verwendet werden darf (»Wie das Pier Summer un Winter auf dem Land soll geschenckt und prauen werden«). Nebst der Hefe werden diese Zutaten auch heute noch im deutschen Biersteuergesetz erwähnt. Nun hat der thüringische Lokalhistoriker Michael Kirchschlager vor einigen Jahren ein Dokument aus dem Jahr 1434 zu Tage gefördert, welches die bayrischen Biertrinker in Rage und die thüringischen Patrioten in einen Freudentaumel versetzte. Denn dieses beinhaltet eine Gesetzesvorschrift für die Stadt Weißensee, welche ebenfalls vorschreibt, dass Bier nur aus Hopfen, Malz und Wasser hergestellt werden dürfe. Diese Nachricht nun schwappte just zu St. Georgi, am 23. April 1998, am »Tag des deutschen Biers« aus dem Thüringischen ins Bayrische über. Bereits am folgenden Morgen frohlockte die Thüringer Allgemeine: »Bayerns Bierbrauer schäumen vor Empörung. Sie listen auf, dass es weit über den örtlichen Bierregeln von Weißensee auch in bayrischen Städten lokale Bestimmungen gab: 1156 in Augsburg, 1293 in Nürnberg, 1363 in München und 1409 in Landshut...« Aber, giftete der thüringische Artikelschreiber zurück, wenn »die Augsburger und Nürnberger und Landshuter tatsächlich die Formulierung ›Hopfen, Malz und Wasser‹ in ihren Regeln haben, dann möchten sie das doch veröffentlichen«. Wer glaubt, diesen noch immer fortdauernden Bierkrieg mit einem Kompromiss beenden zu können (Bayern hat das berühmteste Reinheitsgebot, das thüringische Weißensee hingegen das älteste), mutet den Bewohnern im Alpenvorland doch etwas zu viel zu – vor allem, wenn sie schon einige Maß intus haben.

Eine ganz andere Art von Bierkrieg scheint so alt zu sein wie der Trunk selber, galt es doch, kaum dass er erfunden war, Panscher und Fälscherinnen wirksam zu bekämpfen und zu überführen. So findet sich in dem bereits zitierten Biergesetz des Hammurapi ein Paragraf, welcher den Braufrauen mit hohen Strafen droht, falls sie das Bier strecken sollten: »Wenn eine Schankwirtin den Preis für Bier nicht in Korn annimmt, sondern in Silber wegen des hohen Gewichts, oder wenn sie den Wert des Bieres zurücksetzt gegen den Wert des Korns, dann soll dieses Weib bestraft werden, und man soll sie ins Wasser werfen.« (Diese Vorschrift erinnert gleichzeitig daran, dass das Brauen, wie übrigens auch das Backen, ursprünglich eine typisch weibliche Beschäftigung war.) Mit fortschreitender Zeit wurden immer ausgeklügeltere Methoden entwickelt, um die Bierfälscher zu überführen. Eine besonders ausgefallene Praktik war im 15. Jahrhundert in der Stadt Bernau in Übung. Bürgermeister, Marktmeister und Vogt fanden sich im Brauhaus ein. Dort stellten sie eine Bank auf. Diese begoss der Marktmeister mit einem Krug Bier, worauf die drei Herrschaften, vor sich eine Sanduhr, Platz nahmen.

Nach zwei Stunden sprangen sie alle gleichzeitig auf. Ging die Bank mit in die Höhe, weil sie an den Hosen festklebte, so bedeutete das, dass genug Malz im Bier und der Brauer vom Vorwurf der Panscherei befreit war.

Forelle im Biersud

An dieser Stelle erinnern wir uns daran, wie man Leute der Betrügerei überführt, welche Forellen, die über einen halben Tag alt sind, als Frischfisch verkaufen. Wenn die Forelle sich im Sud leicht krümmt, ist der Fisch gerade eben erst fürs Kochen präpariert worden; andernfalls ist er mindestens schon mehrere Stunden alt.

4 Forellen	**10–12 Senfkörner**
1 l Wasser	**4 Wacholderbeeren**
1 l helles Bier	**2 Karotten**
4 Lorbeerblätter	**1 große Zwiebel**
3 Nelken	**Pfeffer, Salz**

Die Forellen unter fließendem Wasser waschen und abtropfen lassen. In einen flachen Topf Bier und Wasser geben, dazu die Lorbeerblätter, Nelken, Senfkörner, Wacholderbeeren, die gestückelten Karotten und die in Ringe geschnittenen Zwiebeln. Alles zusammen aufkochen und dann die Hitze reduzieren. In dem nicht mehr kochenden Sud die Forellen 20 Minuten ziehen lassen. Als Beilage empfehlen sich Salzkartoffeln und Salat.

»Bierablader« in der Schenke

Streit gab es gelegentlich auch wegen der Biersteuer. Denn Trinkfreudige sehen grundsätzlich nicht ein, warum sie außer für die Tranksame auch noch für ihren Durst bezahlen sollen. Begreiflich daher, dass es immer wieder einmal zu Unruhen führte, wenn die Obrigkeit das schäumende Gebräu mit einem allzu hohen Tribut belegte. Meistens allerdings kam es gar nicht erst zu Aufruhr und Tumulten, weil die Bevölkerung ihrem Unmut anderswo Ausdruck verlieh – nämlich am Biertisch in der Kneipe, wo denn sonst? Oder (aber dies konnten sich nur die Gebildeten leisten) in Briefen, wie der Dichter Jean Paul, der seine letzten Lebensjahre in Bayreuth verbrachte. Aus dieser Zeit stammt eine Epistel, in der er sich bei einem Freund darüber beklagt, dass sich die Obrigkeiten schon immer ein Vergnügen daraus machten, aus den Vergnügungen des einfachen Volkes Kapitel zu schlagen: »Um noch einmal aufs Bier zu kommen, so muss ich hier die verfluchte Tranksteuer zwei Mal zahlen. Einmal, wenn das Bier bei mir einpassiert, zum Zweiten, wenn ich's von mir gebe. Ich wurde um einen Taler gestraft, weil ich vor dem Haus des Polizeidirektors Ortlof abends um acht, vor oder hinter mir zwei Jungfern, mein weniges Wasser abgeschlagen hatte, was mir vom Bayreuther Bier übrig geblieben war. Wörtlich ist's wahr, mit dieser Pisssteuer.« Angesichts von so viel heiliger Einfalt fragen sich selbst jene, die sich schon mehr als nur einen Humpen einverleibt haben: Wie kann man nur, in Gegenwart gleich *zweier* Jungfern *und* noch dazu ausgerechnet vor dem Haus des Polizeidirektors ...

Gerupfter

In dem bereits erwähnten Bändchen überliefert Thomas Häußner auch das Rezept für einen »Gerupften«, eine im Frankenland beliebte Spezialität:

100 g Camembert	***8 EL Sahne***
2 Ecken Schmelzkäse	***1/2 TL süßer Paprika***
100 g weiche Butter	***Salz, weißer Pfeffer***
1 fein gehackte Zwiebel	***30 ml Weißbier***

Camembert, Schmelzkäse, Butter, Zwiebel und Sahne mit einer Gabel miteinander vermengen. Mit Paprika, Salz und weißem Pfeffer würzen und das Weißbier untermischen. Mit Zwiebelringen und Radieschen garnieren. Dazu gehört ein frisches Bauernbrot, und zum Trinken – na, raten Sie mal ...

Zum Schluss soll hier noch einer zu Wort kommen, der das Bier nicht nur schätzte, sondern es auch – natürlich von seiner Käthe – im eigenen Haushalt brauen ließ, nämlich der hochgelehrte Doctor Martinus Luther. Die Äußerung zeigt, dass auch bei ihm Reden und Tun manchmal fast so weit auseinander lagen wie der Himmel von der Hölle.

> Qui excogitavit das bier breuen, der ist gewesen pestis Germaniae. Es muss wohl theuer sein in vnseren landen. Die pfert fressen den grossen theil des getreits; danach die from paurn vnd burger sauffen vast den grossen theil geteidts im bier auf. Propterea im edlen Thuringer lannd, quae est foecondissima terra, da haben sie die schalckheitt gelernt: Wo vor hin gut edel gedreit ist gewachsen, ytzt muss weide wachsen, welcher die Erden also verprent vnd aufsaugt, das uber die massen ist.

Votivgaben für den Klosterkoch

Ex voto – auf Grund eines Gelübdes. Diese Inschrift ist an vielen Wallfahrtsstätten zu lesen auf Gegenständen, welche die Pilger zurückließen. Es handelt sich dabei um Votivgaben, mit denen sie Gott oder den Heiligen dafür dankten, dass sie von einer Krankheit geheilt, von einem Übel befreit oder in einer schwierigen Sache erhört wurden. Lahme vermachten dem Heiligtum ihre Krücken zum Zeugnis, dass die von ihnen verehrten Heiligen ein offenes Ohr für ihre Not hatten. Andere drückten ihren Dank aus, indem sie den geheilten Körperteil oder einen auf eine bestandene Gefahr hinweisenden Gegenstand in Wachs oder in Metall anfertigen und im Heiligtum aufstellen ließen. Mit einem aus Gold geformten Ohr dankte man für die Heilung von Taubheit, mit einem silbernen Schiff für die Rettung aus einem Seesturm. Seit dem Spätmittelalter setzte sich immer mehr der Brauch durch, Votivbilder zu stiften, welche den Betrachtenden vor Augen führten, wie eine Wallfahrerin durch die Fürsprache der Heiligen in Lebensgefahr Rettung erfahren oder wie ein Pilgersmann ein Unglück wider Erwarten heil überstanden hatte. Zu den beliebtesten Votivgaben gehörten Wachskerzen, welche zur Beleuchtung der Kirchenräume stets willkommen waren. Wir kennen Fälle, in denen Pilgersleute zum Dank für empfangene Gnaden ihr Körpergewicht mit Wachs aufwiegen ließen, das sie dann dem Heiligtum stifteten.

Nikolaus Hagenauer, Antonius vom Isenheimer Altar, 3. Schauseite, um 1515.

Die meisten Wallfahrtszentren befanden sich in der Obhut eines Klosters. Dort trug ein Mönch nicht nur alle Wunderheilungen, sondern auch die erhaltenen Votivgaben in ein Mirakelbuch ein. Aus diesen Berichten erfahren wir unter anderem, dass der klösterliche Speisezettel gelegentlich auch durch Votivgaben angereichert wurde. Außer den bereits erwähnten Schenkungen und Geldspenden figurieren in den Einkünfteverzeichnissen nämlich auch Naturalien, beispielsweise ganze Pferde- und Ochsengespanne; außerdem Brot, Eier, Wein, Getreide, Geflügel und Schlachttiere. In Altötting etwa umfasst die Liste der Naturalgaben im Jahr 1492 nicht weniger als 64 Stück Großvieh, sowie 13 Stück Jung- und Kleinvieh (Füllen, Kälber, Lämmer und Ziegen). Einen kunsthistorischen Beleg für den Brauch, an einem Wallfahrtsort Tiere als Votivgaben zu spenden, liefert der Schrein des Isenheimer Altars mit den berühmten Tafeln von Matthias Grünewald, der heute im Museum d'Unterlinden in Colmar zu besichtigen ist. Alljährlich am 17. Januar, am Fest des heiligen Antonius des Einsiedlers, wurde das Retabel geöffnet; dann präsentierte sich der Eremit den Gläubigen zwischen den heiligen Augustinus und Hieronymus thronend, flankiert von zwei Gemälden, auf denen der Künstler die Versuchung des Antonius und seine Begegnung mit dem Wüstenheiligen Paulus darstellte. Das Schnitzwerk zum Altar schuf Nikolaus Hagenauer (in alten Urkunden: Niclas Hagnower), welcher zu Füßen des thronenden Antonius zwei kniende Männer postierte, die dem Heiligen ein Schwein und ein Huhn als Votivgabe überreichen.

Wer Huhn sagt, denkt ans Ei, und das wiederum erinnert uns daran, dass wir schon lange kein Pilzomelett mehr gegessen haben.

Pilzomelett

6 Eier
etwas Mehl
Salz
30–40 g geriebener Greyerzer
Bratbutter zum Backen
wenig Butter für die Gratinform

Für die Füllung:

30 g getrocknete Steinpilze
1 Schalotte
20 g Butter
1 Glas Weiß- oder Apfelwein
Salz, Pfeffer

Die Eier schaumig rühren und das Mehl untermischen. Salzen. Die Masse eine halbe Stunde ruhen lassen. In einer Bratpfanne 8 Omeletts backen.
Die Steinpilze eine Stunde in lauwarmem Wasser einweichen, gut durchspülen und zusammen mit der fein gehackten Schalotte in Butter dünsten. Mit dem Wein ablöschen, mit Salz und Pfeffer abschmecken und die Flüssigkeit fast ganz verdunsten lassen. Die Omeletts füllen, in eine Gratinform geben, mit dem Käse bestreuen und in dem auf 200° vorgeheizten Ofen 20 Minuten gratinieren. Dazu reichen wir einen Salat.

Während wir uns an diesem exquisiten Omelett delektieren, fällt uns ein, dass die Mönche viele der ihnen dargebotenen Votivgaben wie Schweinshaxe, Hühner und Eier entsprechend den damaligen kirchlichen Bestimmungen erst nach Ende der Fasten- und Adventszeit verzehren durften.

Indirekt bezeugt dies der Bericht über ein »Apostelessen«, welches im Jahre 1713 offenbar nach der damals erstmals durchgeführten Fußwaschung im Benediktinerstift Admont in der Steiermark aufgetragen wurde. Tatsächlich fällt auf, dass an diesem drittletzten Tag vor Beendigung der österlichen Fastenzeit Fleisch und Eiergerichte auf dem Speisezettel fehlen. Gleichzeitig geht aus der Notiz des Chronisten hervor, dass es sich die Mönche nicht nur selber gut gehen ließen, sondern dabei auch an die Armen dachten:

> Anno 1713 haben Ihro Hochwürden und Gnaden, Herr Abt Anselmus, angefangen, 13 [!] armen Männern [welche die 12 Apostel versinnbilden] in der Kirchen nach voller Abkleidung der Altäre die Füße zu waschen. Welche hernach in den Saal bei Hof traktiert worden folgendermaßen:
> Nach der Zahl der armen Personen wurden auch 13 Speisen auf 3 mal aufgesetzet. Selbige trugen die Bedienten von der Kuchl bis vor die Tür des Saales und setzten es auf einen Tisch, der alldort dazu bereitet war. Allwo Ihro Hochwürden und Gnaden und die Reverendissimi Patres Officiales, so alle mit Aufwarttüchern umgürtet, die Speisen abgeholet, auf die Tafel getragen, geteilet und den Armen vorgeleget haben.
> Was über verblieben, wurde in 13 gleiche Teil abgeteilet und den Armen mit nacher Haus gegeben.
> Aus gnädigem Befehl wurden nur gemeiner Speisen aufgesetzet. Nämlich die Brezensuppe, Stockfisch in der Milch, Kraut, Hering, Hausen Pasteten, Nudelkoch, Bachfisch, Guglhupf, Pfeffer, Zwetschken Torte, Reis, Triet, Krapfen.
> Die dazumalen anwesenden Gäst und weltliche Bediente haben auch aufgewartet.
> [Ab] Anno 1715 ist alles portionsweise aufgetragen worden.

Klosterkäse, Klosterbier, Klosterschnaps

Klosterkost ist nicht gleich Klosterkost. Die einen verstehen darunter kurze Mahlzeiten und karges Essen. Andere denken an opulente Gastmähler und korpulente Mönche. Dass man den Klosterleuten einen gesegneten Appetit bescheinigt, hängt wohl damit zusammen, dass diese früher vielerorts nicht nur Käse produzierten und Bier brauten, sondern auch Wein kelterten und Hochprozentiges auf Flaschen zogen. Was die Nonnen betrifft, führten diese in den vergangenen Jahrhunderten nicht nur Klosterfrau Melissengeist, sondern auch eine Vielzahl von harten Schnäpsen im Angebot.

War die Klosterkost nun gut bemessen oder knapp gehalten? Beides trifft zu, wobei es natürlich immer auf die Gegend und auf die Zeitläufte ankommt.

So lässt eine in der Zisterzienserabtei Lützel oder Lucelle im Jahre 1671 veröffentlichte Rezeptsammlung vermuten, dass die dortigen Mönche nicht am Hungertuch nagten. Das Kloster liegt genau an der Schnittstelle vom Schweizer Jura und dem Sundgau; heute führt die helvetisch-französische Grenze mitten durch die ehemalige Anlage der einstmals blühenden, im Jahre 1791 aufgehobenen Zisterzienserabtei.

Ein Exemplar des besagten Kochbuches kann man im Staatsarchiv Basel einsehen. Schon ein flüchtiger Blick lässt erkennen, dass es sich bei diesem Werk nicht um eine Abhandlung für arme Schlucker handelt. Vielmehr scheinen die Gottesmänner von anno dazumal herzhaft zugelangt zu haben. Am Mittag und am Abend wurden jeweils je zwei Fleisch- oder Fischgänge aufgefahren. Entsprechend waren die Erwartungen, die man dem Koch gegenüber hegte: *Man solle sich eines guten und rechtschaffenen Kochs bewerben/welcher ehrlichen Herkommens und Wandels/in seiner Kunst wohlerfahren und geübt/gesunden starcken Leibs/frölichen Gemüths/hurtig/geschwind und ohnverdrossen/auffmercksam/gespährig/und besonders dem Wein nicht ergeben seye!* Beeindruckend ist auch das kulinarische Programm, das der Verfasser, ein anonymer »Geistlicher Kuchen-Meister« des Gotteshauses Lützel »beschrieben und practiciert« und im Titel seines Werks festgehalten hat: *Koch-Buch So wol Für Geistzliche als auch Weltliche grosse und geringe Haußhaltungen/wiebey denen täglich viel Leut am füglichsten abgespeiset werden. Darin Uber die Achthunderterley Fleisch/Wildprett/Geflügel/Fisch/Eyer/und Garten-Speisen/auch die manier und weiß selbige zubereiten/Neben andern nutzlichen Haußhaltung-Stücklein/zu finden und begrieffen seynd.*

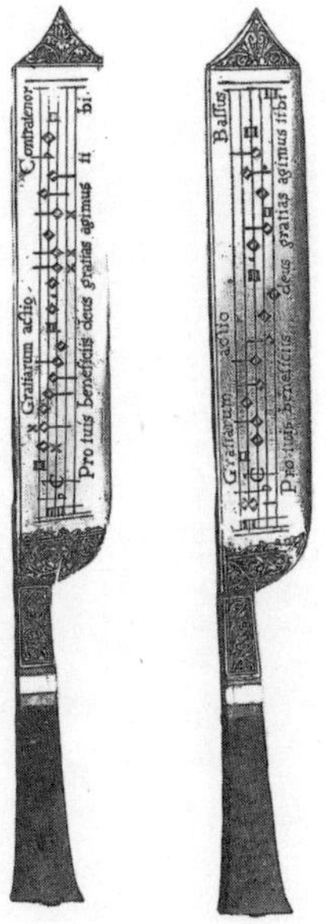

Messer aus dem Refektorium eines Klosters, Italien, 16. Jh. Auf diesen Messern sind die gesungenen Partien – Tenor und Bass – einer Dankeshymne eingeritzt: »Für deine Wohltaten sagen wir dir, Herr, unseren Dank.«

Sehr viel einfacher als in der vornehmen Abtei von Lucelle hielten es die Kapuziner ein gutes Jahrhundert später in ihren Niederlassungen. Als Goethe auf seiner Italienfahrt im urnerischen Realp Station machte, bekam er im dortigen Kapuzinerkloster ein einfaches rustikales Mahl vorgesetzt, das lediglich »aus Eiern, Milch und Mehl« bereitet war und das ihm bestens schmeckte.

Ein schönes Mittelmaß zwischen den üppigen Speisefolgen der Zisterzienser und der Kargheit der Kapuziner scheinen die Benediktiner in ihrer Abtei im bayrischen Metten gepflegt zu haben. Dort wurde vor ein paar Jahren ein handgeschriebenes Kochbuch entdeckt, das vermutlich aus dem 16. Jahrhundert stammt. Aus diesem Fund gönnen wir uns eine Kostprobe; Irmi Hofmann veröffentlichte das Rezept in ihrem Buch *Köstlichkeiten aus Klöstern in Deutschland, Österreich, der Schweiz und Südtirol* (Ehrenwirth Verlag, München 1996, © 1996 Verlagsgruppe Lübbe, Bergisch Gladbach).

Hausen- oder Lachspastete

Nimbt einen Frischen Haussen oder Lax vber Prüe in gor ein Wenig Poiß in Darnach in Eyssig Thue Pfeffer stup Muschcatbüe vnndt Muschcatnuß Dorzue Laß ein Weill Poyssen Dornach mach ein Taig von einem Roggen Mell vndt Chleiben mach ein Pastetten dorauß vndt den Haussen oder Lox dorein Leg Putter Entzwischen vndt gewierg in Mer vndt Wann sie Halb gebachen ist so mach ein Lochl oben dorein vndt geuß die Prü Dor ein Dorinen der Haussen gebeiegt Hat vndt Laß es Dornach gor auß Pachen vndt giebs Wormber.

Nimm einen frischen Hausen oder Lachs, überbrühe ihn gar ein wenig, beize ihn darnach in Essig, tue Pfeffer dazu, rühre gemahlene Muskatblüte und Muskatnuss darunter, lass eine Weile beizen. Danach bereite einen Teig aus Roggenmehl und Kleie, mach eine Pastete daraus und leg den Fisch hinein, gib Butter dazu und wickle ihn ein. Wenn sie halb gebacken ist, so mach oben ein Loch hinein und gieße die Brühe, in welcher der Fisch gebeizt wurde, hinein und lass es danach ausbacken; trage es warm auf.

Ein anderes, inzwischen berühmtes Kloster-Kochbuch kam in Dresden beim Abbruch eines Dominikanerklosters zum Vorschein, als man die Mauer vor einer verschlossenen Nische entfernte. Die Handschrift wurde im Jahre 1856 in Leipzig unter dem Titel *Dreihundertjähriges deutsches Kloster-Kochbuch enthaltend eine bedeutende Anzahl längst vergessener jedoch äußerst schmackhafter Gerichte* von einem nicht weiter bekannten Bernhard Otto veröffentlicht.

Ebenso rührend wie belehrend mutet das Nachwort an, mit welchem der fromme Dominikaner vor rund 450 Jahren seine Rezeptsammlung beschloss:

> DIS sei nun genug vom kochen gesaget, wer weiter in einer stadt oder land etwan ein gut sonderlichs gericht antrifft der mags hinein verzeichnen. Denn an etzlichen orten braten die menschen. Da muss man mit unkosten einen Bratenwender halten der die braten am spisse beym feuer bestendiglich vmbdrehet vnnd geschicht solchs mit grosser vngelegenheit. Denn da gehen vnnkosten auff den wender, vnkosten auffs holtz und kolen, vnkosten vnnd schaden auf die materien, denn darnach der braten gewendet wird, darnach wird er auch gar, wenn er bisweilen stille helt vnnd sich der schwung des spisses regieren lest so brät er ja an einem ort am andern ist er noch habl roh oder schleudert den braten gar ab wenn er mürbe und gar ist, das er in die aschen fällt. Da verbrennet und verderbet man viel bratpfannen, das gesinde frisset oder duncket in abwesen der Koche das fette aus und wird bißweilen der bräther mit grosser gefahr seiner gesundheit schier so gar als der brate. An etzlichen örtern braten die hunde so darzu gewenet sein daß sie im rad laufen vnd also den spiss umbdrehen. An etzlichen

örtern hat man sunderlich Bradtgezeug mit Gewichten und Rädern, da bisweilen der zeug wohl so viel kostet als die braten die man innerhalb einem halben Jahr damit braten möchte. An etzlichen Oertern hat man bradtrören in den ofen darein man den braten in einer pfannen setzet unnd forn mit einem plech verscheubet, das ist wol eine feine art, sonderlich im winter, aber es gibt in der stuben einen starcken stanck oder geruch den nit jeder in seinem kopffe vertragen kann. An etzlichen örtern heitzen die becker am sontag früe den backofen, darein setzen die leut ihren braten heuffig um zween oder drei Pfennigk ohne weiters mihe und vnkost. Also geschichts. Ich aber befehle dich in die obhut des dreieinigen GOTTES und SEINER lieben Heiligen. Amen!

Diesen Schluss-Segen seitens des frommen Dominikaner-Kochs lassen wir uns wohl gefallen. Und ich kann Ihnen versichern, meine Lieben, dass auch Sie ihn nötig haben werden, wenn Sie sich entschließen, den vom Klosterkoch als glaubenswidrig qualifizierten und doch so gerühmten *Braten von Feigen* zuzubereiten. Nehmen Sie es mir bitte nicht übel, dass ich Ihnen die Mengenangaben nicht verrate; ich musste sie ja selber im Mehrfachversuch unter verzweifelten Stoßgebetlein und unruhigen Seufzern mühsam herausfinden. Einen kleinen Mutmacher in Form eines knappen Hinweises möchte ich Ihnen dennoch mit auf den Weg in Ihre Küche geben: Die Speise eignet sich hervorragend als Beilage zu Wild und Geflügel und lässt sich statt am Spieß auch in einer Backform zubereiten.

Ein Braten von Feigen (Feigenkuchen)

Nimm die Feigen, hacke sie klein, stoße sie danach in einem Mörser, nimm darunter weißes Brod und stoße es wol durcheinander und würze es ab mit allerlei Würze. Nimms wieder heraus und mache es hübsch lang auf dem Brete drei Querfinger dicke, stecke das an einen Spieß und verwahre es, daß es nit herabfällt, und lege es zu einem Feuer und lass es also braten und begeuß es mit heißem Baumöl. Sobald das gebraten ist gieb es auf und bestreue es mit Zimmet. Dies Stücklein hat der hochwürdige Bischof Johann sehr geliebet, dem es ein frommer Bruder so aus dem Lande Palästina wiedergekehrt, mitgetheilet.
In Asia essen es die Arabier und Ungläubigen in der Fasten – aber braucht sich kein fromm christlich Gemüth darob zu entsetzen.

Falls Sie nicht sehr experimentierfreudig sind, backen sie fürs Erste einmal ein einfaches Feigenbrot. In einem Anflug von Heldenmut und mit ein bisschen Fantasie werden Sie anschließend wohl auch den »Braten von Feigen« problemlos hinkriegen.

Feigenbrot

300 ml Wasser	*225 g gehackte Feigen*
225 g Bulgur	*1/4 TL Salz*

Bulgur (parboiled wheat), der gekochte, getrocknete und geschälte Weizen wird seit Jahrhunderten im Nahen und Mittleren Osten als lagerfähiges Lebensmittel hergestellt und ist hierzulande in Spezialgeschäften erhältlich. Den gibt man in eine Schüssel, gießt das kochende Wasser darüber und lässt ihn für eine Stunde weichen und abtropfen. Gehackte Feigen (ersatzweise auch Rosinen oder Datteln) und Salz dazugeben, die Masse pürieren und zu einem Brotlaib formen und diesen in eine geölte Kuchenform legen. In dem auf 180° erhitzten Ofen etwa 30 Minuten backen. Lauwarm servieren.

Mancherlei Erinnerungen an die klösterlichen Speisezettel vergangener Zeiten finden sich auch in heutigen Kochbüchern – etwa wenn da die Rede ist von Klosterschnitzeln, Klosterbrezeln, Kartäuserklößen, auch von Kapuzinerstrudel oder von einem delikaten Jungfernbraten. Allerdings haben manche dieser Koch- und Backanleitungen mit der ›typischen‹ Klosterküche gerade so viel gemein wie der Weihnachtsmann mit dem Osterhasen.

Mönch beim Kornmähen, Illustration in einer Schrift des hl. Augustinus, Citeaux, Anfang 12. Jh.

Im Grunde hat es die ›typische‹ Klosterküche gar nie gegeben. Ausgenommen einige wenige charakteristische Klostergerichte und abgesehen auch von der Tatsache, dass man in den Klöstern die Fastenzeiten, zumindest zeitweise, etwas strenger einhielt als in den bürgerlichen Haushalten, verspeisten die Mönche und Nonnen ja bloß, was sich das gemeine Volk rund ums Monasterium ebenfalls einverleibte.

Was im 18. Jahrhundert im Tirol in gutbürgerlichen Haushalten und demzufolge auch in den klösterlichen Speisesälen auf den Tisch kam, hat die Österreicherin Luise Unterwurzacher aus Prägraten, im hintersten Iseltal, herausgefunden, als man dort auf einem Dachboden eine zweihundert Jahre alte handschriftliche Rezeptsammlung entdeckte, die aus der Meraner (oder Bozner?) Gegend stammen dürfte. Inzwischen hat die ehemalige Gastwirtin das

Manuskript unter dem Titel *Und dann gib's zur Tafel* (Verlag Berenkamp, Hall in Tirol 1997) in Buchform herausgegeben.

Schweinefleisch wird nicht erwähnt; so etwas aßen damals nur die Hungerleider. Die Herrschaften verlustierten sich an Geflügel, Fisch, Wild, Kalbfleisch und etwas Gemüse. Für Erdäpfel findet sich gerade ein einziges Rezept; die kultivierte man damals vorwiegend als Zierpflanzen.

Wer sich für die Essgewohnheiten der Altvordern interessiert, braucht also nicht unbedingt in alten Klosterkochbüchern zu schmökern. Wenn in Meran oder Bozen wieder ein Taufessen anstand, saß vermutlich auch ein Südtiroler Kapuzinerpater mit an der Tafel und kostete von den Krebs-Suppen, den Kälberohren und den eingemachten Fröschen. Diese Dinge gehörten damals zum Alltag. Bei besonderen Gelegenheiten gab es natürlich etwas Erleseneres, beispielsweise Ragou-Eyer. Und zum Nachtisch vielleicht gar eine Brod-Torten. Beides bereiten wir nach der Meraner (oder Bozner?) Rezeptsammlung zu.

Ragou-Eyer (Überbackene Eier)

Nim 8 hart gesottene Eyer, nimm die Dötter heraus und stoß mit ein Kreuzer geweichter Semmel, ein klein wenig geschnittene Sartellen und Petersill, Schwamerl dazu und salzen, gieb ein Bröckel Butter darunter, ein ganzes Eyer dazu; dann fülls in die Schalen, beschmier die Schüssel mit Butter, gieb etwas Ram darauf, leg die Eyer darauf; deck sie oben ganz mit Ram zu, besäe sie mit Bröseln, gieb dort und da ein wenig Butter daran und stells in Ofen.

[Statt der Semmel für einen Kreuzer behelfen wir uns mit drei bis vier Scheiben Toastbrot. Dass mit den »Schalen« die halbierten vom Dotter befreiten Eihälften gemeint sind, brauchen wir nicht eigens zu unterstreichen. Und wer das verlängernde *h* im Ram vermisst, nimmt ganz einfach Sa*h*ne.]

Brottorte

Nimm einen Vierting Mandeln, stosse sie fein ungeschwellt, einen starken Vierting gestossenen Zucker, etwas fein geschnittene Lemoni-Schäler und 8 Eyerdötter, auch 2 ganze Eyer; thue alles in ein Weidling und rühre es eine starke halbe Stund; reib Brod auf den Riebeisen, thue es in ein Pfandel und rühr es auf der Glut, bis es braun wird, feuchte es mit rothem Wein an; thue so viel in das gerührte, bis stark wird; rühre es gut untereinander; thue etwas Zimet darein; schlag die Klar von 8 Eyern zum Schnee, rühre ihn darein; schmiere den Model, in den du die Torte thust, mit Butter, schütte sie hinein, back sie im Backofen schön, streu Zucker darauf; dann zur Tafel.

C+M+B oder Himmlisches Gewächs in Gottes Garten

Dieses Kapitelchen wollen wir mit einer erbaulichen, will sagen den Geist erhebenden und das Herz belebenden Geschichte einleiten; sie stammt aus den *Fioretti*, dem Legendenkranz, den der fromme Volksglaube dem heiligen Franz von Assisi geflochten hat.

> **Als der heilige Franz sich einmal in einer Kirche der Stadt Rieti aufhielt, strömten die Leute in solcher Zahl herbei, dass der Weinberg des Priesters, der jene Kirche betreute, recht übel mitgenommen wurde. Es war nämlich die Weinlese nahe und die Besucher machten sich über die Trauben her. Wie der Priester den Schaden sah, ging es ihm sehr zu Herzen und es reute ihn, dass er den heiligen Franz aufgenommen hatte.**
>
> **Dieser erkannte es im Heiligen Geist; er ließ den Priester zu sich rufen und sagte zu ihm: »Lieber Vater, wie viele Fässchen Wein bringt dieser Weinberg in einem Jahr, wenn die Reben gut gedeihen?« Er sagte: »Zwölf.« Und der Heilige sprach zu ihm: »Ich bitte dich, Vater, trage es in Geduld, dass ich bei deiner Kirche Aufenthalt genommen habe; ich finde hier vortrefflich Ruhe. Und von deinen Trauben lass ruhig alle Leute nehmen, aus Liebe zu Gott und zu mir, dem kleinen Armen! Ich verspreche dir im Namen meines Herrn Jesus Christus: du wirst dies Jahr zwanzig Fässchen ernten.«**
>
> **Der Priester verließ sich auf das Versprechen des Heiligen und gab den Weinberg für die Besucher frei. Und wunderbar: der Weinberg wurde zwar übel hergenommen, und die Gäste ließen kaum ein paar armselige Träublein übrig; aber als der Priester bei der Weinlese die wenigen Beeren sammelte und sie wie immer auf die Kelter legte, ergab es, wie der Heilige versprochen hatte, nicht weniger als zwanzig Fässchen vortrefflichen Weines.**
>
> **Das Wunder dürfte etwas deutlich machen: wie nämlich durch die Verdienste des heiligen Franz der Weinberg, der schon keine Trauben mehr hatte, doch eine Fülle Weines lieferte, so trug das christliche Volk dank der Predigt des Heiligen nach einem durch Sünde unfruchtbaren Stande auf einmal reiche Früchte der Buße.**
>
> **Lob sei unserem Herrn Jesus Christus.**

Dass der Wein in manchen Heiligenlegenden eine gewisse Rolle spielt, mag seinen Grund darin haben, dass er schon in der Bibel über 200 Mal vorkommt. Begreiflich daher, dass jene, welche schon rein berufsmäßig täglich in der Bibel blättern, etwas davon verstehen. Dass wir heute bei festlichen Gelegenheiten einen exzellenten Wein im Glas und ein exquisites Bouquet in der Nase haben, ist nämlich zu einem guten Teil das Verdienst der mittelalterlichen Mönche, welche die Kunst des Rebbaus vom Altertum in die Neuzeit hinüberretteten.

In der Schweiz beispielsweise besaß die Abtei von St. Gallen im 10. Jahrhundert so viele Rebberge, dass die Klosterkeller nicht mehr ausreichten. Begreiflich daher, dass die Mönche notgedrungen vom Bierkonsum zum Weingenuss übergingen, eine Umstellung, die in Bayern undenkbar gewesen wäre. Denn dort dreht sich die Welt nach wie vor um Bier und Kartoffeln. Für Vino und Pizza interessieren sich die Bajuwaren allenfalls im August, wenn sie am Strand von Rimini schmoren.

Weinzapfender Mönch, Initial, 13. Jh.

Indessen geht der Wein mit der Kartoffel gelegentlich eine geradezu ideale Liaison ein, und sei es im Kochtopf.

Kartoffeln in Wein

2 mittelgroße gehackte Zwiebeln
2 ausgepresste Knoblauchzehen
2–3 in feine Streifen geschnittene Salbeiblätter
200 ml trockener Weißwein
500 g (wenn möglich frisch geerntete) Kartoffeln
etwas Olivenöl
100 ml Gemüsebrühe

Zwiebeln, Knoblauch und Salbei in etwas Olivenöl andämpfen. Die Kartoffeln in grobe Stücke schneiden und zusammen mit der Gemüsebrühe und dem Weißwein aufkochen, salzen, dann bei reduzierter Hitze etwa 25 Minuten köcheln. Allenfalls noch vorhandene Flüssigkeit einkochen.

Dazu gibt's gebratenen Leberkäse, gebratenen Fisch oder eine Bratwurst. Oder gar nichts. Wer dieses Kartoffelgericht mit Bier herunterspült, wird in jedem Fall (eine) Maß halten. Und die sich für vergorenen Rebensaft entscheiden, sollten sich an die Bibel halten: »Beim Wein spiele nicht den starken Mann! Schon viele hat der Rebensaft zu Fall gebracht« (Jesus Sirach, 31. Kapitel, 25. Vers). Dass das nicht nur für Männer gilt, bezeugt eine briefliche Äußerung Liselottes von der Pfalz, der Schwägerin des Sonnenkönigs Ludwigs XIV.: »Zu allem Unglück saufen die Damen hier in Versailles noch mehr als die Mannesleute.«

Derlei Exzesse haben die frommen Mönche nicht einkalkuliert, als sie im Mittelalter ihr Arbeitsfeld von den Konventen vermehrt auch auf die Rebberge ausweiteten.

Aller Wahrscheinlichkeit nach könnten wir heute keinen Burgunder kosten, wenn sich ein Robert von Molesmes im März 1098 nicht in die abgelegene Saône-Niederung südöstlich von Dijon zurückgezogen hätte, um in Citeaux ein Zisterzienserkloster zu gründen und nach der strengen Regel des heiligen Benedikt zu leben. Orts- und Ordensname leiten sich von *cistel* ab, dem Schilfrohr, mit dem die Sumpfgegend damals bewachsen war. Schon bald bemerkten die weißen Mönche, dass der Burgunder Boden sich mit etwas Anstrengung leicht in einen Garten Gottes verwandeln ließ, eine Erkenntnis, die zur Folge hatte, dass sie sich fortan nicht nur als emsige Beter, sondern auch als eifrige Winzer betätigten. Und so ist es denn mehr als nur ein Akt später Gerechtigkeit, dass wir beim Genuss eines Pommard, eines Clos de Vougeot oder eines Meursault oder eines Fixin gelegentlich auch ihrer kurz gedenken. Denn: keine Weingeschichte ohne Mönche.

Besonders augenfällig kommt die Kontinuität zwischen Altertum und neuer Zeit in dem Südtiroler Benediktinerkloster Muri-Gries bei Bozen zum Ausdruck.

Wo sich heute die Klosteranlage erhebt, ließen die Grafen von Bozen im 11. Jahrhundert eine Burg errichten, welche 1407 den Augustiner Chorherren überlassen wurde. Diese verwandelten den Bau in ein Kloster und den Bergfried in einen Glockenturm. Nach genau vier Jahrhunderten, 1807, sahen sich die Augustiner wegen des fehlenden Nachwuchses gezwungen, diese Niederlassung aufzugeben. Knapp vier Jahrzehnte später übernahmen die Benediktiner aus dem aargauischen Muri die inzwischen völlig vergammelte Anlage, nachdem sie im Zug des aufklärerischen Aufbruchs aus ihrem Schweizer Stammkloster vertrieben worden waren. Seither heißt das Kloster Muri-Gries.

Weinlese, Stich aus einer Schrift Abraham a Santa Claras, 1699

Wer sich heute dem Konvent nähert, entdeckt am Türrahmen die jeweilige Jahreszahl und drei Buchstaben, welche dort alljährlich am 6. Januar mit Kreide hingemalt werden: *C+M+B*. Entgegen einer weit verbreiteten Annahme handelt es sich nicht um die Anfangsbuchstaben der Namen der drei heiligen Könige Caspar, Melchior und Balthasar, sondern (wir befinden uns hier auf heiligem Boden, wo man über fromme Dinge Bescheid weiß) um eine lateinische Abkürzung: *C*hristus *M*ansionem *B*enedicat – der Herr segne dieses Haus. Der Segen scheint sich auch auf die Umgebung auszuwirken. Die Rebberge jedenfalls können sich sehen lassen. Trauben gab es hier schon, als die Römer das Südtirol als Durchgangsstraße und Handelsweg an die Donau erschlossen. Heute reift der Wein im Klosterkeller heran, der vor gut hundert Jahren angelegt wurde. So verwundert es denn nicht, dass sinnenfrohe Weltleute mit ihrem Hang zur Frivolität eine neue Lesart für die drei rätselhaften Buchstaben über dem Türrahmen vorschlagen: *C*abernet, *M*erlot, *B*lauburgunder.

Starker Wein macht schwache Beine. Dass sein Genuss zuweilen auch dazu führt, die starken und die schwachen Verben durcheinander zu bringen, illustriert der heute leider vergessene Schriftsteller und Publizist Moritz Gottlieb Saphir (1795–1858):

Weil gar zu schön im Glas der Wein geblunken
hat sich der Hans dick voll getrinkt.
Drauf ist im Zickzack er nach Haus gehunken
und seiner Grete in den Arm gesinkt.
Die aber hat ganz mächtig abgewunken
und hinter ihm die Türe zugeklunken.

Den Seinen gibt's der Herr im Netz

Unzweifelhaft haben die Mönche in Sachen Kochkunst einige Meriten vorzuweisen, vor allem was die Überlieferung so mancher Küchengeheimnisse betrifft. In den heutigen Klöstern allerdings rührt in der Regel kein rezeptkundiger Gottesmann mehr den Kochlöffel. Selbst in den Frauenklöstern hantieren kaum noch Nonnen mit Tiegeln und Töpfen. Zuständig für die Zubereitung der Speisen sind fast durchwegs sozialversicherte Angestellte, sofern sich die Klostergemeinschaften das Essen nicht von einer Fastfood-Firma anliefern lassen.

Von dieser höchst prosaischen Entwicklung bekommen die Touristen und Pilgerinnen, welche sich nach der Fotoorgie oder im Anschluss an die abgeleisteten Andachtsübungen in einer Klosterwirtschaft niederlassen, nichts mit. Die düsteren Gewölbe und der durch sie erzeugte Echoton haben es nun einmal in sich, und die unbequemen Holzbänke und uralten Eichentische strahlen allemal etwas Nostalgisches aus, was wiederum dazu führt, dass kaum jemand darauf achtet, was da auf den Tellern so alles aufgefahren wird. Gastronomisch betrachtet macht es keinen Unterschied, ob man ins bayrische Andechs oder nach Weltenburg am Ende des Altmühltals pilgert. Hier wie dort gibt es Klosterbier, an dessen Herstellung die

Klosterleute so wenig beteiligt sind wie an der Produktion der Votivkerzen, die sie an diesen Wallfahrtsorten verkaufen. Und genau so einheitlich wie die Votivkerzen präsentieren sich auch die Speisekarten: Bratwürste, Wienerschnitzel, Gulaschsuppe, Eintopf, Kartoffelsalat. Aber wer in einer Klosterwirtschaft einkehrt, zahlt im Grunde ja gar nicht fürs Essen, sondern entrichtet seinen Obolus fürs Ambiente. Klosterschänken haben selbst für Nichtgläubige etwas Exotisches an sich, während die Wallfahrer und Pilgerinnen sich von einem mystischen Fluidum umgeben fühlen, kaum dass sie dem Reisebus entstiegen sind und ihnen der erste Kuttenträger über den Weg huscht.

Kulinarisch interessierte Computerfreaks kommen heutzutage gar ohne Wallfahrt und Reise zu einem virtuellen Klostererlebnis. Wer einen Internetanschluss besitzt und die Zeichenfolge *http://www.monasteryfruitcake.org/* in die Tasten haut, kann sich im Zisterzienserkloster Holy Cross in dem verschlafenen Ort Berryville in Virginia ein bisschen umsehen – und einen von Mönchen gebackenen Fruitcake bestellen. Die 29 zum Schweigen und zur Armut verpflichteten Ordensleute backen seit bald zwanzig Jahren so hervorragende Kuchen, dass sie damit sogar gastronomische Auszeichnungen gewannen. Dies wiederum hatte zur Folge, dass der anfänglich bescheidene lokale Kundenkreis sich bis zum Jahr 1990 auf über 15 000 Abnehmer aus den ganzen USA ausweitete. Dann musste ein Computer her, um die Administration zu bewältigen. Der Anschluss ans Netz war bloß noch eine Formsache.

Heute gehen pro Jahr rund 25 000 Früchtecakes an die Kundschaft in den USA, in Nepal, Malaysia, Großbritannien und Russland und ... Womit sich für die Mönche von Holy Cross der benediktinische Slogan *ora et labora* (bete und arbeite!) ganz von selbst zu einem Stabreim mauserte: Bete und backe! Oder umgekehrt.

Früchtecake

250 g Butter
250 g Zucker
5 Eigelb
50 g kandierte Früchte, gewürfelt
50 g Zitronat, gewürfelt
50 g Orangeat, gewürfelt
40 g Sultaninen
40 g Rosinen
7 EL Rum
1 Zitrone, Schale
250 g Mehl
1 TL Backpulver
1 Prise Salz
5 Eiweiß, steif geschlagen

Die kandierten Früchte, Zitronat und Orangeat, sowie die Sultaninen und Rosinen mindestens eine halbe Stunde im Rum ziehen lassen. Die Butter schaumig rühren, Zucker und Eigelb unterrühren, die eingelegten Früchte zusammen mit der geraspelten Zitronenschale dazugeben, das Mehl mit dem Backpulver und dem Salz vermischen und unter die Masse mischen, das Eiweiß vorsichtig darunter ziehen und alles in eine ausgebutterte Cakeform füllen. Bei 180° rund 60 Minuten backen.

Selbstverständlich haben sich auch andere Klostergemeinschaften dem neuen Trend angepasst, so etwa die Franziskanerinnen von Waldbreitbach, welche den Sprung von der spirituellen in die virtuelle Welt ebenfalls geschafft haben und in ihrem Klosterladen (*http://waldbreitbach.orden.de/la-laden.htm*) nicht nur Karten und Kunsthandwerk anbieten, sondern auch allerlei gaumenlustige Köstlichkeiten wie Honig und Marmelade; ferner Öl, Kräuter Gewürze und Dinkelprodukte; außerdem Kaffee und Tee, ja sogar – der Mensch hat ja schließlich auch ein Gemüt – Bier, Wein, Sekt und Liköre.

Wer keinen Internet-Anschluss besitzt *und* den Fuß nicht in ein Kloster setzen möchte, braucht deswegen noch lange nicht auf die auf die Produkte der Kontemplativen zu verzichten – wenn man denn der Werbung glauben darf. So rühmt sich ein Laden in der Münchner Innenstadt, »Gutes aus Klöstern« weltweit zu vertreiben. Unter der Überschrift »Frohe Botschaft« wird dort eine »Feinschmecker-Kollektion« von Keksen der Zisterzienserinnen von Campénéac in der Bretagne angeboten. Außerdem gibt es die »Energie- und Intelligenzplätzchen nach dem Original-Hildegard-von-Bingen-Rezept«, welche laut Ankündigung »nicht für Dumme« gebacken wurden (aber wem sonst sollen sie denn auf die Sprünge helfen?); überdies eine Bitterorangen-Konfitüre, hergestellt von den Trappistinnen von Echourgnac im Perigord; weiterhin »Pâtes de Fruits«, erzeugt aus »Obst aus dem Garten der fleißigen Schwestern von Echourgnac«; schließlich einen als »Schrecken der Ärzte« angepriesenen »Schweicklberger Geist« aus Niederbayern. Und natürlich fehlt nicht der »Geist der Mönche«, zu dem die Geschäftsleitung den Chartreuse-Verte zählt, einen Likör, welcher als »Beginn einer Art ökologischer Bewegung« gefeiert wird und der, wie der Prospekt verheißt, »ein langes Leben garantieren soll« – bestellen wir also gleich ein paar Dutzend Flaschen von diesem Hochprozentigen, denn je länger das Leben dauert, umso mehr werden wir davon brauchen, um es weiter zu verlängern.

Bereits im Mittelalter war die Bäckerei hoch entwickelt. Der fahrbare Backofen zeigt zudem Sinn für Nähe zum Kunden.

Im Gegensatz zu dem, was in der Werbung steht, ist »Gutes aus Klöstern« weder »europaweit einmalig«, noch das »erste Kloster-Kaufhaus der Welt«. Ein solches gibt es schon seit Jahrzehnten an der am Kopfende der *Piazza Navona* gelegenen *Piazza delle cinque lune* in Rom, wo die Preise happig und die Auswahlmöglichkeiten fast unbeschränkt sind. Dass die Plätzchen nach Lavendel und die Pfefferminzbonbons nach Seife schmecken, kommt davon, dass die Erzeugnisse von Klarissinnen und Kamaldulenserpatres, von Benediktinerinnen und Barmherzigen Brüdern und Büßerorden im Schaufenster allzu nahe beieinander stehen. Asketisch Veranlagte nehmen diese Geschmacksveränderungen aber in Kauf, sei es aus ökumenischen Gründen, sei es um der Versöhnung zwischen den Geschlechtern willen.

Wir hingegen kaufen die Seife nach wie vor im Supermarkt, wo sie nicht bei den Gewürzen, sondern bei den Hygieneartikeln gelagert wird. Was die Minze, den Lavendel und die übrigen Kräuter betrifft, vertrauen wir darauf, dass der liebe Gott seine Sonne weiterhin auf unser Gärtlein scheinen lässt. Und die Konfitüre kochen wir selber ein, dann wissen wir wenigstens, woraus sie zusammengesetzt ist. Das Rezept stammt von meiner Kusine Lisbeth; die Bezeichnung geht darauf zurück, dass sie diese Köstlichkeit alljährlich am Weihnachtsmorgen auf den Frühstückstisch stellt.

Weihnachtskonfitüre

200 g gedörrte Aprikosen
1 kleine Dose Ananas (140 g Abtropfgewicht)
1 unbehandelte Orange
1 unbehandelte Zitrone
4 EL Zucker

Die Ananas in kleine Stücke schneiden. Von der Orangen- und der Zitronenschale sehr feine Streifchen schneiden. Den Saft von beiden Früchten mit dem Ananassirup vermischen. Die Aprikosen in sehr kleine Stücke schneiden und diese die Nacht über in der Fruchtflüssigkeit einweichen. Den Zucker unterrühren und alles zu einer Konfitüre kochen. Unter Hinzufügung von etwas Wasser und Grand Marnier lässt sich aus dieser Konfitüre eine heiße Soße zubereiten, mit der man einen Eis-Nachtisch übergießen kann.

Die schlechte alte Zeit

Eine Frau blickt auf ihre Kindheit in einer abgelegenen Berggegend zurück. Das Ergebnis ist ein Zeitdokument über eine gar nicht so lange vergangene und doch gänzlich versunkene Welt. Veröffentlicht wurde es 1995 unter dem Titel *Die Kellerkinder von Nivagl*. Immer wieder ist in diesen Erinnerungen von dem die Rede, woran es am meisten mangelte, nämlich vom Essen.

Einmal im Jahr, zu Weihnachten, bekamen die Kinder eine Tafel Schokolade, die sie untereinander aufteilten. Zum Geburtstag gab es jeweils ein paar Kekse. Wenn sie Glück hatten. Oder wenn die Verhältnisse es erlaubten. Die Verhältnisse – das bedeutet hier Neni, der Großvater, der als Fahrender mit seinen Töpferwaren durch die Gegend zog und den Kindern heimlich und gegen den Willen der Nana, der geizigen Großmutter, hin und wieder einen Bissen Brot oder einen Apfel zusteckte.

Neni und Nana – das tönt rätoromanisch. Tatsächlich spielt die Geschichte ihrer Jugend, welche die heute in der Nähe von Basel lebende Schweizerin Jeanette Nussbaumer aufgezeichnet hat, in dem abgelegenen bündnerischen Weiler Nivagl.

Die Erinnerungen beginnen so, wie man früher einen Lebenslauf einleitete: »Ich wurde als viertes Kind und erstes Mädchen von insgesamt elf Kindern geboren. Die Zwillingsbuben, die meine Mutter vor mir gebar, waren Siebenmonatskinder und starben nach acht, beziehungsweise 14 Wochen. Der Weiler besteht eigentlich nur aus zwei Häusern, einem größeren, aus Stein gebauten, und einem kleineren, aus Holz gezimmerten. In der Kellerwohnung dieses Hauses hausten wir wie Maulwürfe.«

Oben im Haus wohnen die Großeltern. Ganz unter dem Dach hat die Tante Mathilde, eine taubstumme Schwester des Vaters, eine kleine Kammer. Diese kleine Welt ist voller großer Sorgen. Das Haus besitzt weder Strom- noch Wasserzufuhr. Der Vater ist entweder arbeitslos oder betrunken. Oder beides. Denn das wenige Geld, das er gelegentlich verdient, setzt er zu einem guten Teil in Alkohol um. Fast jedes Jahr kommt ein Kind dazu. »Wo fünf Kinder Platz haben, geht's auch mit sechs«, bemerkt der Vater lakonisch. Und schlägt in seiner Hilflosigkeit und in seinem Elend immer wieder auf sie ein.

Ein bisschen Geborgenheit finden die Kinder beim Neni. Ihm hat sich besonders Jeanette, die Viertälteste angeschlossen, die ihren Großvater gelegentlich auf seiner Geschirrtour begleiten darf. Bei solchen Gelegenheiten schenkte ihr eine Bäuerin manchmal eine Hand voll Pfaffenbohnen. Vom Neni erfährt sie, wie dieses Gebäck zu seinem Namen kam: »Die Pfaffenbohnen wurden von einer Pfarrköchin aus dem Oberhalbstein erfunden. Sie wollte nämlich Schenkeli backen und musste dann mit Schrecken feststellen, dass sie nicht genug Mehl hatte. So kam ihr die rettende Idee, den Teig mit Mandeln zu strecken. Beim Backen im heißen Öl bemerkte sie jedoch, dass die großen Schenkeli durch die Mandeln zu schwer waren. Deshalb formte sie aus dem Teig kleine Kügelchen, und siehe da, die Sache funktionierte und die Kügelchen schwammen auf dem heißen Öl und wurden zu knusprigen Bohnen. Dem Pfarrer schmeckte das neue Gebäck noch viel besser als die Schenkeli und fortan musste die Köchin nur noch solche Dinger backen.«

Fava da prérs oder Pfaffenbohnen

250 g Butter
5 Eier
100 g Zucker
150 g geschälte und fein geriebene Mandeln
20 g Vanille
500 g Mehl
Öl zum Ausbacken

Die Butter schaumig rühren, mit den Eiern und dem Zucker vermischen, bis sich eine schaumig-weißliche Masse gebildet hat (wichtig!). Die übrigen Zutaten werden nach und nach beigegeben, bis ein zähflüssiger Teig entsteht. Das Teigbrett mit Mehl bestäuben und darauf den Teig zu einer gut fingerdicken Rolle drehen. Von dieser Rolle werden 1–2 cm lange Stücke geschnitten, zu Bohnen gerollt und schwimmend ausgebacken.
Die Pfaffenbohnen werden um die Osterzeit zubereitet. Deshalb werden sie oft auch Osterbohnen genannt.

Wenn die Kinder von Hunger gequält und von Krankheit geplagt werden, ist auch der Neni machtlos. Außerdem ist er unfähig, sich gegen seine gefühllose Frau durchzusetzen. Diese verköstigt die Kinder, wenn ihr Vater wieder einmal abwesend ist und die Mutter vor der nächsten Niederkunft ins Spital nach Chur aufbricht. Nur einmal wagt der Großvater einen kleinen Aufstand, als nämlich die Nana den Kindern eine Suppe vorsetzt, in der die Maden schwimmen. In einem unbewachten Augenblick schüttet er den Inhalt des Topfs aus dem Fenster. »Als die Nana wieder zurückkam, waren alle Teller leer. Da meinte sie hämisch: ›Es geht eben doch, wenn die Bälger nur genug Hunger haben.‹ Später, als wir wieder unten waren, hörten wir sie heftig mit dem Neni schimpfen und toben. Sie hatte nämlich aus dem Fenster gesehen und die Suppe im Schnee entdeckt.«

Keines der Kinder hat ein eigenes Bett, die jüngeren tragen die Kleider und Schuhe der älteren nach, die Kost ist ungenügend und einseitig. Angesichts dieser Verhältnisse wundert es nicht, dass die kleine Jeanette mehr als einmal ins Krankenhaus eingeliefert werden muss. »Meine Eltern kamen nie ins Spital. Mutter erwartete ihr neuntes Kind, und die Geschwister waren auch noch krank. Da war es schon richtig, dass sie zu Hause blieb, denn für mich war ja nun gesorgt. Einmal hatte Mutter unseren Vater ins Spital geschickt. Da kam er gerade bis nach Solis ins Restaurant Soliserbrücke, und das Billett nach Thusis war versoffen. Somit sah ich meinen Vater nie im Spital. Dafür kam mein Neni fast jede Woche zu mir. Er brachte mir meistens etwas Obst mit oder einen Nussgipfel.« Die späteren Spitalaufenthalte erscheinen der Erzählerin im Nachhinein wie Luxusferien. Denn im Krankenhaus gab es immerhin genug zu essen.

Die Kirche spielt in dieser Welt der Armut und Unwissenheit keineswegs eine zentrale Rolle. Und doch ist sie allgegenwärtig. Da sind die großen Feste, wie Taufe oder Erstkommunion. Und das Unwohlsein schon während der Messe, weil man ja trotz des langen Weges vor der Kommunion nichts zu sich nehmen durfte. Dafür steht dann Fleisch auf dem Mittagstisch. Denn auf seinen Wanderungen bekommt der Neni von den Bauern ab und an eine Katze oder einen jungen Hund geschenkt, und »die Nana war ganz große Klasse im Zubereiten von Katzen«.

Obwohl in diesen Kindheitserinnerungen das Elend grenzenlos und die Armut allgegenwärtig ist, finden sich darin auch Zeugnisse von einzigartiger Menschlichkeit und bewunderungswürdiger Solidarität. Die Erzählerin klagt nicht, und sie klagt auch niemanden an, sondern beschreibt nüchtern und sachlich, was sie erlebt und erlitten hat. Das Ergebnis ist nicht hohe Literatur, sondern ein Zeitdokument, dessen Lektüre schon allein deshalb lohnt, weil es dazu beiträgt, den Blick für die eigentlichen Werte des Lebens zu schärfen.

Ich über mich

Immer wieder werde ich als kochender Kirchenmann mit der Frage konfrontiert, wie es dazu kam, dass ich zwischen Theologie und Gastronomie hin und her pendle. Ich soll also aus meiner Küche plaudern?

Die ganze Sache nahm ihren Anfang im Sommer 1975, als ich in einer Pfarrei bei Basel eine Urlaubsvertretung hatte. Der Pfarrer zeigte, weil keine Haushälterin da war, väterliche Gefühle: Wie das denn mit dem Essen sei? Ob ich allein zurechtkomme? Ich sagte, als Linkshänder würde ich das mit links schaffen. Dabei war ich ausgerechnet in kulinarischen Dingen mehr als linkisch. Ich konnte ja kaum ein Omelett zubereiten. Weil das Ei keinen Reißverschluss hat, mit dem man es öffnen kann.

Im Pfarrbrief war dann zu lesen, dass der Urlaubsvertreter allein wirtschaften müsse, worauf ich jeden zweiten Tag irgendwo zum Essen eingeladen wurde.

Nun hat aber der Mensch bekanntlich nicht nur einen Appetit; er hat auch einen Ehrgeiz. Ich wollte mich nicht ständig zu Tisch bitten lassen, sondern meine Freunde und Freundinnen auch selber bewirten.

Kurz vor jener Urlaubsvertretung war ich bei meinem Bruder zu Besuch gewesen und hatte dort ein Kalbssteak mit einer Morchelsoße (Letztere aus der Dose) gegessen, außerdem Erbsen und Möhrchen (ebenfalls aus der Dose). Dazu gab's Spätzle (bratfertig gekauft) und zum Nachtisch gab's Eis (aus der Packung). Weil ich bei der Kocherei zugeschaut hatte, bekamen sämtliche meiner Gäste, die ich während jener fünf denkwürdigen Sommerwochen einlud, das Gleiche vorgesetzt: Kalbssteak mit Morchelsoße (Letztere aus der Dose), Erbsen und Möhrchen (aus der Dose), Spätzle (bratfertig gekauft) und Eis (aus der Packung).

Im darauf folgenden Sommer musste ich meine Gäste wohl oder übel mit einem anderen Menü erschrecken. Es hätte sich sonst schnell herumgesprochen, dass das kulinarische Repertoire des Theologen aus Rom sich gerade auf ein einziges Gericht in Form von *convenience food* beschränkt.

Inzwischen hatte ich festgestellt, dass mein Geruchsinn plötzlich ganz anders reagierte, wenn ich um die Mittagszeit an offenen Küchenfenstern vorbei durch die Straßen lief. Aus purer Passion begann ich, den ganzen *Pauli* durchzuackern, jenes klassische Standardwerk der Kochkunst, mit dessen Hilfe sich die Lehrlinge und Lehrfrauen auf die Abschlussprüfung vorbereiten. Bei dieser Gelegenheit habe ich in Bezug auf meine theologische Schreiberei gelernt, dass man gut daran tut, sich an das Wesentliche zu halten, ohne etwas Wichtiges auszulassen – oder wäre es denkbar, dass man aus einer Kochanweisung einfach einen Abschnitt herausstreicht? Über Jahre hin habe ich dann immer neue Rezepte ausprobiert, Altes mit Ungewohntem kombiniert und so mancherlei Eigenes kreiert. Inzwischen freuen sich meine Gäste längst nicht mehr bloß aufs Zusammensein, sondern auch aufs Essen. Sagen sie wenigstens. Besonderen Anklang finden meine Medaillons vom Rindsfilet an Peperonisoße.

Medaillons vom Rindsfilet an Peperonisoße

4 Medaillons vom Rindsfilet
4 EL Trüffelöl
Salz, Pfeffer
wenig Butter
250 g Champignons in Scheiben
2 Bund fein gehackte Petersilie
1–2 rote Peperoni (je nach Größe)
100 ml Gemüsebrühe
100 ml Sahne

Peperonisoße

Die Peperoni für rund 30 Minuten in den auf 200° vorgeheizten Backofen legen, entkernen, schälen, in Stücke schneiden und im Cutter mit der Gemüsebrühe und der Sahne pürieren; die Soße salzen, pfeffern, köcheln.

Champignons und Petersilie 3–4 Minuten in wenig Butter dünsten. Die Medaillons vom Rindsfilet salzen und pfeffern, in Trüffelöl kurz und scharf anbraten und in eine ausgebutterte Gratinform legen. Die Champignon-Petersilie-Mischung und danach die *heiße* Peperonisoße darüber geben. Die Form für etwa 20 Minuten in den auf 220° vorgeheizten Ofen schieben.

Als ich vor einigen Jahren dieses Gericht zusammen mit Gemüse und Reis servierte, haben mir meine Gäste einen Messerkoffer geschenkt, wie ihn sonst fast nur Profiköche besitzen. Da war mir, als hätte ich zwei Sterne erhalten.

Der Baum der Erkenntnis

Zwei oder drei Jahre bevor ich in der besagten Pfarrei erstmals die Urlaubsvertretung übernahm, hatte der Sakristan versucht, ein ihm unbekanntes Gewächs im Garten des Gemeindezentrums auszurotten. Aber jedes Frühjahr sprosste die seltsame Staude neu. Schließlich brachte der Küster in Erfahrung, dass es sich um einen Feigenbaum handelte. Den verpflanzte er an die Südwestseite des Pfarrhauses, wo er nach wie vor auf das Prächtigste gedeiht.

Bekanntlich fällt der Sommerurlaub mit schöner Regelmäßigkeit in die Zeit der Feigenernte. Und der Feigenbaum, dessen Äste ich vom Fenster des Arbeitszimmers aus greifen kann, trägt wahrlich reichlich Früchte, so viele, wie keine meiner Predigten. Kaum dass die erste Feige herangereift ist, erfüllt sich an mir das Prophetenwort »Wer eine frühreife Feige erblickt, verschlingt sie, kaum dass er sie in der Hand hat« (Jesaja, 28. Kapitel, 4. Vers).

In der Bibel ist 17-mal von Feigen und 37-mal vom Feigenbaum die Rede. Ganz am Anfang heißt es, dass Gott den Stammeltern einen Lendenschurz aus Fellen anfertigte, nachdem sie vom Baum der Erkenntnis gegessen hatten. Aber selbst unter den Schriftgelehrten gibt es welche, die es besser wissen und hartnäckig behaupten, unsere Ureltern hätten ihre Blöße mit Feigenblättern bedeckt. Ich hingegen interessiere mich nicht für die Blätter, sondern ausschließlich für die Früchte. Aus denen bereite ich gelegentlich einen exquisiten Nachtisch.

Feigen in Crème de cassis

12 frische Feigen
300 ml trockener Weißwein
100 ml Cassislikör (ersatzweise Johannisbeersirup)
etwas Zitronensaft
1 Messerspitze Zimt
3 EL Zucker
1 gestrichener TL gemahlener Ingwer
einige sehr kleine Stücke kandierter Ingwer

Die Feigen waschen, abtrocknen und halbieren. Die übrigen Zutaten in einer Pfanne erhitzen, die Feigen kurz mitkochen und anschließend mit den Schnitthälften nach oben in Schälchen anrichten. Dann die Flüssigkeit auf etwa 100 ml einkochen, heiß über die Feigen gießen und diese zugedeckt mindestens anderthalb Stunden kühl stellen.

Feigenbaum,
Kalenderskulptur für den Monat August,
Italien, 13. Jh.

Spätestens um 3000 vor Christus war die Feige im Nahen Osten geschätzt. Die Assyrer süßten mit Feigensirup, die Ägypter genossen die Früchte auch getrocknet, die Griechen betrachteten sie als besondere Leckerei. Apicius, ein berühmter römischer Koch und Feinschmecker zur Zeit Jesu, empfiehlt, die Früchte in Honig einzulegen, um sie haltbar zu machen. Junge Schweine fütterte Apicius mit syrischen Feigen. Andere Züchter mästeten ihnen mit einheimischen Feigen und Honig Fettlebern an, aus denen sie Schweine-fois-gras produzierten.

In Paris wurden die ersten getrockneten Feigen im 14. Jahrhundert verkostet und galten wie alles Neue auf dem Lebensmittelmarkt zunächst als besondere Delikatesse. In Deutschland und England pflanzte man Feigenbäume erstmals im 16. Jahrhundert an. Etwa gleichzeitig exportierten spanische Kolonisten die Feige in die Neue Welt.

Leider erinnert sich keine Seele mehr daran, wie ›mein‹ Feigenbaum nach Basel gekommen ist. Fest steht hingegen, dass er sich zum Baum der Erkenntnis (nämlich des guten Geschmacks) entwickelt hat. Immer mehr Kirchgänger und Gottesdienstbesucherinnen greifen nach (oder vergreifen sich an) seinen Früchten. Sollte ich sie deswegen vielleicht aus dem Pfarreiparadies vertreiben?!

Die vergänglichen Freuden der Ewigen Stadt

Verzeiht! Es ist ein gross Ergetzen,

Sich in den Geist der Zeiten zu versetzen.

J. W. von Goethe, Faust I

Was den Apostel Petrus, die Kurtisane Imperia und den heiligen Blasius miteinander verbindet

52 Nur von einer der drei Personen, von denen hier die Rede ist, wissen wir, dass sie sicher im Sternzeichen des Fisches geboren wurde. Fest steht hingegen, dass der Fisch in der Biografie von allen dreien eine gewisse Rolle spielt.

Was den Galiläer Petrus betrifft, hat Jesus ihn und seinen Bruder Andreas zu Aposteln berufen, als die beiden gerade ihre Netze auswerfen wollten. Sofort – so weiß es zumindest die Bibel – ließen sie alles liegen und folgten dem unbekannten Wanderprediger nach, der versprach, sie zu »Menschenfischern« zu machen.

Obwohl das Wort Gottes über allem anderen steht, kann der Mensch doch davon allein nicht leben. Dieser Auffassung ist offenbar auch der Evangelist, wenn er erzählt, dass Jesus einmal eine riesige Menschenmenge nach einer langen Predigt mit fünf Broten und zwei getrockneten Fischen speiste. Ein andermal, nachdem Petrus und die anderen Jünger eine ganze Nacht lang erfolglos ihrem Handwerk nachgegangen sind, beschert Jesus ihnen derart volle Netze, dass diese zu reißen drohen. Und einmal gar, als unvermutet die Steuereinzieher in Kapharnaum auftauchen und Petrus anscheinend keinen müden Schekel mehr im Gürtel hat, hilft Jesus ihm aus der Verlegenheit, indem er ihn auf den See schickt; dort soll er die Angel auswerfen und dem erstbesten Fisch, den er herausholt, das Maul öffnen. Und was findet Petrus? Nicht bloß ein Zwei-, sondern ein Vierdrachmenstück, sodass er die Kopfsteuer für den Tempel gleich für seinen Meister mitbezahlen kann. Die Exegetinnen und Bibelausleger behaupten allerdings, dass der Evangelist Matthäus hier ein legendarisches Motiv aufgreift, das in der alt-griechischen wie auch in der jüdischen Literatur häufig anzutreffen ist.

Petersfisch mit Peperonipüree

4 große Petersfisch-Filets
Zitronensaft
1 Zweiglein Rosmarin

Für das rote Peperonipüree:
2 rote Peperoni
1 kleine geschälte und entkernte Tomate
1 fein gehackte Schalotte
Salz, schwarzer Pfeffer
1 EL kalte Butter

Für das gelbe Peperonipüree:
2 gelbe Peperoni
2 EL trockener Weißwein
Salz, weißer Pfeffer
1 EL kalte Butter

Peperoni für etwa 30 Minuten in den auf 200° erhitzten Backofen stellen. Entkernen, schälen.
Die *roten* Peperoni zusammen mit den restlichen Zutaten im Cutter pürieren, das Püree in einer Pfanne erhitzen und einige Minuten köcheln.
Dann die *gelben* Peperoni schälen, entkernen und mit den übrigen Zutaten ebenfalls im Cutter pürieren. Das Püree in einem zweiten Pfännchen köcheln.
Die Fischfilets mit Zitrone beträufeln und ein paar Minuten ziehen lassen, dann auf ein eingefettetes Dampfkörbchen legen. Nur so viel Wasser in einen Topf füllen, dass dieses nachher nicht durch das Dampfkörbchen dringt, ein Rosmarinzweiglein ins Wasser legen, das Dampfkörbchen in den Topf stellen und den Fisch bei geschlossenem Deckel einige Minuten garen.
Die beiden Pürees so auf Tellern anrichten, dass das rote die eine, das gelbe die andere Tellerhälfte bedeckt. Den gegarten Fisch darauf legen. Allenfalls mit ein paar sehr kleinen Peperoni-Würfelchen garnieren.
Besonders schön präsentiert sich das Gericht, wenn man die Filets vor dem Garen in breite Streifen schneidet.

Nachdem Petrus zum Leiter der römischen Christengemeinde aufgerückt ist, erübrigt sich die Frage nach der Tempelsteuer – und eine Kirchensteuer wurde damals ja noch nicht eingezogen. Fische allerdings fand Petrus auch an seinem neuen Wohnsitz vor. Letzteres schlussfolgern wir daraus, dass Rom ziemlich nahe am Meer und unmittelbar an einem Fluss gelegen ist. Die Mehrzahl der lebenswichtigen wie auch der lebenserheiternden Güter wurde noch bis ins 19. Jahrhundert hinein von den seegängigen Schiffen auf Boote umgeladen, den Tiber stromaufwärts getreidelt und am Kai von Ripagrande angelandet, der sich in unmittelbarer Nähe des heutigen Trödel- und Gaunermarktes von Porta Portese be-

Masaccio, Die Tempelsteuer (Mt 17, 24–27), Brancacci-Kapelle, Florenz, um 1427.

fand. Von der Seeseite her kam auch der Fisch, der allerdings am gegenüberliegenden Tiberufer verkauft wurde, an der Stelle, wo gegenwärtig die Kirche S. Angelo ihrem Verfall entgegendämmert, die noch immer *in Pescheria,* beim Fischmarkt, heißt. Rechts vom Eingang des Gotteshauses findet sich eine alte Marmortafel mit einem Stör und einer Inschrift, die besagt, dass alle Fische, welche den dargestellten Stör an Länge übertreffen, zu köpfen seien, und zwar an der Stelle, »wo die ersten Flossen beginnen« (*usque ad primas pinnas inclusive*). Diese Fischköpfe waren im Mittelalter den *Conservatores,* den Stadtvätern auf dem Kapitol, auszuhändigen.

Warum aber beanspruchten diese die Fischköpfe für sich? Manche Historienforscher und Romkennerinnen mutmaßen, dass sie die Köpfe aus statistischen Gründen einzogen. Das schließt nicht aus, was andere für wahrscheinlicher halten,

nämlich dass die *Conservatores* (etwa gar unter dem bloßen Vorwand statistischer Erhebungen?) die Köpfe für eine köstliche Fischsuppe verwendeten, wie man sie in Rom noch heute zubereitet.

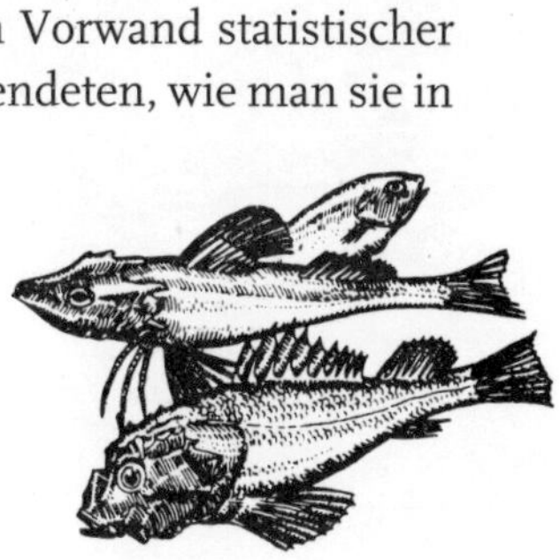

Römische Fischsuppe

1 kg gemischte Fische (Drachenköpfe, Krevetten, Seeteufel, Gründlinge oder andere Mittelmeerfische mit festem Fleisch)
2 Bund Petersilie
2 Knoblauchzehen
Olivenöl
2 Tomaten

500 g Miesmuscheln
2 Karotten
1 Zwiebel
1 Stange Sellerie
Salz
Pfeffer
4 Scheiben Schwarzbrot
2 gepresste Knoblauchzehen

Das Gemüse (außer den Tomaten) klein hacken und in Olivenöl anbraten. Die Tomaten schälen, entkernen, in grobe Stücke schneiden, hinzufügen und alles dünsten. Mit Salz und Pfeffer würzen. Die Fische waschen, entschuppen, ausnehmen, in Stücke schneiden und dazugeben. Wasser dazugießen, bis sie bedeckt sind. Die Fische bei starker Hitze etwa zehn Minuten kochen. Inzwischen die gewaschenen und gereinigten Miesmuscheln in einem Topf mit etwas Öl so lange erhitzen, bis sie sich geöffnet haben, dann in den Schalen in die Suppe geben und noch einige Minuten mitkochen.
Inzwischen die Brotscheiben mit dem Knoblauchsaft bestreichen und in einer Pfanne rösten. Die gerösteten Brotscheiben in Teller legen und die Suppe darüber ausschöpfen.

Eine mit der in S. Angelo in Pescheria fast identische Verordnungstafel mit etwas detaillierteren Bestimmungen über die Abgabe von Fischköpfen findet sich auch auf dem zweiten Treppenabsatz des Konservatorenpalastes auf dem Kapitol. Auf dieser Marmorplatte ist ebenfalls das Basrelief eines Störs zu sehen. Damit haben wir den Beweis, dass sich dieser Fisch in früheren Zeiten im Tiber noch wohl fühlte. Bekanntlich wandert der Stör vom Meer flussaufwärts, um am Ort seiner Herkunft – und nur dort – zu laichen. Heute ist er im Tiber nicht mehr anzutreffen. Ob der heilige Petrus sich in Rom ausschließlich als Menschenfischer betätigte, oder ob er sich gelegentlich auch am Flussufer blicken ließ, um einen Stör an die Angel zu bekommen, wissen wir nicht – wie so vieles andere, was wir gerne wissen möchten.

Agostino Chigi, Bankier Leos X., zeitgenössische Medaille.

Gut verbürgt hingegen ist eine andere Geschichte, welche im Zusammenhang mit der marmornen Fischmesstafel auf dem Kapitol zu stehen scheint und in der zwei Persönlichkeiten der Renaissancezeit, von denen jede auf ihrem Gebiet große Berühmtheit erlangte, die Hauptrollen spielen, nämlich die römische Kurtisane und Mäzenin Imperia und der aus Siena eingewanderte Bankier und Lebemann Agostino Chigi.

Nachdem Letzterer sich in Rom niedergelassen hatte, erbaute er sich dort die heute weltberühmte Villa Farnesina. Wie Chigi das ihm anhaftende negative Bild des Parvenüs übertünchte, vermögen die in dieser Villa von Baldassare Peruzzi geschaffenen Fresken zu demonstrieren. Während die Darstellungen in der Loggia verspielte Liebesszenen zeigen, dokumentiert das Deckenfresko mit den Tierkreiszeichen im Hausinneren augenfällig, wie Agostino Chigi selber sich sah, nämlich als ein vom Schicksal Geschickter, der zu Großem berufen die größten Erwartungen erfüllt. Tatsächlich ist der ganze Bilderzyklus nichts als ein rauschender astrologisch verbrämter Panegyrikos auf den Hausherrn. Denn genau so, wie die Himmelskörper hier stehen, leuchteten sie in jener Nacht des 29. November 1466, als die Welt Agostino Chigis Licht zum ersten Mal erblickte. Selbst Kurzsichtige vermögen die Botschaft zu entschlüsseln: Chigis atemberaubender Aufstieg erscheint als ein Werk der Vorsehung, sein Erfolg als göttliche Fügung, er selbst als Liebling der Götter. Noch heute erinnert man sich in Rom an jene rauschenden Feste, zu denen Chigi in die Farnesina lud. Umgeben von Bildern mit barbusigen Göttinnen und aufreizenden Liebesszenen ließen sich die Gäste in der Loggia mit den erlesensten Gerichten verwöhnen. Nach beendeter Tafel ahnten alle, dass ein einmaliges Ereignis unwiederbringlich zu Ende war. Aber selbst dieses Gefühl wurde noch symbolisch zelebriert, indem die Gäste aufgefordert wurden, die goldenen Teller und das Silberbesteck in den Tiber zu werfen. Nur wenige wussten tatsächlich, was viele bloß vermuteten, dass nämlich der Hausherr vorher Netze in den Fluss gespannt hatte, um später den Symbolwert dieses Rituals wieder in reelle Währung zurückzuverwandeln.

Raffael, Venus zwischen Juno und Ceres, Fresko, Loggia di Psiche, Villa Farnesina, Rom, 1517/18.

Bei der zweiten Hauptperson – wir werden uns kurz halten, einerseits, weil es hier um eine delikate Angelegenheit geht, anderseits, weil wir endlich unsere Geschichte loswerden möchten – handelt es sich um die 1481 in Rom geborene Lucrezia Cognati, die sich später, Karriere verpflichtet, Imperia de Cognatis nannte und als »Kaiserin der Kurtisanen« Plebs und Patrizier gleichermaßen in Aufregung versetzte. Es ist hier nicht der Ort, das ebenso laszive wie leidvolle Leben dieser Frau nachzuzeichnen; erwähnt sei nur, dass der reichste Mann des Kirchenstaates, der uns bereits bekannte Agostino Chigi, bald einmal ihr Herz besetzte, was jedoch nicht heißt, dass darin für ein handverlesenes Grüpplein von weltlichen und kirchlichen Würdenträgern kein Platz mehr gewesen wäre.

Als besagter Agostino Chigi, nachdem seine Frau in der Villa Farnesina von eigener Hand gestorben war, im Jahre 1511 ein bildhübsches und blutjunges Mädchen aus venezianischem Elternhaus entführen und zur Erziehung in ein Kloster bringen ließ, brauchte Imperia keine Wahrsagerin zu konsultieren um zu erkennen, dass ihr Agostino sich eine neue Lebensgefährtin heranzuziehen gedachte. Weil die inzwischen zweiunddreißigjährige *Imperatrice delle cortigiane* ihre Zurücksetzung nicht verkraftete, griff sie am 13. August 1512 zum Giftbecher. Die Ärzte, welche Agostino Chigi daraufhin an ihr Krankenlager schickte, vermochten nichts mehr auszurichten. Allerdings verstarb Imperia erst nach einem zweitägigen Todeskampf, sodass ihr noch Zeit genug blieb, das Testament aufzusetzen. Der Kurier, welcher ihr die Absolution Julius' II. zukommen ließ, traf sie noch bei Bewusstsein. Nicht nur der ganze Stadtadel, sondern ganz Rom trauerte um die Unglückliche und nahm an ihrer Beisetzung in der Kirche S. Gregorio auf dem Monte Celio teil, wo sie auf Betreiben des Liebhabers ihre letzte Ruhestätte fand. Oder vielmehr ihre zweitletzte. Denn seit 1653 – die Zeiten hatten sich inzwischen ein bisschen geändert und die Gebeine und Gedenktafeln berühmter Venuspriesterinnen waren im Zug der tridentinischen Erneuerung systematisch aus den Kirchen entfernt worden – birgt Imperias Grabnische die verblichenen Knochen eines römischen Geistlichen.

Ihr Liebhaber Agostino Chigi hingegen vermochte seinen irdischen Glanz dauerhaft in die jenseitige Sphäre hinüberzuretten. In der für ihn nach Raffaels Entwürfen gestalteten Seitenkapelle in Santa Maria del Popolo streckt Gottvater dem dort begrabenen Geldmakler aus dem Trommelgewölbe der Kuppel herab seine rettende Hand entgegen. So gerät selbst die Grabstätte noch zum Symbol; wer im Leben gute Beziehungen pflegt, weiß sich auch im Tod allerhöchster Protektion zu versichern.

Nach diesem Excursus – ein bisschen Kunst- und Kulturgeschichte kann, wie das Leben des Sieneser Bankiers ja überzeugend illustriert, auch Naschkatzen und Genussspechten nicht schaden – ist es höchste Zeit zu erzählen, wie Imperia eines Tages dazu kam, einen ganz besonderen Fisch zu verkosten, und welche Rolle Agostino Chigi bei dieser Inszenierung spielte.

Überliefert wird die Episode von dem Historiografen Paolo Giovio in seinem 1527 veröffentlichten Buch *De piscibus marinis,* worin wir erfahren, dass zu Beginn des 16. Jahrhunderts einmal ein Fisch von solcher Größe auf dem Kapitol abgegeben wurde, dass die Stadtväter es nicht wagten, ihn selber zu verzehren. Getreu dem alten Diktum *manus manum lavat,* was der Bibel zufolge bedeutet, dass ungerechter Mammon nicht zu schade ist, um sich Freunde zu erwerben, ließen die städtischen Obrigkeiten das Prachtexemplar umgehend Raffaello Riario zukommen, den Sixtus IV. schon als 17-jährigen zum Kardinal ernannt hatte. Der wiederum scheint Sprichwort und Bibeltext ebenfalls gekannt und die darin enthaltene Weisheit verinnerlicht zu haben und reichte den Fisch an den einflussreichen Kardinal Sanseverino weiter, welcher ihn auf einem goldenen Teller seinem wichtigsten Gläubiger, dem Bankier Agostino Chigi, übersandte, der das seltene Exemplar mit einem

Blumenkranz verzierte und es der betörenden Imperia verehrte, welche den Leckerbissen, wie Paolo Giovio diskret vermerkt, mit einem Kavalier verspeiste.

Lucrezia Cognati ist für Balzac historisches Vorbild der schönen Imperia, die in seinen Tolldrastischen Geschichten während des Konzils in Konstanz auftritt. Dort begegnet ihr das Pfäfflein Philipp von Mala. »Sie sah recht wohl, dass das Pfäffchen keinen Blick mehr von ihr wenden konnte. Und war sie schon an die scheinheiligen Augenaufschläge der geistlichen Männer gewöhnt, so ging's ihr diesmal doch wonnig ein, denn sie hatte sich nächtlicherweise in den armen Kleinen bis über die Ohren verliebt, und er war ihr den ganzen Tag im Herzen und im Kopf herumgegangen …« Illustration von Gustave Doré, 1855.

Hätte die liebesfrohe Imperia bei diesem Mahl, und damit begeben wir uns jetzt auf das schier unüberschaubare Feld der Spekulationen, eine Fischgräte verschluckt – Fischgräten stellen sich in einem zierlichen und schlanken Hals nun einmal gerne quer, bleiben hängen, wollen nicht herunterrutschen, versuchen gar, und zwar mit Vorliebe, sich in der Nähe des Kehlkopfs einzunisten, nicht in böser Absicht, versteht sich, denn sie haben ja weder Verstand noch Willen und wissen nicht, was sie tun –, hätte also Imperia eine Gräte verschluckt und keine Luft mehr gekriegt, so wäre das so schlimm nicht gewesen. Denn in Rom gab es damals fast mehr Klöster als Einwohner, und ein Kapuzinerbruder oder Augustinerpater war noch jederzeit schnell aufzufinden und noch viel schneller wäre der zur Stelle gewesen, wenn man ihm gesagt hätte, in welchen Haushalt ihn sein Auftrag führe.

Für die Erledigung des Geschäfts hätten zwei Kerzen vollauf genügt; ein lateinisches Rituale wäre nur nötig gewesen, für den Fall, dass der Gottesmann sich beim Anblick der sündschönen Imperia oder auf Grund sonst irgendeiner Aufregung nicht mehr an die Formel erinnert hätte. Da wir heutzutage leider nicht mehr in einem christlichen Staat, sondern in einer durch und durch säkularisierten Welt leben, müssen wir hier, um den besagten Auftrag und die damit verbundene Aktion verständlich zu machen, etwas weiter ausholen und einen viele Jahrhunderte langen Weg abschreiten, der uns in jene Zeit zurückführt, in welcher der heilige Bischof Blasius lebte.

Sehr viel, wir sagen das gleich, um möglichen Enttäuschungen vorzubeugen, ist über diesen Mann nicht bekannt. Was manche über ihn zu wissen vorgeben, verdanken sie nicht der nüchternen *Historia*, sondern deren redseligen Base, der *Legenda*. Die erzählt, dass Blasius eigentlich Blasios hieß, weil er im Griechisch sprechenden Osten, in der armenischen Stadt Sebaste, als Bischof wirkte und dass er wegen der dort zu Beginn des dritten Jahrhunderts einsetzenden Christenverfolgungen in eine Berghöhle floh, wo er mit wilden Tieren vertrauten Umgang pflegte. Dort wurde er vom Statthalter Agrikolaos aufgespürt, mit eisernen Kämmen zerfleischt und schließlich enthauptet. Bevor man ihm den Prozess machte, und hier kommt nun der rote Faden, der sich durch unsere Geschichten hindurchzieht, wieder deutlich zum Vorschein, soll Blasius einen Knaben, in dessen Hals sich eine Fischgräte verirrt hatte, durch seinen Segen vor dem Erstickungstod bewahrt haben. Außerdem kolportiert die Legende, dass ein von einem Wolf geraubtes Schwein durch die Fürbitte des Heiligen auf gar wundersame Art zu ihrer Besitzerin zurückgefunden habe. Diese, eine bitterarme Frau, brachte ihrem Erretter zum Dank dafür Fleisch, Brot und eine Kerze ins Gefängnis. Blasius soll daraufhin die alljährliche Erneuerung dieses Kerzenopfers angeordnet und einen besonders mächtigen Segen dazu versprochen haben. In der Folge verschmolzen die beiden sagenhaften Ereignisse immer mehr miteinander – und so kam, was in solchen Fällen zu kommen pflegt: dass in vielen Kirchen am 3. Februar, am Festtag des armenischen Bischofs, der besondere Segen erteilt wird, ein Brauch, der an vielen Orten noch heute anzutreffen ist. Dabei bittet der Priester Gott, die Gläubigen auf die Fürsprache des heiligen Blasius hin vor Katarrh, Heiserkeit und Raucherhusten, kurzum vor allen nur denkbaren Halskrankheiten zu bewahren, und hält ihnen dabei zwei übereinander gekreuzte brennende Kerzen vor die Gurgel, weswegen diese Benediktion im Volksmund auch Blasiussegen genannt wird.

Falls die romantische Imperia sich bei dem erwähnten Fischessen an einer Gräte verschluckt und noch rechtzeitig den Blasiussegen empfangen hätte, wäre sie vielleicht nie auf den Gedanken gekommen, zum Giftbecher zu greifen. Denn wer dem Tod auch nur ein einziges Mal ins hohle Auge geschaut hat, weiß für immer und ewig, dass der Schmerz um einen verlorenen Liebhaber eine *petitesse* darstellt im Vergleich zum Verlust des Lebens.

Spaghetti alla puttanesca – nach Art der Kurtisanen

400 g Spaghetti
Salz
Olivenöl
400 g San-Marzano-Tomaten
3 fein gehackte Knoblauchzehen
3 fein gehackte Sardellenfilets
120 g schwarze entsteinte und klein geschnittene Oliven
4 EL grob gehackte Kapern
1 kleiner Bund gehackte Petersilie

Die frischen Tomaten in kochendes Wasser tauchen, schälen und in kleine Würfel schneiden. Knoblauch und Sardellen in Olivenöl dünsten. Tomaten, Oliven und Kapern beigeben. Auf kleinem Feuer garen. Die Spaghetti in reichlich Salzwasser al dente kochen und zur heißen Soße geben. Mit der Petersilie bestreuen und sofort servieren.

Die ausgefallene Bezeichnung (wörtlich: nach Art der Huren) verdankt dieses pikante Pasta-Gericht seinen Zutaten. Da es den Liebesdienerinnen offenbar schwer fiel, sich jeden Morgen in der Frühe auf den Markt zu begeben, bereiteten sie die Soße für ihre Pasta eben aus Dingen zu, welche in jeder Küche vorrätig sind. Wem die heute allgemein geschätzten *Spaghetti alla puttanesca* zu anstößig erscheinen, kann sich für die *Tagliatelle del Cardinale* entscheiden. Der Name des Kardinals, der diese Art der Zubereitung besonders schätzte, ist leider nicht überliefert.

Tagliatelle del Cardinale – Kardinals-Nudeln

100 g Butter
1 fein gehackte Knoblauchzehe
200 g geschälte Krabben
200 geschälte durchpassierte Tomaten
Salz, Pfeffer
6 EL trockener Vermouth (Noilly Prat)
400 g Bandnudeln
geriebener Parmesan

Den Knoblauch in der heißen Butter glasig dünsten. Die Krabben dazugeben und etwa 2 Minuten bei starker Hitze anbraten. Dann die pürierten Tomaten, Salz, Pfeffer und den Vermouth hinzufügen. Alles bei schwacher Hitze ungefähr 15 Minuten köcheln. Die Bandnudeln in reichlich Salzwasser al dente kochen, abseihen und mit der Soße vermischen. Den Käse gesondert reichen.

Die Geheimköche der Päpste

Im Gegensatz zu heute sprach man in früheren Jahrhunderten nicht vom Apostolischen Palast, sondern vom Päpstlichen Hof. Wer dort arbeitete, gehörte zur Päpstlichen Familie, was indessen nicht wortwörtlich zu verstehen ist; der Ausdruck entstammt der Kanzleisprache. Zu dieser privilegierten Gruppe von Leuten zählten Skribenten und Sekretäre, Ärzte und Apotheker, der Vorsteher der Gefängnisaufseher und der Oberbefehlshaber der Palastgarde; weiter gehörten dazu Bibliothekare und Buchhalter und Stallmeister, jede Menge Kammerherren und Hausprälaten und Hofkapläne, Päpstliche Geheimrichter, Päpstliche Geheimkämmerer und Päpstliche Geheimkustoden; dann ein Oberpförtner für den Palast, ein Beinaheoberpförtner für das Atrium; schließlich jede Art von Fachleuten, von denen der eine für Wachskerzen und Beleuchtung, ein anderer für die Instandhaltung der Uhren, ein Dritter für die Basilika zuständig war, nicht zu vergessen der Kardinal, dem die Oberaufsicht über die Straßenreinigung oblag, ein Posten, welchem heute der eines Verkehrsministers entspricht – wir könnten hier noch lange fortfahren, aber sämtliche Ämter und Pfründen aufzuzählen, welche die Mitglieder der Päpstlichen Familie über die Jahrhunderte hin bekleideten, ist ein völlig aussichtsloses Unterfangen; damit mögen sich jene befassen, die »ein groß Ergetzen« daran finden, »sich in den Geist der Zeiten zu versetzen«.

Allerdings hätten die Inhaber (nach den -innen sucht man in den alten Dokumenten und verstaubten Akten vergeblich) dieser wichtigen Ämter und Posten – und mit ihnen auch der Papst selber – ziemlich unerlöst in die Welt geblickt, wenn da nicht noch ein anderes Grüpplein von Leuten tätig gewesen wäre, welches den Bewohnern des Vatikanischen Palastes erst zu einer sicheren Existenzgrundlage verhalf, nämlich die Beheizer der Brat- und Backöfen, die Gilde der Brot- und Zuckerbäcker, sowie die Clique der Kellermeister und Kellner, nicht zu vergessen die *sacra corona* der Päpstlichen Köche und Geheimköche. Wobei *geheim* hier so viel wie *privat* bedeutet.

Von manchen dieser Kochkünstler kennen wir nicht einmal den Namen, weil die pontifikalen Rechnungsbücher bloß vermerken, *was* sie verdient, nicht aber, *wie* verdient sie sich gemacht haben. Andere wiederum sind uns zwar namentlich bekannt, haben aber keinerlei Spuren hinterlassen in zeitgenössischen Dokumenten, vielleicht weil die Esser am päpstlichen Hof dermaßen vergeistigt waren, dass sie gar nicht bemerkten, was die *servitori* ihnen auf die goldenen Teller legten oder weil sie das, was man ihnen vorsetzte, nicht der Rede und schon gar nicht der Erinnerung wert hielten. Die gewitzteren unter den vatikanischen Küchenmeistern, welche um die Flüchtigkeit alles Zeitlichen und damit um die Tatsache wussten, dass sie ihre Kunstwerke für die Vergänglichkeit schufen, warfen die Federn der von ihnen gerupften Gänse nicht in den Müll, sondern spitzten sie zu, besorgten sich ein Fläschlein Tinte und ein paar Bogen Pergament und schafften so, was ihre eigene Person betraf, den großen Sprung vom Damals ins Heute.

Es trifft dies zu für Johannes Bockenheym, der von Papst Martin V., nachdem das Konzil von Konstanz ihn am elften Elften 1417 zum Nachfolger des heiligen Petrus bestellt hatte, vom Bodensee an den Tiber geschleppt wurde. Nachdem der deutsche Prälat den römischen Pontifex bis zu dessen Tod im Jahre 1431 bekocht hatte (der ihn dafür mit Privilegien geradezu überhäufte), vertauschte er den Kochlöffel mit dem Gänsekiel und veröffentlichte ein in teutonischem – also schwerfälligem – Latein verfasstes *Registrum coquine,* ein Kochbuch mit 74 Standardrezepten, dessen Original heute in der *Bibliothèque Nationale* in Paris aufbewahrt wird (Manuskript Nr. 7054). Unter anderem findet sich darin auch ein Rezept für eine nahrsame Bohnensuppe.

Ministrum de fabis (Bohnensuppe)

Sic fac ministrum de fabis. Recipe, et munda illas bene in aqua callida, et fac illas sic stare per noctem; et tunc bulientur in aqua recenti: et trita illa bene, et inmitte vinum album; et mitte superius cepas, cum oleo olive, vel butrio, cum modico zapharano. Et erit bonum pro lulhardis et peregrinis.

So bereitet man die Bohnensuppe [aus getrockneten Saubohnen] zu:
Wasche die Bohnen gut in warmem Wasser und lasse sie daselbst eingeweicht eine ganze Nacht lang. Dann koche sie in frischem Wasser, mixe sie durch und schmecke mit Weißwein ab. Außerdem füge hinzu [gedünstete] Zwiebel, Olivenöl oder Butter und etwas Safran. Besonders herumschweifenden Klerikern und den Pilgern wird diese Suppe schmecken. (Vielleicht schmeckt sie ihnen noch besser, wenn sie mit etwas Salz oder einem zerbröselten Brühwürfel gewürzt wird.)

Ein anderes, ungleich ausführlicheres Papst-Kochbuch, welches gleichzeitig so etwas wie eine Gesundheitsfibel darstellt, verdanken wir einem gewissen Bartolomeo Sacchi, besser bekannt unter dem Namen Platina, den er sich entsprechend einer damals unter Gebildeten gepflegten Gewohnheit und im vollen Bewusstsein seiner Bedeutung für Kirche und Küche zugelegt hatte. Bartolomeo Sacchi, ein Humanist und Theologe, lebte von 1421–1481 und machte nach einigen durch politische Wirren bedingten Gefängnisaufenthalten später als päpstlicher Bibliothekar und Historienschreiber Karriere, nachdem Sixtus IV. ihn an den Päpstlichen Hof geholt hatte. Dort veröffentlichte Platina 1475 unter dem lateinischen Titel *De honesta voluptate et valetudine* einen Küchen-Bestseller, der nicht nur ins Italienische, ins Englische und ins Französische übersetzt wurde, sondern im Jahre 1542 in Augsburg auch auf Deutsch erschien, und zwar unter dem ansprechenden Titel *Von der Eerlichen, zimlichen, auch erlaubten Wolust des leibs.*

Melozzo da Forli, Papst Sixtus IV. ernennt Platina zum Präfekten der Vatikanbibliothek, Fresko, Rom, Pinacoteca Vaticana, 1477.

Von der Eerlichē

zimlichen / auch erlaubten Wolust des

leibs / Sich inn essen / trincken / kürtzweil ꝛc. allerlay vnnd man-
cherlay Creaturen vnnd gaabenn Gottes / Visch / Vögel / Wildpret / Frucht
der erden ꝛc. mit Gott / allen eerē / auch gesundthait des menschens / mit danckſagung zů
gebrauchen mügen / von allen Weisen / Erbaren vnd gelerten / besonders den Artz-
ten gerathen / zůgelassen vnd gestattet / fein ordenlich hie iñ x. bůcher gesetzt / ge-
kocht / vnd auff den tisch fein lustig berait vnd auffgetragen wirt / Durch
den hochgelerten Philosophum vnd Oratorem / das ist weysesten
vnd beredtesten Herrn / Bap. Platinam von Cremona / vnder
Friderico iij. dem Römischē Kaiser gelebt / im Jar 1481.
jetz jüngst grüntlich auß dem latein verteütscht / durch
M. Stephanum Vigilium Pacimontanum.

Monry m. Im jar / M. D. XXXXII. s. Andechs.

Vnd zwar Gott hat sich selbs nicht vnbezeüget gelassen / hat vns vil gůts ge-
thon / vnd vom himel regen vnnd fruchtbare zeitung geben / vn-
sere hertzen erfüllet mit speiß vnd freüden ꝛc. Acto. xiiij.

Kalbsrollbraten nach Art des Platina

Ein köstliches Gericht aus der hinteren Kalbskeule. Schneide hinten an der Keule das magere Fleisch heraus, mach es schön länglich und dünn, klopfe es gut mit dem Rücken eines Messers, doch so, dass es nicht zerreißt. Schütte Salz und Fenchel darauf, dann Majoran und Petersilie, gut mit Speck vermischt. Streu Gewürz über das geschnittene und ausgebreitete Kalbfleisch, wickle es zusammen, steck es an einen Bratspieß und brate es. Lass es aber nicht zu trocken werden. Wenn es gar ist, trag es auf. Dann hast du einen schmackhaften kleinen Braten, der nährt gut und kräftigt; es geht nicht viel davon verloren – es wird alles in Fleisch und Blut umgesetzt.

Dieses Rezept für einen Kalbsrollbraten, das sich im 34. Kapitel von Platinas Schrift findet, hat Trude Ehlert in ihrem Kochbuch des Mittelalters (Artemis & Winkler Verlag, Düsseldorf ^{4}1994) adaptiert (für 6 Personen):

1,5 kg mageres Fleisch aus der hinteren Kalbskeule (eventuell aus der Nuss)
125 g durchwachsener geräucherter Speck
Fenchelsamen
Majoran
1 Bund Petersilie
Salz, Pfeffer
50 g Butter
1 Rollbratennetz

Das Fleisch flach klopfen, ohne es zu zerreißen. Die Gewürze (nicht sparsam!) und den fein gewürfelten Speck darauf streuen, zusammenrollen, mit einem Rollbratennetz überziehen und am Spieß auf dem vorgeheizten Grill ungefähr $1\,^1/_2$ Stunden grillen; dabei den Bratensaft auffangen. Zwischendurch mit Butter und Bratensaft bepinseln.

Bartolomeo Scappi

Ein knappes Jahrhundert später veröffentlichte der Geheimkoch Pius' V. (1566–1572), Bartolomeo Scappi (nicht zu verwechseln mit dem oben genannten Bartolomeo Sacchi), ein Koch- und Gesundheitsbuch. Allerdings scheint sein Arbeitgeber, ein eher asketischer Charakter, für kulinarische Genüsse nicht sehr empfänglich gewesen zu sein. Immerhin drohte er anlässlich des ersten Jahrestages seiner Inthronisation, am 22. Februar 1567, seinem Leibkoch mit Exkommunikation für den Fall, dass dieser es wagen sollte, die pontifikale Fastensuppe heimlich mit etwas Fleisch- oder Hühnerbrühe anzureichern. Wenn Seeleneifer sich mit Verachtung der Tafelfreuden paart, kann das nicht gut gehen. Verbürgt ist jedenfalls, dass die Ärzte die Schwindelanfälle, welche den Papst während der Karwoche des Jahres 1568 befielen, auf dessen rigorose Fastenpraxis zurückführten. Immerhin vermochten sie den 64-Jährigen zu überreden, statt auf die Nahrungsaufnahme auf ein paar Kasteiungen zu verzichten. Der päpstliche

Leibkoch publizierte sein Kochbuch im Jahre 1570 in Venedig unter der Überschrift *Opera*, das trotz des nichts sagenden Titels ein volles Jahrhundert lang immer wieder neu aufgelegt wurde.

Das ganze Werk gliedert sich in sechs Teile. Zunächst belehrt der Verfasser seine potenziellen Kollegen über die Eigenschaften, die einem guten Koch abverlangt werden. Danach referiert er über Fleisch und Geflügel, anschließend über die Zubereitung von Fischgerichten, Eierspeisen und Suppen. In den folgenden drei Kapiteln schließlich befasst er sich mit einer saisongerechten Küche, mit Desserts und mit Schonkost für schwächliche Naturen und Rekonvaleszenten. Damit hatte er ja dank seiner Tätigkeit am Hof Pius' V. hinreichend Erfahrung.

Lombardische Suppe

Mit dieser Suppe hielt Bartolomeo Scappi seinen obersten Dienstherrn bei Laune. Das Rezept wurde von H. Jürgen Fahrenkamp in seinem Buch Wie man eyn teutsches Mannsbild bey Kräfften hält. Die vergessenen Küchengeheimnisse des Mittelalters (Orbis Verlag, Hannover 1986) für unsere Zeit leicht adaptiert.

500 g Karotten	***50 g geriebener Emmentaler***
50 g Butter	***1 Nelke***
500 ml Fleischbrühe	***Zimt, Safran, Muskat***
1 Zweig Thymian	***500 ml Agresto (= Saft unreifer Trauben)***
Salz, Pfeffer	***3–4 Eigelb***

Die geputzten und fein geschnittenen Karotten in Butter andünsten. Die Fleischbrühe angießen und ca. 15 Minuten kochen. Dabei Thymian zugeben, salzen und mit Pfeffer würzen. Wenn die Möhren gar sind, Käse, Gewürze und Traubensaft und am Schluss das verquirlte Eigelb unterziehen. Die Suppe nochmals kurz aufwallen lassen (nicht mehr kochen) und servieren.

Im Allgemeinen vergaßen die Päpste über ihren geistlichen Aufgaben nicht, auch an ihre leiblichen Bedürfnisse zu denken. Wie wir in dem in Venedig in den Jahren 1840–1861 erschienenen 103-bändigen Monumentalwerk *Dizionario di erudizione storico-ecclesiastica* des Cavaliere Gaetano Moroni nachlesen können, pflegten viele Päpste auf ihren Tagesausflügen und Reisen einen ganzen Tross Bediensteter mitzuführen, worunter sich in der Regel auch einige Köche befanden.

Als Pius IV., der Vorgänger des spartanischen Pius V., 1565 von Rom nach Assisi reiste, befand sich auch sein Chefkoch mit vier proviantbeladenen Maultieren im Gefolge. Benedikt XIII., der 1729 eine kleine Exkursion nach Benevent machte, wollte bei dieser Gelegenheit ebenfalls nicht auf seinen Küchenmeister verzichten.

Im Vordergrund der Hofküche links der große Mörser, daneben die Anrichte und rechts der Hackstock, dahinter die Arbeitstische, das Wasserbecken sowie Herde und im Hintergrund das Feuer mit Bratspieß und Hängetöpfen – eine Abbildung aus »Opera« von Bartolomeo Scappi, 1570.

Und Pius VI., der sich am 26. Februar 1782 nach Wien aufmachte, um dort mit dem österreichischen Kaiser Joseph II. zusammenzutreffen, ließ sich nicht nur von seinem Mundschenk, sondern auch von seinem Leibkoch Gaspare Gagliardi begleiten. Letzterer folgte dem Papst auch ins Exil ins französische Valence. Dass Pius VI. den treuen Gagliardi und dessen Mitarbeiter in seinem Testament noch vor den Hofkaplänen bedachte, erlaubt den Rückschluss, dass die Küchenchefs damals unter den höheren Chargen figurierten. Gregor XVI. unternahm am 6. Mai 1841 einen Tagesausflug nach Fiumicino, um Meeresluft zu schnuppern. Meeresluft aber wirkt appetitanregend – müssen wir da noch eigens erwähnen, wer mit von der Partie war? Im selben Jahre unternahm der Papst *un magnifico e trionfante viaggio* – eine großartige und triumphale Reise, so Moroni – nach Loreto, das nicht ganz so nahe bei Rom liegt wie Fiumicino. Begreiflich daher, dass außer dem Koch auch *una piccola farmacia*, eine Hausapotheke, mitgenommen wurde, weiß man doch nie, welche Abenteuer Magen und Darm in fremden Gegenden zu bestehen haben. Während Moroni die meisten Begleitpersonen der Päpste namentlich nennt, hüllt er sich bezüglich der Identität der Köche fast durchwegs in Schweigen. Dabei waren doch sie es, die mit ihren leckeren Zwischenmahlzeiten (mittags und abends speiste man in Herbergen), mit Entenbrüstchen und gebratenen Hühnerschenkeln, mit getrocknetem Fisch und gepökeltem Fleisch, mit frischen Früchten und süßen Näschereien die Reisenden nicht nur bei Kräften sondern auch bei Laune hielten.

Entenbrust auf Feldsalat

2 Entenbrüstchen (je etwa 200 g) ***Feldsalat***

Für die Marinade:

1 TL Senf ***weißer Pfeffer***
Saft von 1/2 Orange ***2 EL Olivenöl***
wenig Butter

Die Entenbrüstchen kurz abspülen, mit Küchenpapier trocknen. Die Zutaten für die Marinade gut vermischen und über die Entenbrüstchen geben und diese zugedeckt mindestens 1 Stunde im Kühlschrank marinieren. Dann aus der Marinade nehmen, abtropfen lassen und mit der Hautseite nach oben in eine ausgebutterte flache Kasserolle legen. In dem auf 250° vorgeheizten Ofen eine schwache Viertelstunde braten; sie sollen innen noch leicht rosa sein.

Aus der Kasserolle nehmen, abtropfen lassen, mit Küchenpapier abtupfen, in eine Alufolie wickeln und ruhen lassen, damit sich der Fleischsaft gut verteilt.

Inzwischen den gewaschenen Feldsalat (Ersatz: Lollo oder Frisée-Salat mit etwas Rucola) auf Tellern nestchenförmig anrichten.

Salatsoße

4–5 EL Olivenöl
4 EL Sherryessig
Salz
weißer Pfeffer

Jetzt müssen die noch lauwarmen Entenbrüstchen daran glauben. Die werden aus der Folie genommen, wenn notwendig noch einmal abgetupft und enthäutet. Falls unter der Haut eine Fettschicht vorhanden ist, empfiehlt es sich, diese sorgfältig zu entfernen. Das Brustfleisch quer zur Faser in nicht ganz 1 cm dicke Streifen schneiden und auf dem Salat anrichten. Die knusprige Haut in sehr dünne Streifchen schneiden und in die Mitte des Tellers geben.

Nicht immer fiel es den Speisemeistern leicht, die oft etwas ausgefallenen Gelüste der päpstlichen Reisegesellschaft zu befriedigen. Denn vom Spätmittelalter bis zum Pontifikat Pius' VII. oblag die Beschaffung der Nahrungsmittel dem *spenditore segreto*, dem Päpstlichen Geheimeinkäufer, während sich die Aufgabe der Köche auf die Zubereitung der angelieferten Naturalien beschränkte. Das änderte sich erst unter dem Regime Klemens' VIII. (1592–1605), der offenbar davon überzeugt war, dass das Ergebnis um einiges besser ausfällt, wenn sich der Koch persönlich bei den Fischern, Metzgern und Gemüsehändlern umsieht.

Wie die übrigen Handwerker schlossen sich im 15. Jahrhundert auch die römischen Köche zu einer *confraternita* zusammen, der auch die Brot- und Zuckerbäcker angehörten. Allerdings handelte es sich bei diesen Vereinigungen nicht um religiöse Bruderschaften, wie der italienische Ausdruck vermuten lässt, sondern um Zünfte, denen jeweils eine eigene Kirche als Andachts- und Versammlungsort zugeteilt war. Aus einschlägigen Dokumenten geht hervor, dass Papst Paul III. im Jahre 1537 der Innung der Köche die Patronatsrechte der beim Trevibrunnen gelegenen Kirche der heiligen Vinzenz und Anastasius übertrug. Damit verbunden waren allerdings verschiedene Aufgaben. Unter anderem verpflichteten sich die Küchenmeister, kranke Mitglieder ihrer Gilde zu besuchen, arbeitslose Köche finanziell zu unterstützen und am 22. Januar, dem Festtag der heiligen Vinzenz und Anastasius, drei bedürftige Jungfrauen mit einer Mitgift auszustatten.

Nun war aber die Kirche der heiligen Vinzenz und Anastasius gleichzeitig auch die Pfarrkirche jenes Bezirks, zu dem der Quirinalpalast gehört, in welchem die Päpste zeitweise residierten. Aus diesem Grund wurden dort seit 1590 die bei der Einbalsamierung entfernten inneren Organe der Päpste beigesetzt, ein Brauch, der erst 1903, nach dem Tod Leos XIII. eingestellt wurde. Die Namen der rund dreißig davon betroffenen Päpste sind auf einer Gedenktafel im Inneren der Kirche aufgelistet.

Kaum ein neugieriger Besucher und schon gar keine fromme Beterin hingegen beachtet eine andere in Marmor gemeißelte Inschrift, welche sich in dieser Kirche findet:

JOANNI DE VALLE
Natione gallo
Paulo III P. M. secretiori coquo
societatis coquorum priori
hujus ecclesiae ultimo rectori
eadem societas benemerenti pos.
Vixit ann. 55
obiit 11 aprilis MDXLII

Es handelt sich um die Grabinschrift Jean de Valles', des Geheimkochs Papst Pauls III. und Patronatsherrn dieser Kirche, welcher am 11. April 1542, sieben Jahre vor seinem Arbeitgeber, im Alter von 55 Jahren verstarb und in dieser Kirche beigesetzt wurde. Die Gedenktafel wurde, wie wir ihr selber entnehmen, von der Innung der Köche gestiftet, welcher der französische Meisterkoch als Zunftmeister vorstand.

Im Unterschied zu anderen Staaten findet sich im Vatikan kein Grabmal des Unbekannten Soldaten. Da wir für kriegerische Unternehmungen ohnehin nichts übrig haben, schlagen wir vor, ersatzweise der vielen unbekannten Köche, die dort gewirkt haben, zu gedenken, und zwar indem wir angesichts ihrer unschätzbaren Verdienste ein Menü zusammenstellen, welches die Nachwelt daran erinnern soll, dass auch im Vatikan die Suppe mit Wasser gekocht wird.

Fenchelsuppe

400–500 g Fenchel
1 EL Butter
1 Zwiebel
70 ml trockener Sherry
150 ml Gemüsebrühe
600 ml Milch
½ TL Curry
Salz, Pfeffer

Zwiebel und Fenchel in Stücke schneiden und beides in der Butter andämpfen. Den Sherry darüber gießen, etwas verdampfen lassen, die Gemüsebrühe dazugeben, und den Fenchel mit der Zwiebel zugedeckt etwa 15 Minuten weich kochen. Anschließend das Gemüse zusammen mit der Kochflüssigkeit im Mixer pürieren, mit der Milch in einen Topf geben und die Suppe aufkochen. Die Gewürze unterrühren.

Melonensalat mit Krevetten

2 kleine Melonen
200 g Krevetten
Saft von 1 Zitrone
etwas Stangenselleriekraut

Soße für Melonensalat

150 g Mayonnaise
2 EL Ketschup
1 EL Grand Marnier
etwas frisch geraspelter Ingwer
Cayennepfeffer, Salz
2–3 EL Orangensaft
1 EL Zitronensaft
2 EL steif geschlagene Sahne (notfalls Jogurt)

Die Zutaten mit dem Schneebesen glatt rühren. Am Schluss die Sahne sorgfältig unterziehen. Die Melonen halbieren, Kerne entfernen und Kugeln ausstechen. Die Schalen beiseite stellen. Die Krevetten mit kaltem Wasser abspülen, abtropfen lassen und mit Zitronensaft säuern. Melonenkugeln und Krevetten mit der Soße vermischen. Die Melonenschalen damit füllen und alles mit Stangenselleriekraut garnieren. Zu dieser Vorspeise reiche ich Stangenweißbrot.

Lammfilets im Blätterteig

4 Lammfilets
1 küchenfertiger Blätterteig (rechteckig)

Für die Pilzfüllung:

20 g getrocknete Steinpilze
10 g getrocknete Mu-Err (schwarze chinesische Champignons)
5 EL Sesamöl
1–2 Brühwürfel (je nach Größe!)
1 EL gemahlene Kokosnuss
4 EL chinesische Hoisinsoße
3 El Sojasoße
1 TL Fünf-Gewürz-Pulver
1 EL Honig
Szechuan-Pfeffer aus der Mühle

Die Pilze einweichen, waschen und zusammen mit allen Zutaten im heißen Öl weich dünsten. Anstehende Flüssigkeit verdampfen lassen.

Für die Farce:

3 Scheiben Toastbrot
4–5 EL Milch
1 Ei
1 zwei cm langes Stück Bündner Salsiz

2 Bund Petersilie
Streuwürze, Salz, Pfeffer
50 g Leberstreichwurst
(Ersatz Salami)
1 Eigelb

Die Salsiz in kleinste Würfelchen schneiden und in einer Bratpfanne erhitzen. Im ausgelaufenen Fett die Filets *ganz kurz* anbraten und beiseite stellen. Das Toastbrot in Würfel schneiden und mit den Salsiz-Würfelchen und den restlichen Zutaten zu einer Farce verarbeiten.
Den Blätterteig in vier Rechtecke schneiden. Auf jedes Rechteck zuerst etwas von der Pilzfüllung geben, darauf ein Filet legen und dieses mit der Farce bedecken. Das Ganze zu einem Päckchen formen. Die vier Päckchen mit Eigelb bestreichen und für gut 20 Minuten in den auf 200° vorgeheizten Ofen schieben.
Dazu reiche ich eine kleine Portion Weißkohl mit Trauben.

Weißkohl mit Trauben

1 EL Zucker
1 gehackte Schalotte
300–400 g Weißkohl
125 ml trockener Sekt
250 ml Gemüsebrühe
etwas Butter
16 weiße Traubenbeeren

Den Zucker mit der Schalotte leicht karamellisieren. Den in feine Streifen geschnittenen Weißkohl dazugeben und andünsten. Mit dem Sekt ablöschen. Die Gemüsebrühe dazugießen. Das Gemüse weich dünsten. Die Butter einrühren und die entkernten Traubenbeeren kurz mitdünsten. Wer's mag, mischt ein paar Kümmelsamen darunter.

Ananas mit Karamellsoße und Vanilleeis

1 Ananas
3 EL Puderzucker
50 ml Wasser
2 EL Apfelsaft
Mark von 1/2 Vanillestängel
2 EL Zitronensaft
30 g Butter in Stücken
4 Kugeln Vanilleeis

Die Ananas schälen und in Scheiben schneiden (den Strunk ausstechen!) und kreisförmig auf flache Teller legen.
Puderzucker und Wasser leicht karamellisieren und mit dem Apfelsaft ablöschen. Vanillemark und Zitronensaft dazugeben. Die Hitze reduzieren und die Butter einrühren. Die Soße über die Ananasscheiben gießen und diese mit einer Kugel Vanilleeis krönen.

Vom Papst aus Polen und von einer Revolutionärin aus Frankreich

Auch bekannte Persönlichkeiten haben kulinarische Vorlieben. Und die sind oft sehr unterschiedlich.

Feinschmeckerinnen, die Italien sagen, denken an Pasta. Und Gourmands, die an Polen denken, sagen Wodka. Kulinarisch betrachtet liegen die zwei Produkte ungefähr so weit auseinander wie die beiden Länder, in denen sie auf den Tisch beziehungsweise auf die Theke kommen.

Wenn der Anschein nicht trügt, könnten sich beide Nationen auf dem Umweg über die Küche etwas näher kommen. Derzeit nämlich macht in Rom ein Kochrezept die Runde, in dem Wodka und Pasta gleichermaßen als Protagonisten auftreten. Wenn wir dem Sprachwissenschaftler Rafael Arnold glauben wollen, haben polnische Schwestern, die gegenwärtig im Vatikanpalast an Tiegeln und Töpfen herumhantieren, das Rezept aus ihrer Heimat mitgebracht. Da aber selbst die Mauern des Kirchenstaates nicht ganz frei sind von Sprüngen und Ritzen, drangen der Küchenduft und schließlich sogar die Kochanleitung bis zu einer gewissen Anna Cozzi am *Campo de' Fiori*, von der Kennerinnen und Experten behaupten, sie sei eine der schillerndsten Figuren im kulinarischen Leben der Ewigen Stadt. Vom *Campo de' Fiori* aus, das von keinerlei Mauern umgeben ist, trug der Wind die gewissen Düfte schließlich durch ganz Rom – und was erschnuppern wir, wenn wir durch die Straßen spazieren und über die Plätze flanieren? Wodkanudeln! Und hier liegt alles an der Soße.

Wodkanudeln

Wie die Schwestern im Vatikan brät Anna Cozzi zunächst Speckwürfel an, fügt ein Glas Wodka hinzu, lässt den ein wenig verdampfen, rührt reichlich Sahne und geriebenen Parmesan darunter und schmeckt mit Salz und Pfeffer ab. Und zieht die gekochten Nudeln darunter. Wer davon kostet, weiß, was gemeint ist, wenn die Rede ist vom höchsten der Gefühle. Auf die Frage, ob sie russischen oder polnischen Wodka verwendet, reagiert Anna Cozzi empört: »Polnischen natürlich. Schließlich ist es doch das Lieblingsrezept des Papstes.«

Nicht nur Päpste haben ihre Vorlieben. Von Madame Tallien, der Gemahlin des französischen Revolutionärs Jean Lambert Tallien, der am 27. Juli 1794 mit seinem

Angriff auf Robespierre der jakobinischen Schreckensherrschaft ein Ende bereitete, ist überliefert, dass sie auf Erdbeeren scharf war. Allerdings aß sie die süßen Früchte nicht, sondern gab den Erdbeersaft in ihr Badewasser, um ihre Haut jung und geschmeidig zu halten. Für diese Prozedur benötigte sie angeblich rund zehn Kilogramm Erdbeeren. Uns reicht schon ein Pfund davon.

Erdbeersorbet

500 g Erdbeeren
Saft von 1 Zitrone
120 g Akazienhonig

Die Erdbeeren waschen, entstielen und pürieren. Durch ein Sieb streichen. Die Masse mit den restlichen Zutaten gut verrühren und im Kühlschrank oder im Tiefgefrierfach vorkühlen, dann in die laufende Eismaschine geben und gefrieren lassen. Die Gefrierzeit beträgt gut 20 Minuten.

Eine besondere Note erhält dieses Sorbet, wenn man etwas weniger Erdbeeren verwendet und dafür die entsprechende Menge Rhabarberkompott hinzufügt.

Wer die Erdbeeren lieber unverarbeitet mag, sollte sie mit etwas *frisch gemahlenem* Szechuan-Pfeffer bestreuen; so erst entfalten sie ihr volles Aroma.

Madame Tallien, eine geborene Thérèse Cabarrus und Marquise de Fontenay starb 1835 im Alter von 62 Jahren. Ob die Erdbeerkuren gewirkt haben, ist nicht überliefert.

Kakaobohnen im Kirchenstaat

Am 22. März 1727 verlangte es Papst Benedikt XIII. nach der morgendlichen Messe nach etwas frischer Luft und nach einem warmen Getränk. Wie der Chronist berichtet, führte ihn sein Gang vom Vatikan direkt zum Dominikanerkloster an der *Piazza Santa Maria sopra Minerva*, wo er sich eine Tasse Schokolade servieren ließ. Bevor der Kaffee in Europa bekannt war, wurde dieses Getränk auch von anderen Päpsten hoch geschätzt. Innozenz IX. beispielsweise – er regierte Ende 1591 nur gerade während zweier Monate – löffelte als Kardinal an warmen Sommerabenden gern ein Sorbet, während er sich an kühlen Herbst- und Wintertagen mit Vorliebe an heißer Schokolade delektierte.

Was den Genuss von Schokolade betrifft, sahen sich die kirchlichen Autoritäten wiederholt zu Stellungnahmen genötigt – aber gehen wir der Reihe nach vor.

Kolumbus und seine Leute waren die ersten Europäer, welche Kakaobohnen zu Gesicht bekamen und das Ritual kennen lernten, mit welchem die Bewohner der Neuen Welt das daraus gewonnene Pulver mit heißem Wasser aufgossen. Doch der große Entdecker und seine Matrosen vermochten dem fremdländischen Trank nichts Besonderes abzugewinnen. Vermutlich deshalb unterschätzten sie die Bedeutung des Kakaos als Handelsware.

Die Einführung des Kakaos in Spanien und bald danach im übrigen Europa verdanken wir dem Eroberer Hernán Cortés, der dem Zeugnis seines Biografen Bernal Díaz del Castillo zufolge während eines üppigen Banketts am Hofe des Inkafürsten Motecuhzomas erstmals flüssige Schokolade geschlürft hatte.

Den Einheimischen waren die Kakaobohnen so wertvoll, dass sie diese auch als Zahlungsmittel verwendeten – für zehn gab es ein Kaninchen, für hundert konnte man sich einen Sklaven kaufen.

Die Azteken genossen die aus den gemahlenen Bohnen hergestellte Paste nicht nur gehärtet in Tafelform, sondern versetzten sie auch mit Wasser. Das Getränk nannten sie Cacau-atl, Kakaowasser, woraus sich das Wort Schokolade herleitet.

Schokolade-Kirschen

100 g Zartbitter-Schokolade
75 ml Sahne
25 g Butter
2 EL Weinbrand oder Whisky
ca. 25 Sauerkirschen (oder Cocktail-Kirschen) mit Stiel

Die Schokolade in einer Schüssel zerbröckeln. Sahne und Butter in einer Pfanne erhitzen und über die Schokolade gießen. Diese unter Rühren schmelzen und etwas auskühlen. Den Weinbrand mit dem Schwingbesen unterziehen, bis die Masse schön geschmeidig ist. Die Sauerkirschen kurz in die Schokolade tauchen, in Pralinenförmchen setzen und im Kühlschrank fest werden lassen.

Truffes

Dafür verwenden wir ganz einfach die doppelte oder dreifache Menge der für die Schokolade-Kirschen benötigten Zutaten (außer natürlich die Kirschen!). Die Masse mit dem Spritzbeutel portionsweise in Pralinenförmchen geben, allenfalls noch mit etwas Kakaopulver bestäuben, und in den Kühlschrank stellen.

 Papst Pius V.

Papst Benedikt XIII.

Wahrscheinlich wusste Benedikt XIII. nicht, dass schon einer seiner Vorgänger sich intensiv mit Kakaobohnen befasst hatte, und zwar von Amtes wegen. Das denkwürdige Ereignis fand an einem Vormittag des Jahres 1569 statt, als ein gewisser Fra Girolamo di San Vincenzo von Papst Pius V. zur Audienz vorgelassen wurde.

Der Klosterbruder hat ein Problem, er erstattet Bericht, und er bittet um eine wichtige Entscheidung. Sein Problem ist die vom Konzil von Trient um 1545 erlassene Fastenordnung für Klöster. Sein Report handelt von dem braunen Getränk und der braunen Speise, welche er bei den Indianern kennen gelernt hat. Begreiflicherweise fand sich darüber nichts in den detaillierten und äußerst strengen Fastenanweisungen des Trienter Konzils. Und selbstverständlich lässt Fra Girolamo dem Papst ein Tässchen Schokolade servieren, damit dieser sich wenn nicht ein Bild, so doch einen vagen Eindruck von dieser ungewöhnlichen Sache verschaffen kann. Pius V. findet das Zeug scheußlich. Und entscheidet: »*Potus iste non frangit jeiunium* – Dieses Gesöff bricht das Fasten nicht.« Mit dem gebührenden Respekt sei es vermerkt: Weil der nachmals heilig gesprochene Pius V. in Sachen Esskultur ein Banause war, wurde die Schokolade in der Folge in vielen Klöstern zeitweise zu einer beliebten Fastenspeise. Was wiederum erklärt, warum Benedikt XIII. keineswegs ein schlechtes Gewissen hatte, als er an jenem 22. März 1727, mitten in der heiligen Fastenzeit, bei den Dominikanern an der *Piazza Santa Maria sopra Minerva* eine Tasse Schokolade kostete.

Großen Anklang hatte das braune Gebräu schon lange vorher bei der feinen Damenwelt Neuspaniens gefunden. 1648 berichtet der englische Jesuit Thomas Gage, dass vornehme Señoras darauf hielten, sich eine Tasse Schokolade in die Kirche bringen zu lassen. Bis der Bischof, der sich von den damit verbundenen Umtrieben gestört fühlte, all jenen mit Exkommunikation drohte, die sich erkühnten, während des Gottesdienstes feste oder flüssige Nahrung zu sich zu nehmen. Danach hatte seine Exzellenz Ruhe. Genauer ausgedrückt, danach fand er seine Ruhe. Tatsache ist, dass die Damen fortan die Messe boykottierten – und der Bischof kurz darauf starb, einer nicht unbegründeten Ansicht zufolge an einer Tasse vergifteter Schokolade.

Gerüchtweise drang die Sache bis nach Rom. Dort verfiel Kardinal Francesco Maria Brancaccio im Jahre 1662 in halblautes Nachdenken. Er erwog, ob man den Brauch der neuspanischen Damen nicht doch in etwas modifizierter Form weiterhin pflegen und *nach* der Morgenmesse ein Tässchen heiße Schokolade zu sich nehmen könne. Es waren nicht die livrierten Bediensteten, sondern hellhörige Mönche, die den Wink des geistlichen Würdenträgers als Erste verstanden und ihm jeweils nach dem Gottesdienst schon in der Sakristei mit einer Tasse dampfender Schokolade aufwarteten. Was den Kardinal veranlasste, im Jahre 1666 in Rom eine gelehrte Abhandlung mit dem Titel *Dissertatio de potu chocholatis* in Druck zu geben, in welcher er den Nachweis erbringt, dass der Genuss dieses Getränks das Fasten nicht bricht. Er war übrigens nicht der einzige Gottesgelehrte, der sich mit dieser delikaten Frage theologisch auseinander setzte. Der ebenso demütige wie gelehrte Dominikanermönch Daniele Concina, welcher sich in seinen Schriften vorwiegend mit moralischen Spitzfindigkeiten abplagte und sich gelegentlich auch über weltliche Dinge wie Theateraufführungen ausließ, griff das Thema ebenfalls auf und publizierte 1748 eine umfangreiche historische Studie, *Memorie storiche sull'uso della cioccolata nei giorni di digiuno* (Historische Erwägungen über den Genuss von Schokolade während der Fastenzeit), in welcher er nach langem Hin und Her und einigen Wenn und Aber zu dem umwerfenden Schluss gelangt, dass man nicht gegen die kirchlichen Fastenregeln verstößt, wenn man Schokolade in Maßen zu sich nimmt. Wohlgemerkt: zu sich nimmt, nicht etwa *genießt* – denn wer nicht auf Grund eines leiblichen Bedürfnisses, sondern allein um des gottlosen Genusses willen isst oder trinkt, macht sich der Gaumenlust schuldig, will sagen, begeht eine – zumindest lässliche – Sünde. Nun sollte man sich aber sehr davor hüten, die leichten Verfehlungen auf die leichte Schulter zu nehmen; denn wie der stete Tropfen den Stein schließlich höhlt, vermögen die lässlichen Sünden auf Dauer selbst hartgesottene in verweichlichte Sünderexistenzen zu verwandeln.

So verwundert es denn nicht, dass gerade eine so geringe Sache wie die Kakaobohne zu unzähligen theologischen Disputen und Debatten Anlass gab.

Mousse au Chocolat

100 g dunkle Schokolade in 2 EL Wasser in einem Pfännchen schmelzen. 3 verquirlte Eigelb, 3 EL Puderzucker und 2 EL Cognac darunter mischen. Die Masse mit dem Mixer im Wasserbad während gut zehn Minuten schaumig schlagen und auskühlen lassen. 100 ml steif geschlagene Sahne und 3 steif geschlagene Eiweiß sorgfältig unterziehen. Die Mousse für mindestens eine Stunde in den Kühlschrank stellen.

Seltsamerweise bildeten sich manche Kirchendiener ein, dass der Genuss von Schokolade die sexuelle Lust stimuliere. Daraus wiederum schlussfolgerten einige von ihnen, dass der Kakaogenuss dem Fasten zuwiderlaufe, welches ja hauptsächlich gepflegt werde, um dieses Verlangen zu mindern. Dieser Meinung war auch der Italiener Francesco Felini, der die These vertrat, Schokolade sei nun einmal nicht bloß eine Speise, sondern, Gott sei's geklagt, auch ein höchst effizientes Aphrodisiakum.

Eine völlig andere Ansicht verfocht Felinis Landsmann Giovanni Battista Gudenfridi in einer 1680 in Florenz erschienenen Schrift. Wobei Gudenfridi für seine These nicht etwa ernährungswissenschaftliche Argumente ins Feld führt, sondern sich um eine streng theologische Beweisführung bemüht. Dazu rekurriert er auf die heilige Rosa von Lima, die 1617 verstarb, ein knappes halbes Jahrhundert bevor der bereits erwähnte Kardinal Brancaccio der Nachdenklichkeit verfiel.

Eines Tages, so lesen wir bei Gudenfridi, habe die heilige Jungfrau völlig erschöpft, atemlos und körperlich geschwächt nach einem viele Stunden dauernden geistlichen Höhenflug an ihrer Seite einen Engel gewahrt, der ihr eine Tasse Schokolade gereicht habe, dank derer ihre Kräfte zurückgekehrt und die Lebensgeister wieder erwacht seien.

Claudio Coello, Rosa von Lima, um 1670.

Nun frage ich den Signor Cavaliere Felini, was er von diesem Engel hält. Glaubt er, dass es sich um einen Engel der Finsternis handelte oder um einen Boten des Lichtes? War er verdorben oder war er gut? Er kann ihn nicht für schlecht halten, ohne den Historiker zu beleidigen, der unser uneingeschränktes Vertrauen verdient. Falls es aber ein

guter Engel war, wie könnte dieser dann die Jungfrau mit Schokolade gestärkt haben, wenn diese Gift für die Keuschheit wäre? Wenn Schokolade in die Adern derer, die davon trinken, den Geist der Lüsternheit weckte, hätte ein guter Engel einer Jungfrau, die doch ein Tempel des Heiligen Geistes ist, auch nicht den kleinsten Schluck davon verabreicht. Falls die Schokolade ein Teufelssaft wäre, wie könnte Gott dann befehlen oder auch nur zulassen, dass ausgerechnet ein Engel einer seiner Bräute einen solchen Trank verabreichte?

Zu dieser Anschauung neigte, vermutlich eher aus persönlichen und geschmacklichen Gründen, auch Kardinal Brancaccio. Schokolade, meint er, sei zweifellos ein Nahrungsmittel, wenn man ihr, wie in Spanien üblich, Brotkrumen hinzufüge, oder wenn man sie in fester Form verzehre. Mit bloßem Wasser aufgegossen hingegen sei sie eindeutig ein Getränk wie Bier oder Wein, deren Genuss ja in der Fastenzeit auch erlaubt sei. Außerdem habe Kakao eine medizinische Wirkung: »Er stellt die natürliche Körperwärme wieder her, erzeugt reines Blut, belebt das Herz und stärkt die natürlichen Fähigkeiten.« Überdies, so stehe es zumindest in der Bibel, sei der Sabbat für den Menschen da, aber doch nicht der Mensch für den Sabbat! Ergo breche man mit diesem Getränk das Fasten nicht. Und selbst wenn dem so wäre, stünde immer noch außer Zweifel, dass die Fastenvorschriften nicht auf einem göttlichen Gebot, sondern auf der kirchlichen Gesetzgebung beruhten. Und die sei, Gott sei's gedankt, nicht unwandelbar!

Während wir uns nach dem Genuss unserer Schokoladenmousse mit der Serviette die Mundwinkel betupfen, fällt mir ein, was zu erwähnen ich beinahe vergessen hätte: dass Francesco Maria Brancaccio ausgerechnet für seine subtilen Überlegungen in Sachen Fastenvorschriften den Kardinalshut bekam.

»Melancholischen Gemütern rate ich davon ab«

Seine Heiligkeit Papst Benedikt XIV. (1740–1758) geruhte sich, ihn vorzugsweise am Abend zu schlürfen, während sein Nachfolger Klemens XIII. (1758–1769) sich gelegentlich nach dem Mittagessen ein Tässchen davon genehmigte, nämlich von jener dunklen Brühe, die wir heute als Kaffee bezeichnen.

Für diesen fremdartigen Trank hatte der Bibliothekar Johann Wilhelm Petersen, ein Jugendfreund Schillers, wenig übrig. 1782, gerade 13 Jahre nach dem Hinschied Klemens' XIII., zog er gegen das seiner Ansicht nach schädliche Gesöff öffentlich zu Felde: »König Friedrich ward noch mit Biersuppe erzogen, aber die Kinder von tausend seiner Unterthanen schon mit Kaffee. Die Seuche blieb nicht nur in den

Städten, sondern steckte sogar Bauern und hart arbeitende Tagelöhner an. Und so ward allmählich diese Thee- und Kaffeesäuferei zu einem Verderber, welcher die Gesundheit schwächte, weibische Schlappheit und Empfindelei ausbreitete, viele Haushaltungen zu Grunde richtete, das Mark der Nation auffraß und alljährlich 24 Millionen Gulden aus Teutschland schleppet.« Dieser ganze Schaden rührt Petersen zufolge daher, dass man aus purer »Leckerei und Liebe zum Neuen jetzt Kaffee und Thee an Stelle des Dünnbiers und des Weins zum Morgen-, Nach- und Umtrunke« reicht.

Kaffee statt Alkohol – welch ein Skandal! Zumal das neue Getränk aus dem Nahen Osten eingeführt wurde, wo die Anhänger Mohammeds die christlichen Biersäufer und Weintrinker bis aufs Blut bekämpften ...

Wir stehen auf Kaffee und gönnen uns dazu ein Stück von jener Mehlspeise, die in der Schweiz unter der Bezeichnung Quark-, in Deutschland hingegen als Käsekuchen bekannt ist.

Quarkkuchen

Mürbeteig (für eine Springform von ca. 25 cm Durchmesser):

200 g Mehl	*2 EL Zucker*
1/2 TL Salz	*1/2 geriebene Zitronenschale*
100 g kalte Butter	*1 Ei*

Füllmasse:

800 g Speisequark	*6 Eigelb*
120 g Zucker	*2 EL in Rum eingelegte Rosinen*
1/2 Päckchen (7 g) Vanillezucker	*2 gehäufte EL Mehl*
1 geriebene Zitronenschale	*6 Eiweiß*

Das Mehl in eine Schüssel geben, Salz untermischen. Die Butter in Flocken schneiden und sorgfältig mit dem Mehl verreiben, bis die Masse fein ist. Zucker und Zitronenschale zugeben. Das Ei verklopfen und in die Vertiefung geben und alles sorgfältig zu einem Teig vermischen (nicht kneten!). Mindestens 15 Minuten kühl stellen.

Speisequark, Zucker, Vanillezucker, geriebene Zitronenschale und Eigelb schaumig verrühren. Die Rosinen darunter mischen. Das Mehl und das steif geschlagene Eiweiß sorgfältig unter die Masse mischen. Eine Springform mit dem Mürbeteig ausschlagen und die Masse einfüllen. Ofen auf 180° vorheizen und den Kuchen 50 Minuten backen (Nadelprobe).

Im 16. Jahrhundert lernten Reisende den Kaffee in arabischen Ländern kennen, um 1615 scheint er über Venedig nach Italien gelangt zu sein, anderthalb Jahrzehnte später verbreiteten sich Mokkadüfte in holländischen und englischen Haushalten, nach Mitte des 17. Jahrhunderts konnte man das exotische Aroma in den Adelspalästen von Paris und Wien erschnuppern; bald entstanden die ersten Kaffeehäuser.

Um 1700 vermochten sich sogar die Angehörigen des heruntergekommenen Landadels unter Kaffee etwas vorzustellen. Dieser war inzwischen längst zur begehrten Kolonialware und damit zu einem wirtschaftlichen und politischen Faktor von nicht zu unterschätzendem Wert geworden.

Der um die Volksgesundheit so besorgte Petersen ahnte vermutlich nicht, dass er mit seinem Lamento massiv die Interessen der herrschenden Schichten vertrat. Und zwar in dreifacher Hinsicht.

Zum Ersten betrachteten die Angehörigen der alten Adelsgeschlechter und der höhere Klerus, aber auch die neureichen Emporkömmlinge das Kaffeetrinken als Privileg. Außerdem verfielen die Regierenden, da sich der neue Trend nicht stoppen ließ, schnell auf den Gedanken, eine Kaffeesteuer einzuführen, um so aus der neuen Mode Gewinn zu schlagen. Und schließlich galt es zu verhindern, dass Unsummen von Geld in die Produktionsländer verschoben wurden.

So kam es denn in ganz Europa zu Prohibitionen und damit zu Aktionen, welche uns heute ziemlich kurios anmuten. 1756 verbot der schwedische König die Einfuhr »gewisser zum Überfluss gehörender Waren« – und zu denen zählte auch die Kaffeebohne. 1765 untersagte Graf Simon August zur Lippe seinen Untertanen, insbesondere den »Handwerks- und Arbeitsleuten und Tagelöhnern in den Städten das ihnen schädliche Kaffeetrinken bei fünf Goldgulden Strafe und Verlust ihres Kaffeegeschirrs«; lediglich die »Amtsmeier« – also die oberen Schichten – waren von diesem Verbot ausgenommen. In Paderborn wollte das gemeine Volk nicht einsehen, warum Fürstbischof Ludwig 1777 den Kaffeegenuss nur Adeligen, Kirchenmännern und höheren Beamten erlaubte. Unbekümmert um die fürstbischöfliche Bestimmung füllten auch die einfachen Leute ihre Tassen mit der dunklen Brühe und erhoben sich so selbst in den Adelsstand. Als Ludwig 1785 die Strafen verschärfte und illegale Läden schließen ließ, inszenierte die Bürgerschaft auf Straßen und Plätzen ein öffentliches Kaffeetrinken. Das Happening bewirkte, dass den Kaffeehändlern die Kunden und dem Mokka die Fans erhalten blieben.

Nichtsdestotrotz schwappte die Verbotswelle schließlich auf ganz Deutschland über. Besonders gut dokumentiert ist die tragikomische Figur, die Preußen in dieser Angelegenheit machte. Friedrich I. hatte 1704 das Kaffeetrinken ausschließlich der Oberschicht gestattet. Leute von Stand benötigten dazu einen »Permissionsschein«, der zwei Reichstaler kostete. Friedrich II., selber ein passionierter Kaffeekoster, erhöhte diese Luxussteuer in einem Maße, dass der Kaffeeschmuggel sich schnell zum Broterwerb entwickelte. Die Zöllner spielten das Spielchen mit und verdienten ebenfalls daran, sodass die Kosten zur Eindämmung des Schwarzhandels die Einkünfte aus den Kaffeesteuern schließlich um ein Erkleckliches überstiegen. Dem wiederum suchte Friedrich II. gegenzusteuern, indem er 1781 ein staatliches Röstmonopol einführte. Wer fortan selber röstete, verriet sich durch den unverkennbaren Geruch. Die Kontrollen besorgten Veteranen aus dem Siebenjährigen Krieg (der 1763 zu Ende gegangen war), die in ihren verschlissenen Soldatenuniformen ganze Dörfer und Städte durchschnupperten.

Das wiederum führte dazu, dass die öffentlichen und mehr noch die heimlichen Mokkagenießer den Kaffee schließlich boykottierten, weil sie es satt hatten, dass die staatlich bestellten Kaffeeriecher in ihre Häuser und Stuben einfielen und dort bis in die Speisekammern vordrangen und zuweilen gar die Kochtöpfe inspizierten. Auf diese Weise wurden die Altveteranen ihre Arbeit und der Staat seine Kaffeesteuer los.

Friedrich Wilhelm II., der Nachfolger Friedrichs II., senkte die Kaffeetaxe, worauf das bis dahin einer Minderheit vorbehaltene Getränk in Preußen seinen Siegeszug antrat, während die in anderen Landstrichen bestehenden Verbote allmählich in Vergessenheit gerieten.

Kaffee oder Alkohol? Für unsere Erwachsenenrunde stellt sich dieses Dilemma von Schillers Jugendfreund nicht. Wir lieben beides. Und laben uns deshalb in der kalten Jahreszeit noch immer gern an einem Irish Coffee. Der geht so:

Irish Coffee

Eine Tasse oder ein Glas mit 200 ml Fassungsvermögen vorwärmen und 40 ml Irish Whiskey hineingeben. 3 Stück Würfelzucker hinzufügen und mit heißem Kaffee aufgießen. Gut vermischen und mit geschlagener Sahne garnieren.

Falls jemand dabei ist, der seinen Wagen nach Hause steuern muss, erhitzen wir den Whiskey vorher und zünden ihn an. Der Alkohol nimmt dann Reißaus. Aber der Geschmack bleibt. Und der feine Nachgeschmack auch.

Charme, Flair und Atmosphäre

Im Jahre 1750, im Vatikan hatte damals der Kaffeeliebhaber Benedikt XIV. das Sagen, eröffnete ein Grieche, der unter seinem italienisierten Namen Nicola di Maddalena bekannt war, an der berühmten *Via Condotti* in Rom ein Lokal, das heute den Namen *Antico Caffè Greco* trägt und zu den berühmtesten Kaffeehäusern der Welt gehört. Anfänglich glich dieses *Caffè* eher einem dunklen Loch; es bestand aus einem einzigen winzigen Zimmer, das nur wenigen Gästen Raum bot. Offenbar aber schmeckte der Kaffee dort vorzüglich, denn der Inhaber sah sich schon bald genötigt, das Lokal zu erweitern, um den Andrang der Kundschaft zu bewältigen.

Die bestand nicht nur aus Einheimischen, sondern auch aus fremdländischen Künstlern, die das *Caffè* schon bald zu einem internationalen Treffpunkt umfunktionierten. Neuankömmlinge, die in Rom noch keine feste Unterkunft hatten, ließen ihre Post an die Anschrift des Griechen schicken und wer Informationen über irgendwelche Angelegenheiten des römischen Alltagslebens einholen wollte, war dort an der richtigen Adresse. Im *Caffè Greco* haben Goethe und Stendhal und Mark Twain ihren Mokka geschlürft; ebenso Richard Wagner und Nikolai Gogol und Moses Mendelssohn und viele andere Berühmtheiten, und der ewig miesepetrige Arthur Schopenhauer hat sich dort an dem heißen Getränk die Zunge verbrannt. Der war übrigens beim Griechen nicht mehr gern gesehen, nachdem er einem Bildhauer übers Maul gefahren war, der die zwölf Apostel als Charakterköpfe gerühmt hatte: »Gehen Sie mir doch mit Ihren zwölf Philistern aus Jerusalem!«

Die Episode erinnert daran, dass im *Caffè Greco* auch die Nazarener verkehrten, jene Malermönche, deren sentimentale Bilder heute etwas weniger Begeisterung auslösen als im vorletzten Jahrhundert. Damals allerdings besuchte man ein Kaffeehaus nicht nur, um Entspannung und Geselligkeit zu finden; vielmehr war es auch eine Art Plattform für Diskussionen und diente dem Austausch von Informationen. Im Übrigen fanden die findigeren unter den Schwarzwassersiedern schon bald einmal heraus, dass man die Gäste am besten mit einer guten und möglichst internationalen Auswahl von Zeitungen bei Laune und bei der Stange hielt.

Damit angefangen hat aller Wahrscheinlichkeit nach der Gründer eines der ältesten Kaffeehäuser Europas, der venezianische Gastwirt Floriano Francesconi, der am 29. Dezember 1720 einen winzigen, von zwei kleinen Ölfunzeln erhellten Laden eröffnete. Ursprünglich handelt es sich dabei um eine enge Höhle mit dem bombastischen Namen *Alla Venezia trionfante*. Als die Österreicher in den Dreißiger- bis Fünfzigerjahren des vorletzten Jahrhunderts die Lombardei und Venetien besetzten, wurde das Türschild ausgewechselt; die Okkupanten hätten die alte Inschrift leicht als Provokation deuten können. Fortan trank man sein Tässchen im *Florian*.

Das *Caffè Florian* mauserte sich schnell zu einem Treffpunkt der Intellektuellen. Dort nämlich wurde um 1760 auch die *Gazzetta Veneta*, die erste italienische Zeitung entworfen. Und wo konnte man sie kaufen? In einem einzigen Buchladen und im *Florian*. Wohin bat man per Zeitungsannonce die Leute, die einen entlaufenen Hund aufgespürt hatten? Ins *Florian*. Wo wurden die Inserate für das Blatt angenommen? Im *Florian*. Und wo genießen wir jetzt ein Tiramisù? Natürlich bei uns zu Hause.

Tiramisù

2 Eier	*etwa 15 Löffelbiskuits*
50 g Zucker	*250 ml kalter Espresso*
250 g Mascarpone	*Kakaopulver*

Die Eier trennen. Dotter schaumig rühren und den Zucker allmählich dazugeben, bis eine weißschaumige Masse entsteht. Den Mascarpone unterrühren und alles zu einer Creme verarbeiten. Das steif geschlagene Eiweiß vorsichtig darunterheben.
Den Boden einer viereckigen Schale mit der Hälfte der Löffelbiskuits belegen und diese mit Espresso gerade so stark tränken, dass sie noch etwas Konsistenz haben. Darauf die Hälfte der Creme verteilen. Die restlichen Biskuits ebenfalls mit Espresso tränken und die Creme damit bedecken. Den Rest der Creme darüber verteilen. Die Oberfläche glatt streichen und mit Kakao bestäuben. Mindestens sechs Stunden im Kühlschrank ziehen lassen.

Die Tatsache, dass die Kaffeehäuser in den europäischen Städten gegen Ende des 18. Jahrhunderts wie Pilze aus dem Boden schossen, beunruhigte besonders die staatlichen Obrigkeiten. Instinktiv begriffen sie, dass die Besucher dieser Lokale nicht nur schöngeistige Gespräche führten, während sie auf ihren Mokka warteten. So wussten die österreichischen Besatzer sehr wohl, dass im *Florian* auch politische Pläne geschmiedet wurden, die ihnen noch weniger gefielen als die italienischen Kartoffelgerichte.

Ähnliches galt für das *Grand Café Odeon* am Bellevue in Zürich, das im Juli 1911 eröffnet und schon bald ein internationaler Treffpunkt für Intellektuelle wurde. Bereits vor dem Ausbruch des Ersten Weltkrieges jedoch änderte sich die Situation schlagartig. 1913 wurde im *Odeon* wiederholt ein junger italienischer Sozialist gesichtet: Benito Mussolini. Wenig später fiel ein gepflegter junger Mann auf, von dem man bloß wusste, dass er Trotzki hieß und aus Russland stammte. Als Klaus Mann und seine Schwester Erika und Therese Giehse 1933 wegen ihrer Politsatire mit den Nazis Schwierigkeiten bekamen, tauchten auch sie im *Odeon* auf. Aber ihr Kabarett hatte keine Zukunft. Die Zürcher Zeitungen fanden, dass sich die Schweiz, gerade weil sie neutral sei, keinerlei Spottkritik gegen den Kanzler des Deutschen Reiches erlauben dürfe. Zeitweise war damals im *Odeon* sogar das Telefonieren aus der Kabine verboten – zwecks Verhinderung von Spionage. Nach dem

Krieg nahmen die Künstler und Künstlerinnen das Café in Beschlag. Man begegnete dort Franz Werfel, Erich Maria Remarque, Karl Kraus, Werner Bergengruen...

Auch in Wien galt das Kaffeehaus zeitweise als politischer Faktor, da es vorwiegend von den gebildeten Schichten besucht wurde. Zu Beginn des 19. Jahrhunderts wurden die Cafés deshalb von Polizeiorganen kontrolliert; man wollte ja keine Revolution wie in Frankreich. Für Kaiser Franz II. waren Schriftsteller und Journalisten ohnehin als berufsmäßige Unruhestifter. Deshalb wurden in den Kaffeehäusern nur noch politisch unauffällige Zeitungen geduldet. Später schickte Metternich seine Spitzel in die Wiener Cafés, weil dort die herrschenden Zustände seiner Ansicht nach allzu freimütig kritisiert wurden.

Diese Sorge hegten schon die Entdecker des Kaffees. Im 16. Jahrhundert ließ Sultan Murad III., der seine Brüder umbringen ließ, die Kaffeestuben von Konstantinopel schließen, weil dort für seinen Geschmack zu viel über die von ihm veranlassten Morde geflüstert wurde. Allerdings konnte er nicht verhindern, dass die Lokale ihre Pforten bald wieder öffneten.

Noch weniger verwundert es, dass auch die Wiener Cafés einen Metternich überlebten, zumal diese Stadt schon damals den Inbegriff der Kaffeehauskultur darstellte, obwohl man in Venedig, Oxford, London, Paris, Marseille und Hamburg das arabische Getränk schon viel früher goutierte. Dennoch wurde Wien, wo das erste Kaffeehaus 1684 eröffnet wurde, das Vorbild für zahllose ähnliche Einrichtungen in ganz Europa. Das hängt wohl mit der besonderen Atmosphäre und dem zauberischen Reiz der Wiener Cafés zusammen, den diese bis heute bewahrt haben. Was ihren Charme letztlich ausmacht, ist nicht leicht zu sagen. Ist es die Innenausstattung aus Marmortischen, Holzstühlen, Kronleuchtern und Fensterlogen, oder ist es das Rollenspiel, an dessen ungeschriebene Regeln sich Gäste und Bedienungspersonal wie an ein Drehbuch halten? Sind es die Zeitungstische oder ist es vielleicht doch nur die früher übliche Sitzkasse, die im *Café Dommayer* oder im *Café Ritter* noch heute zu sehen ist? Oder der Art-déco-Stil? Gar bloß der Stuck? Oder jenes nostalgische Gefühl, das sich angesichts einer versunkenen Welt oder Kultur in unsere Seele schleicht und uns auch beim Eintritt in ein altehrwürdiges Café befällt, sodass wir erst beim Bezahlen merken, dass wir in eine Touristenfalle geraten sind? Wenn man die Antwort auf diese Frage wüsste, wäre das Flair dahin und die Atmosphäre im Eimer. Vermutlich trifft ohnehin nichts von alledem zu. Möglicherweise hängt die ganze Faszination mit dem Kaffeeduft zusammen, der nicht nur in den riesigen Vorhängen, sondern auch in den Wandritzen hängt. Und der die Fantasie beflügelt, sodass man schon beim Betreten eines historischen Kaffeehauses einer Einbildung erliegt, die genauso unwirklich ist wie die zahlreichen Legenden, welche sich um die Cafés und um ihre ehemaligen illustren Gäste ranken.

Österreichische Schokoladetorte

250 g Bitterschokolade
175 g Butter
6 Eier
30 g selbsttreibendes Mehl
180 g Zucker

Bitterschokolade und Butter im Wasserbad schmelzen und zu einer glatten Masse verarbeiten. In einer Schüssel das Eiweiß steif schlagen und dabei langsam etwa 60 g Zucker unterrühren, bis er sich aufgelöst hat.

In einer zweiten Schüssel das Eigelb und den restlichen Zucker zu einer dicklichen Masse schlagen. Die flüssige Schokolade und das selbsttreibende Mehl untermischen und alles weiter verarbeiten, bis die Masse glatt ist. Nun das steif geschlagene Eiweiß mit dem Schneebesen sehr sorgfältig darunter ziehen, die Mischung in eine eingefettete und bemehlte Springform von ca. 24 cm Durchmesser füllen und diese für gut 30 Minuten (Nadelprobe!) in den auf 170° vorgeheizten Backofen schieben.

Beim Abkühlen fällt der Kuchen leicht zusammen und kriegt die für ihn charakteristischen Risse auf der Oberfläche. Wer's mag kann ihn noch mit ein paar Locken aus Schokolade-

Kuvertüre belegen. Die macht man am besten mit dem Gemüseschäler. Für kleine Locken schabt man die Schmal-, für große die Breitseite der Kuvertüre.

P. S. Selbsttreibendes Mehl ist eine Backmehlmischung, welche Treibmittel enthält; in manchen Gegenden findet man es nur in Spezialgeschäften.

Schon fast skurril erscheinen uns heute jene zahlreichen pseudomedizinischen Schriften, welche seit dem 17. Jahrhundert über die Wirkungen des Kaffees in Umlauf gesetzt wurden. Natürlich waren diese Publikationen fast ausschließlich für jene Kreise bestimmt, welche sich damals den Luxus leisten konnten, auf ihre Gesundheit zu achten. Eine der ersten derartigen Veröffentlichungen stammt von einem gewissen Domenico Magri und trägt den Titel *Virtù del Kafè bevanda introdotta nuovemente nell'Italia. Con alcune osservazioni per conservar la sanità nella vecchiaia (Die Wirkung des Kafè, eines Getränks, das neulich in Italien eingeführt wurde, nebst einigen Bemerkungen um die Gesundheit auch im Alter zu bewahren)*. Gedruckt wurde die acht Seiten umfassende Schrift 1657 in Viterbo, und zwar – die hehre Geistlichkeit hatte auch hier ihre Hand im Spiel – »mit Erlaubnis der kirchlichen Oberen«. Gewidmet ist das Werklein dem Kardinal Francesco Maria Brancaccio (1592–1675), der sich, wie wir bereits wissen, für einen Experten in Sachen Schokolade hielt. Die wissenschaftlichen Erkenntnisse des Domenico Magri hingegen sind alles andere als umwerfend.

Bevor man den Kaffee trinkt, gibt man nach Belieben mehr oder weniger Zucker in die Tasse. Bei der Zubereitung des Kaffees kann man drei oder vier Gewürznelken dazu geben oder sechs Körner Kardamom, welcher den Magen beruhigt und den Kopf wach hält. In der Regel jedoch trinkt man den Kaffee lediglich etwas gezuckert, unter Hinzufügung einiger Tropfen Moschus- oder Ambra-Extrakts. Man pflegt ihn morgens zu sich zu nehmen, nach dem Verzehr einiger Bissen Brot oder einer Brezel, oder aber eine Stunde nach der Hauptmahlzeit, weil er dann der Verdauung besonders förderlich ist. Melancholischen Gemütern rate ich vom Genuss des Kaffees ab, es sei denn, man trinkt ihn nicht zu stark. Wer länger wach bleiben möchte, gönne sich etwa zwei Stunden nach dem Abendessen eine Tasse Kaffee. Mit Kandiszucker gesüßt hilft er gegen Katarrh. Vor dem Essen genossen wirkt er sich wohltuend auf die Galle aus.

Gelage in Rom und an anderen heiligen Stätten

Wir sind es heute gewohnt, eine klare Trennlinie zu ziehen zwischen dem Sakralen und dem Profanen. In früheren, weniger gottvergessenen Zeiten war das noch anders. Da gingen das Heilige und das Weltliche nahtlos ineinander über. Die Grenzen waren fließend und wurden – wenn überhaupt – erst da sichtbar, wo eindeutig Blasphemisches mit im Spiele war. Wobei die Ansichten darüber, was denn nun letztlich gotteslästerlich sei, recht unterschiedlich waren. Und wohl immer noch sind. Immerhin dürften die meisten Christenmenschen darin übereinstimmen, dass wir heute den im Mittelalter vielerorts und von vielen Predigern geübten Brauch des *risus pasqualis*, des Osterlachens, nur mehr kopfschüttelnd zur Kenntnis nehmen können. Damals nämlich pflegten die Prediger am Ostermorgen von der Kanzel herunter allerlei Obszönitäten zum Besten zu geben, um die Gläubigen zum Lachen zu provozieren. Als ähnlich skandalös empfinden wir die vom Spätmittelalter bis in die Frührenaissance in einigen italienischen Kirchen geübte Gepflogenheit, anlässlich des (bis in die Antike zurückreichenden) *festum asinorum*, des Eselsfestes, ein

Das fürstliche Bankett des Herzogs von Berry. Illustration von Paul von Limburg im Monatsbild Januar des Stundenbuches les Très Riches Heures du Duc de Berry, Anfang 15. Jh.

mit liturgischen Gewändern bekleidetes Grautier unter Gejohle durch das Gotteshaus zu führen.

Ein nicht minder fragwürdiger Brauch ist für das frühe 16. Jahrhundert in Rom belegt. Für Ortsunkundige sei hier vermerkt, dass die unweit der *Piazza Venezia* gelegene Kirche Santi Apostoli mit dem daran angebauten Palazzo Colonna früher durch eine Fensterfront verbunden war. Wie der Chronist vermerkt, versammelte sich in der genannten Kirche am 1. Mai regelmäßig eine riesige Volksmenge. An diesem Tag nämlich pflegten die Angehörigen des Hauses Colonna durch die zum Kirchenraum durchgebrochenen Fenster ihres Palastes Geflügel und anderes Kleingetier unter das im Gotteshaus versammelte Volk zu werfen. Gleichzeitig machten sich die adeligen Herrschaften einen Spaß daraus zuzusehen, wie sich die armen Leute »aufgeregt und wie gierige Tiere« um die zugeworfenen Leckerbissen prügelten. Außerdem wurde bei diesem Anlass in der Kirche ein Schwein aufgehängt, das demjenigen zufiel, der als Erster an dem Seil hinaufzuklettern vermochte, an welchem jenes in halber Höhe befestigt war. Das aber erwies sich als gar nicht so leicht, da die Kordel eingeseift war und die Kletterer zudem vom Kirchendach aus mit Wasser überschüttet wurden. 1523 wurde diese derbe Volksbelustigung verboten.

Die gleiche Kirche Santi Apostoli und die nach ihr benannte Piazza bildeten just

ein halbes Jahrhundert zuvor die Kulisse für ein anderes denkwürdiges Spektakel. Im Mai 1473 nämlich ließ der Kardinal Pietro Riario, ein Nepote Sixtus' IV., der nur wenige Monate später an den Folgen seiner unerhörten Ausschweifungen starb, den ganzen Platz bei der Kirche mit einer Zeltplane überspannen und – so der Chronist – veranstaltete »ein schönes und prunkvolles Gastmahl zu Ehren der Madonna Leonora, der Tochter König Ferrantes von Neapel, die auf der Reise begriffen war zu ihrem Gemahl, dem Herzog von Ferrara«.

Papst Sixtus IV., Buchmalerei in der Originalhandschrift der Papstgeschichte des Platina, Biblioteca Vaticana.

Das Essen, obwohl privater Natur, hatte demnach öffentlichen Charakter. Insgesamt waren zehn Gäste anwesend: die Prinzessin, sieben Damen und Herren aus dem Gefolge, sowie der Kardinal und sein Bruder. Aufgetragen wurden drei Hauptgänge mit vierundzwanzig Gerichten, darunter die verschiedenartigsten Fleischsorten: Kapaun, Hühner, Hähnchen, Pfauen, Fasanen, Wachteln, Küken, Kraniche, Gänse, Rehe, Ziegen, dekorierte Kalbsköpfe, Ochsen, ein Bär, gerösteter Aal, Pasteten; außerdem die erlesensten Beilagen sowie zehn Schiffe mit Konfekt und Zuckerwerk. Es mag uns heute eine solche Speisefolge Bewundern (oder Schaudern?) abnötigen. Allfällige Sorgen um das Wohlbefinden der Gäste erweisen sich allerdings als unbegründet. Der überwiegende Teil der Süßigkeiten wurde vom *piano nobile*, also vom oberen Stockwerk aus, wo sich die Gemächer der Herrschaften befanden, dem Volk auf der Piazza zugeworfen. Was an Fleisch übrig blieb, verteilte das Gesinde des Kardinals gemäß biblischem Vorbild und kirchlicher Vorschrift an die Armen.

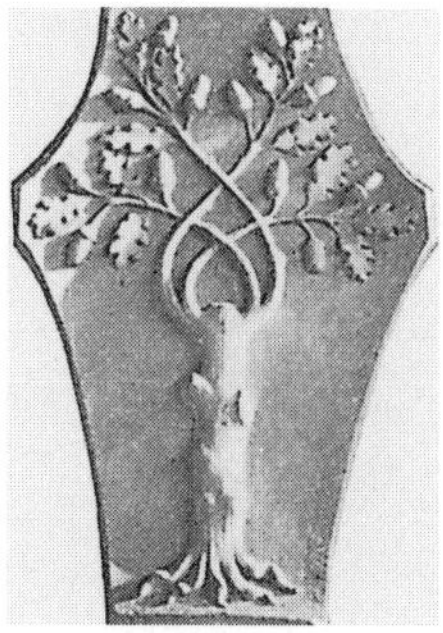

Familienwappen der della Rovere.

Finanziert wurde das alles vom Franziskaner-Papst Sixtus IV., welcher drei Jahre, bevor Prinzessin Leonora mit ihrem Gefolge in Rom aufkreuzte, zum Nachfolger des heiligen Petrus erwählt worden war. Sixtus selber war bei dem besagten Gastmahl bloß indirekt anwesend; die zum Nachtisch gereichten eichelförmigen Zuckermandeln erinnerten an sein Wappen (Sixtus entstammte dem Adelsgeschlecht der della Rovere, und *rovere* bedeutet Eiche).

Darstellung des Kardinals Pietro Riario von seinem Grabmal.

Weshalb dieser ganze Aufwand? Dem Herrscher über den Kirchenstaat lag an guten Beziehungen zwischen Neapel und den oberitalienischen Fürstenbündnissen. Der Empfang der durchreisenden Prinzessin und künftigen Herzogin von Ferrara bot eine günstige Gelegenheit, diese Wünsche nachhaltig zu demonstrieren – Essen als Schachzug im kirchendiplomatischen Spiel. Nur am Rande sei vermerkt, dass der zügellose Pietro Riario, kurz bevor er am 5. Januar 1474 das Zeitliche segnete, Einsicht zeigte, sich bekehrte und friedlich verstarb. Sein Grabmal, welches eine Muttergottes mit Kind zeigt, befindet sich im linken Seitenschiff der Kirche Santi Apostoli, vor der einst jenes denkwürdige, von ihm organisierte Bankett stattgefunden hatte.

Gefüllte Putenschnitzel

Der Gedanke an die vielen Arten von Geflügel, welche bei dem besagten Festmahl aufgefahren wurden, machen uns Appetit auf die gefüllten Putenschnitzel, von denen wir schon lange nicht mehr gekostet haben.

8 große dünne Putenschnitzel	*etwas Senf, 1/2 TL Salz*

Füllung:

1 EL Senf	*2 EL Parmesan*
30 g Speckwürfel	*Streuwürze*
1 Knoblauchzehe	*40 g Leberstreichwurst*
1 altbackene Semmel	*20 g getrocknete Steinpilze*
1 Bund Petersilie	*1 Ei*
1 kleine gehackte Zwiebel	*100 ml Milch*

Soße für Putenschnitzel:

200 ml Bratensoße	*100 ml trockener Weißwein*
50 ml Sahne	*weißer Pfeffer, Salz*

Die Speckwürfel in einer Pfanne erhitzen und das Fett auslaufen lassen. Die Knoblauchzehe in Stücke und die Semmel in Würfel schneiden. Die Steinpilze 30 Minuten in lauwarmem Wasser einweichen. Von der Petersilie die Stiele entfernen. Alles zusammen mit den übrigen Zutaten für die Füllung vermengen und im Mixer mit dem Schneidemesser zu einer glatten Masse verarbeiten. Die Schnitzel auf der Außenseite mit Salz und Senf einreiben und auf der Innenseite mit der Füllung bestreichen. Zu Rouladen rollen und diese mit einem Zahnstocher verschließen.

Die Rouladen gut anbraten. Den Fond mit etwas Weißwein ablöschen und in die Bratensoße geben. Diese mit dem restlichen Weißwein und der Sahne verfeinern und abschmecken. Die Rouladen hinzufügen und auf kleiner Flamme etwa eine Viertelstunde köcheln. Dazu gibt's Gemüse und Reis oder Kartoffelbrei.

Schweinsfilet im Blätterteig nach meiner Art

Wer kein Geflügel mag, hat die Möglichkeit, auf ein Schweinsfilet im Blätterteigmantel auszuweichen. Die Füllung ist die gleiche wie jene für das Putenschnitzel; allerdings benötigen wir dazu gut die doppelte Menge.

1 Blätterteig (tiefgefroren)	*1 kleine Hand voll gehobelte Mandeln*
1 Eigelb	*5 Scheiben durchzogener Speck*

Füllung: siehe oben, unter Gefüllte Putenschnitzel

Das Filet säubern und mit Speckscheiben umwickeln und auf den Blätterteig legen. Die Füllung darüber verteilen, alles in den Teig einwickeln, diesen mit Eigelb bestreichen und mit den gehobelten Mandeln bestreuen. 30 Minuten bei 220° backen.

Nicht nur in Rom, auch in vielen anderen Städten und Gegenden kam es innerhalb der sakralen Bezirke gelegentlich zu Veranstaltungen, die eher lukullischen als religiösen Charakter hatten. Dass dabei oft ausgerechnet die Wallfahrtskirchen von der fortgeschrittenen Abenddämmerung bis zum frühen Morgengrauen zu Schänken und Spelunken umfunktioniert wurden, hängt zu einem guten Teil mit der fehlenden Infrastruktur im mittelalterlichen Pilgerwesen zusammen. Wir besitzen viele Belege dafür, dass manche wallfahrende Wandervögel an den Grabstätten der Heiligen mehr die Frivolität als die Frömmigkeit pflegten. Offenbar wollten sie noch einmal so richtig über die Stränge hauen, bevor sie dann am Tag nach ihrer Ankunft an den heiligen Orten ihre Sünden beichteten. Jedenfalls sah sich die Synode von Avignon im Jahre 1209 genötigt, die Übernachtung in Kirchen zu verbieten, weil die dort untergebrachten Pilgersleute die Ruhestunden vorzugsweise mit dem Absingen von Liebesliedern und erotischen Tänzen verbrachten. Wobei die Händler vor Ort Sorge trugen, dass es bei den damit verbundenen Ess- und Trinkgelagen an Nachschub nicht fehlte.

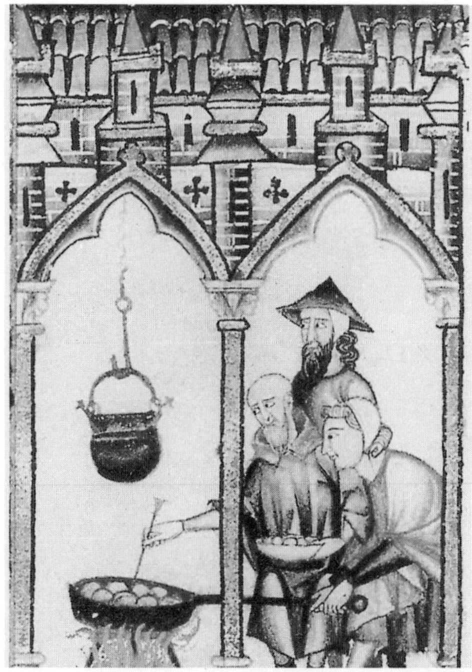

Pilger beim Mahl, Miniatur aus einer Handschrift der Cantigas de Santa Maria (Marienlieder) des Königs Alfons' X., der Weise, Spanien, 13. Jh.

Ähnliche unheilige Begleiterscheinungen der Wallfahrt schildert im 14. Jahrhundert Geoffrey Chaucer in seinen *Canterbury Tales.* Die bunt zusammengewürfelte Gesellschaft, die zum Grab des heiligen Thomas Becket pilgert, hält wenig von erbaulichen Reden, sondern zieht es vor, sich die Zeit mit anzüglichen Geschichten zu verkürzen, was wiederum dazu führt, dass manche Wallfahrer, statt den Geist zu läutern, an ihrer Seele Schaden nehmen. Im Übrigen findet niemand etwas dabei, dass sich unter den 29 Pilgersleuten, die dem Grab des heiligen Thomas zustreben, auch einer befindet, welcher statt auf sein ewiges Heil zu sinnen ständig nur an seinen leeren Magen denkt.

Dieser, ein rotwangiger Gutsherr, war schon am frühen Morgen einem in Wein getunkten Stück Brot nicht abhold. Seine höchste Wonne waren Essen und Trinken, denn wie alle echten Jünger Epikurs hielt er es damit, dass wahre Glückseligkeit nur im Genuss zu finden sei. Er führte ein gastfreies Haus, für das er berühmt war wie Julian, der Patron der Gastlichkeit. Brot und Wein waren bei ihm stets vorzüglich, sein

Keller galt als unübertrefflich, und nie mangelte es ihm an Fleisch oder Fisch, sodass es zuweilen schien, als regne es in seinem Hause Speis und Trank. Je nach Jahreszeit ließ er die verschiedensten Gerichte auffahren. Rebhühner sonder Zahl drängten sich in seinem Geflügelschlag, und Brassen und Hechte tummelten sich in seinen Teichen. Sein Koch konnte etwas erleben, wenn einmal eine Soße nicht pikant genug geriet oder sein Herr ihn unvorbereitet antraf! Den lieben langen Tag harrte die gedeckte Tafel der Gäste.

Nicht nur in Kirchen, auch auf Friedhöfen ging es zuweilen recht feuchtfröhlich zu, eine Unsitte, deren Wurzeln bis in die römische Kaiserzeit zurückreichen. Wie ihre heidnischen und jüdischen Mitbürger und Mitbürgerinnen pflegten sich auch die Christinnen und Christen am Todestag ihrer verstorbenen Angehörigen an deren Gräbern zu versammeln, wobei das Totengedenken häufig mit einer Agape verbunden war. Dieses anfänglich eher bescheidene »Mahl der Nächstenliebe« sollte dem Zusammenhalt der christlichen Gemeinschaft dienen. Später fanden solche Agapen auch in Kirchen statt; an Hochfesten wie Ostern oder Weihnachten bildeten sie mancherorts den Abschluss des Gottesdienstes. Dieser fromme Brauch schloss zumeist auch eine Armenspeisung mit ein. Doch bereits der Apostel Paulus sah sich gezwungen, gegen Missbräuche einzuschreiten – nachzulesen im elften Kapitel seines ersten Briefes an die Gemeinde der dekadenten Hafenstadt Korinth.

Von gelegentlichen Auswüchsen anlässlich der in den ersten christlichen Jahrhunderten immer häufiger praktizierten Agapen ist auch später häufig die Rede. Offenbar wurde der Wunsch nach Gemeinschaft schon bald vom Bedürfnis nach Geselligkeit verdrängt, sodass das Mahl der Liebe immer öfter zu einem Liebesmahl geriet, bei dem nicht mehr Jesus und Maria angerufen, sondern Bacchus und Venus gefeiert wurden. Diesen Verfall der Sitten haben die Bischöfe von Mailand (Ambrosius) bis Karthago (Augustinus) zu Recht bekämpft, allerdings mit mäßigem Erfolg.

Dass der Wein und andere geistige Getränke bei geistlichen Zusammenkünften eine herausragende Rolle spielten, beklagt schon der heilige Augustinus in einem seiner Sermone: »*Diversis nominibus incipiunt bibere, non solum vivorum hominum, sed et Angelorum et reliquiorum Sanctorum* – auf das Wohl sehr verschiedenartiger Geschöpfe leeren sie ihre Becher, nicht nur auf jenes ihrer Bekannten, sondern auch zu Ehren der Engel und der Reliquien der Heiligen.« Tatsächlich war es in manchen Gegenden üblich, die liturgischen Feiern am Gedenktag des Kirchen- oder Landespatrons wie auch die kirchlichen Hochfeste mit einem Umtrunk zu beschließen. So bezeichneten die Dänen Weihnachten als »Fest des Horns«, weil sie an diesem Tag nach dem Gottesdienst dem Trunk aus ihren mitgebrachten Hörnern über die Maßen zusprachen. Die Irländer mochten den Schlusssegen der Weihnachtsmesse gar nicht erst abwarten, um ihre vergoldeten Hörner zu leeren. Bei den Norwegern hingegen artete dieser Festtag aus in eine wilde Zecherei zu

Ehren des heiligen Olav, der ihnen im Jahre 995 das Christentum verordnet hatte. Der Klerus sah in diesem Tun nichts Verwerfliches; nur so ließ sich angeblich vermeiden, dass die Untertanen einander auf das Wohlergehen der falschen Götter zuprosteten.

Neben anderen Kirchenversammlungen verurteilte auch eine im Jahre 1127 in Nantes abgehaltene Synode die Gepflogenheit, die Gottesdienste in den Kirchen *in amorem Sanctorum*, aus Verehrung zu den Heiligen, mit einem Zechgelage zu beschließen. Aber es brauchte noch ein paar Jahrhunderte, bis sich das Bewusstsein durchzusetzen vermochte, dass man die Heiligengedenktage nicht unbedingt mit einem öffentlichen Besäufnis begehen muss.

Da und dort stoßen wir noch heute auf verwischte Spuren der alten Bräuche. In einigen Mittelmeerländern besucht man nicht schon am Nachmittag von Allerheiligen, sondern am Allerseelentag selber die Gräber der verstorbenen Angehörigen. Vor manchen Friedhöfen findet bei dieser Gelegenheit eine Kirmes statt, was eine für nordisches Empfinden vielleicht etwas ungewohnte, aber wenn wir es recht bedenken, letztlich gar nicht so abwegige Art ist, den Glauben an den Sieg des Lebens über den Tod zu bezeugen.

Wo, wenn nicht hier, wäre der Ort, ein paar Rezeptlein für Cocktails einer breiteren Öffentlichkeit bekannt zu machen? Wobei wir, im Gegensatz zu manchen unserer Altvordern, streng darauf bedacht sind, Maß zu halten – und hoffen, dass uns das gelingen möge.

Cocktails

Alegria

100 ml frisch gepresster Karottensaft
70 ml frisch gepresster Ananassaft
70 g reife Erdbeeren
2 Spritzer Süßstoff
Mineralwasser

Die Zutaten im Mixer pürieren, auf vier Eiswürfel geben und mit Mineralwasser auffüllen. Eignet sich sowohl als Durstlöscher wie als Aperitif – insbesondere für Wagenlenker und -lenkerinnen, welche wissen, dass die Vernunft Vorfahrt hat.

Red Angel

10 ml Bacardi black
20 ml roter Portwein
15 ml Triple-sec-Likör
15 ml Rose's Lime Juice

Zutaten auf Eis schütten und gut durchmischen. Probieren und eine Kusshand zum Schutzengel und ein Dankeswort zum Himmel schicken.

Bellini

1 Teil Pfirsichsaft ***2 Teile Prosecco***

In das vorgekühlte Glas gießen und umrühren. Schon beim ersten Schluck werden Sie sagen: »Und die Bibel hat doch Recht.« Oder steht dort etwa nicht geschrieben, dass der Wein des Menschen Herz erfreut?

Greyhound

50 ml Wodka ***100 ml Grapefruitsaft***

Beides auf 3–4 Eiswürfeln verrühren. Sollten Sie den Cocktail nicht grau mögen, ersetzen Sie die Pampelmuse durch Orangen. Aber Vorsicht: Wenn Sie zwei Gläser davon trinken, sehen sie doppelt, nach dem dritten vermutlich rot.

White Lady

20 ml Gin ***15 ml Zitronensaft***
15 ml Cointreau oder Grand Marnier

Die Zutaten auf Eiswürfel schütten und gut vermischen. Und die Zeremonie nicht zu oft wiederholen. Sonst werden Sie der weißen Lady schon bald im Krankenhaus auf deren Standardfrage antworten (»Na, wie fühlen wir uns denn heute?«).

Die Kardinäle werden auf Diät gesetzt

Nachdem Papst Cölestin III. 1198 nach einem siebenjährigen Pontifikat gestorben und bestattet worden war, versammelten sich die Kardinäle im Septizonium. Dieser unter Kaiser Septimus Severus im Jahre 203 n. Chr. auf dem Palatin errichtete Prachtbau allerdings war längst zu einer Ruine verfallen, und später erst als Gefängnis und dann als Klosteranlage genützt worden. Die erwähnte Zusammenkunft der Kardinäle ist insofern denkwürdig, als sie das erste Konklave in der Geschichte der Kirche darstellt.

Wie kam es überhaupt dazu, dass der Bischof von Rom zum Oberhaupt der Christenheit bestellt wurde? Dem Zeugnis der Apostelgeschichte zufolge war Jerusalem die Wiege und der Hauptsitz der Kirche. Dass sich ausgerechnet Rom sehr bald zum Zentrum der Christenheit entwickelte, hat vornehmlich zwei Gründe. Bekanntlich stieß die neue Lehre in Palästina auf Widerstand, was dann zu einer regen Missionstätigkeit in anderen Gebieten des römischen Weltreiches führte. Im Zuge dieser Entwicklung – und dies ist der zweite Grund – gelangte Petrus, der unter den Aposteln offensichtlich eine Vorrangstellung einnahm, nach Rom, wo er, vermutlich im Jahre 64, den Martertod erlitt.

Rom aber war Hauptstadt und Mittelpunkt des Imperiums. Deshalb versteht es sich eigentlich von selbst, dass dem dortigen Gemeindeleiter von Anfang an eine herausragende Stellung zukam.

Konklave von 1549 (Papstwahl Julius' III.), Kupferstich aus Bartolomeo Scappis »Opera«. Jeder Kardinal wurde zum Konklave von seinem privaten Majordomus geleitet, der sich um die Speisen seines Herrn kümmern durfte. Die Reihenfolge beim Servieren wurde durch das Los ermittelt. Wie der Kupferstich zeigt, wurde nach dem Vorkosten in der Küche ein weiteres von mehreren, ebenfalls durch das Los bestimmten Bischöfen vorgenommen. Die Vorkoster befanden sich im Vorzimmer zu dem geschlossenen Saal, in dem das Konklave stattfand. Über eine rotierende Durchreiche gelangten die Gerichte zu den Kardinälen. Da die Vorkoster – unter ihnen Scappi – ihre Sache gut machten, führten manche Spötter die Länge des Konklaves auf die Kochkünste zurück.

Wie allerorts in den frühen Christengemeinden wurde auch der Oberhirte von Rom vom Stadtklerus und vom Volk in dieses Amt berufen. Bei den Gewählten, die nicht schon Bischöfe sein durften, handelte es sich in der Regel um Männer, die sich in der Metropole besonders profiliert hatten. Unter diesen befanden sich natürlich nicht nur Römer, sondern auch Afrikaner, Griechen oder Syrer, die in der Hauptstadt ansässig waren. Die Bischofsweihe wurde jeweils von den Nachbarbischöfen vorgenommen, die übrigens an der Wahl mitbeteiligt waren.

Seit dem 4. Jahrhundert kam es häufig vor, dass römische Kaiser oder germanische Herrscher die Wahl des Papstes (wie man den Nachfolger des Petrus jetzt nannte) zu beeinflussen suchten. Vom 5. Jahrhundert an verdrängte die Stadtaristokratie das einfache Volk aus dem Wahlgremium. Später, als die Papstwahl immer wieder zu erbitterten Kämpfen unter den einflussreichen Familien führte, wagte Stephan IV. im Jahre 769, den Laien und ihren Fraktionen das Wahlrecht abzusprechen. Fortan blieb es den Kirchenmännern vorbehalten, den Stuhl Petri neu zu besetzen. Im Jahre 1059 arbeitete Nikolaus II. ein Statut aus, nach welchem einzig die Kardinäle befugt waren, den Papst zu wählen. Ab 1198 fand diese Wahl unter Ausschluss der Öffentlichkeit statt – eben im Konklave (»unter Verschluss«, d.h. in einem verschlossenen Haus).

Eine traurige Berühmtheit erlangte das Konklave von Viterbo, welches 1271 einer dreijährigen Sedisvakanz ein Ende setzte – und auch dies nur unter massivstem Druck der Öffentlichkeit.

Als sich die siebzehn zur Wahl versammelten Kardinäle auf keinen Kandidaten einigen konnten, beschlossen die Behörden jener Stadt, sie im Papstpalast einzusperren. Kurzerhand vermauerten sie den Zugang und reichten den Wählern nur noch Wasser und Brot durch ein Fenster. Als auch diese Maßnahme nichts fruchtete, trugen einige Bürger gar noch das Dach ab, sodass die Kardinäle buchstäblich im Regen saßen.

Gregor X., der aus dieser denkwürdigen Wahl hervorging, zog aus den Vorkommnissen eine Lehre. In einer Bulle, die am 7. Juli 1274 gegen den Widerstand der Kardinäle aber mit Unterstützung der Bischöfe auf dem Konzil von Lyon angenommen wurde, verfügte er, dass die Kardinäle sich zehn Tage nach dem Tod eines Papstes an dessen Sterbeort zu versammeln hatten, und zwar in einem einzigen Raum ohne Zwischenwände oder Vorhänge, den niemand betreten oder verlassen durfte. Und niemand durfte mit den Kardinälen sprechen oder sie heimlich treffen. Bei Wahlverzögerungen sollte nach fünf Tagen der Speiseplan geschmälert werden; nach acht Tagen gab es nur noch Wasser, Brot und Wein. Ausgeweitet wurde diese Diät auch auf die Diäten; während der ganzen Dauer des Konklaves erhielten die Versammelten keine Bezüge.

Olivenbrot

250 g Vollkornmehl
250 g Halbweißmehl
1 TL Salz
20 g Frischhefe
1 Hand voll entsteinte schwarze Oliven
350 ml Wasser

Das Mehl in einer Schüssel mit dem Salz vermischen. Die in etwas Wasser angerührte Hefe und anschließend das restliche Wasser dazugeben. Alles zu einem Teig zusammenstreichen. Die Oliven in Stücke schneiden und darunter mischen. Den Teig mit den Handballen auf dem mit Mehl bestäubten Tisch gut durchkneten und dabei immer wieder dehnen, bis er, nach etwa 10 Minuten, weich und geschmeidig ist und sich zu einer glatten Kugel formen lässt. Den fertigen Teig in die Schüssel legen, die Oberfläche mit etwas Wasser besprengen und 2 Stunden mit einem Tuch bedeckt bei Zimmertemperatur aufgehen lassen. Vor dem Backen dem Teig die Form eines Pariserbrotes geben und dann zu einem Ring formen und diesen auf ein mit Mehl bestäubtes Kuchenblech legen. Den Teigring mit der Schere oder einem Messer abwechslungsweise außen und innen im Abstand von etwa 5 cm zu 3/4 einschneiden und nach jedem Einschnitt das entsprechende Teigstück etwas nach außen bzw. ins Innere des Ringes ziehen. Den Teig nach dem Formen nochmals etwa eine halbe Stunde bei Zimmertemperatur ruhen lassen, damit er gut aufgeht, dann auf ein Backblech legen und dieses in die Mitte des auf 220° vorgeheizten Ofens schieben. Nach einer guten Viertelstunde die Hitze auf 180° reduzieren und eine weitere halbe Stunde backen. Das fertige Brot mit ein paar Tropfen Wasser besprengen und auf einem Gitter auskühlen lassen.

Vom 16. Jahrhundert an fanden die Konklaven fast durchwegs in Rom statt, in der Regel im Kloster S. Maria sopra Minerva, in der Sixtinischen Kapelle oder im Quirinalpalast, wo die Päpste zeitweise ihren Wohnsitz hatten.

Modifikationen des Wahlmodus hat es in den letzten Jahrhunderten immer wieder gegeben. Nach einer 1975 erlassenen Bestimmung verlieren die Kardinäle im Alter von achtzig Jahren ihr Wahlrecht. Die Übrigen sind gehalten, sich spätestens zwanzig Tage nach dem Tod eines Papstes ins Konklave zurückzuziehen und die Wahl vorzunehmen. Nach wie vor gilt die Vorschrift, »Tag und Nacht bis zum Ausgang der Wahl ohne Verbindung mit Personen oder Dingen von außen zu bleiben«. Im Klartext: Nicht nur Besuche, sondern auch Zeitungen, Radio und Fernsehen sind verboten – und natürlich auch Handys.

1990 beschloss Johannes Paul II., dass die Konklaven künftighin im Hospiz

Santa Marta im Westteil des Vatikans stattfinden sollen. Zu diesem Zweck wurde das Gebäude 1993 einer vollständigen Restaurierung unterzogen und entsprechend der vorgesehenen Höchstzahl von Wählern mit 120 kleinen Appartements ausgestattet. Die Abstimmungen können weiterhin in der Sixtinischen Kapelle stattfinden, welche über die Sakristei und die Petersbasilika leicht und diskret zu erreichen ist.

Dem 1903 von Pius X. erlassenen, offiziell nie widerrufenen Verbot für Kupferbehälter für die Küche der Kardinäle wird man vermutlich keine allzu große Bedeutung mehr beimessen, weil die Voraussetzungen, die dazu führten, kaum mehr gegeben sind. Damals hatte ein Kupfertopf mit einem Fehler im Überzug dazu geführt, dass der zeitliche Rhythmus des Konklaves arg durcheinander geriet, da die Kardinäle mit einer Vergiftung und den damit verbundenen Darmstörungen zu kämpfen hatten. Lediglich drei Wähler blieben von diesem Malheur verschont, nämlich Kardinal Mariano Rampolla, der seinen persönlichen Koch mitgebracht hatte, der Erzbischof von Wien, der sein Essen aus der Kantine der Schweizergarde bezog, und der Primas von Ungarn, der sich seine Diät von einer Ordensschwester zubereiten ließ. Muss man noch eigens betonen, dass die Teller und die darauf präsentierten Gerichte sorgfältig auf verdächtige Botschaften hin untersucht wurden, bevor sie ins Konklave gelangten?

Tod im Metzgerladen

Geschichten wie die folgende gehören eigentlich nicht in ein Buch, in welchem vom Essen die Rede ist. Oder vielleicht doch?

Der Protagonist, Benoît-Joseph Labre, wurde am 26. März 1748 als ältestes von 15 Kindern im französischen Amettes geboren. Als 12-Jähriger kam er zu einem Onkel, der Pfarrer war und ihm ein paar Brocken Latein beibrachte. Vier Jahre später setzte er sich in den Kopf, in ein Trappistenkloster einzutreten. Die Eltern widersetzten sich.

Später versuchte er es bei den Kartäusern, die ihn bald wieder wegschickten. Auch die Zisterzienser trauten ihm nach sechswöchiger Probezeit nicht zu, ihr strenges Leben zu teilen. Sie bemängelten seine innere Unruhe, seine unausgeglichene Art und seine mangelnde Frömmigkeit.

1769 bricht Benedikt Labre in Richtung Rom auf. 1770 treibt er sich im Piemont herum; von dort erreicht seine Eltern sein letztes (schriftliches) Lebenszeichen. In Italien erkennt er, dass Gott ihn nicht im Kloster haben will, sondern ihn auf die Straße gesetzt hat. Die wird nun sein Zuhause. Die Nächte verbringt er unter Bäumen, im Wald, im Schutz von Sträuchern und Büschen. Ungepflegt, übel riechend und zerlumpt, im Gepäck nur eine Bibel, die *Nachfolge Christi* und ein Brevier, durchwandert er halb Europa. Er wallfahrtet nach Loreto, pilgert nach Santiago de Compostela, besucht den heiligen Nikolaus in Bari und den Erzengel Michael in Monte Gargano; dann wieder taucht er in Neapel auf und in Assisi. Irgendwann wird er im schweizerischen Einsiedeln gesichtet. In Frankreich begegnet man ihm mit Misstrauen, aber auch mit Ehrfurcht. Tatsache ist, dass man im Hospiz von Paray-Le-Monial die Brosamen, die er auf dem Tisch zurücklässt, als Reliquien verwahrt.

Seine letzten Jahre verbringt der *Santo francese*, wie man ihn nun nennt, in Rom. Tagsüber treibt er sich auf den Straßen und in den Kirchen herum. Nachts sucht er Schutz in einem dunklen Winkel des Kolosseums. Seine einzige Nahrung besteht aus etwas Grüngemüse und Brot, das Mitleidige ihm schenken.

An einem Aprilmorgen des Jahres 1783 findet man ihn bewusstlos in der Nähe der Kirche Santa Maria dei Monti, an der *Via dei Serpenti*. Am 16. April stirbt Benoît-Joseph Labre, der mehr als drei Jahrzehnte lang keine Faser Fleisch mehr kostete, ausgerechnet im Hinterhof einer nahen Schlachterei, wohin man den Ohnmächtigen gebracht hatte.

Jetzt hat er endlich auch ein Dach über dem Kopf, nämlich in Santa Maria dei Monti, wo vor allem französische Rompilger noch heute sein Grab aufsuchen.

Auch Geschichten wie diese gehören in ein Buch, in welchem vom Essen die Rede ist. Sie lehren uns das Maßhalten. Und sie erinnern uns daran, dass auch eine einfache Gemüsemahlzeit genügt, um den Hunger zu stillen.

Lauchauflauf mit Kräutern

150 g Lauch (nur die weißen Teile) in feinen Streifen
1 mittelgroße fein gehackte Zwiebel
25 g Butter
2 Eier
100 ml Sahne
50 ml Milch
2 EL geriebener Parmesan
1 TL fein gehackte Petersilie
1 TL fein gehackter Rosmarin
Salz, Pfeffer

Den Ofen auf 160° C vorheizen. Vier Souffléförmchen ausbuttern. Lauch und Zwiebel in der restlichen Butter ca. 4 Minuten dünsten und mit den übrigen Zutaten in einer Schüssel gut vermengen. Die Mischung in die Förmchen füllen und im heißen Ofen garen, bis der Auflauf fest ist – also etwa 15–20 Minuten. Als kleine Vorspeise mit Weißbrot servieren oder zu gedünstetem oder gegrilltem Fisch als Beilage reichen.

Arrivederci Roma

Am Abend vor der Rückreise gehen wir im *Centro storico*, in der römischen Innenstadt, essen. Die Trattoria *Albanese*, ein kleines Lokal unweit Santa Maria dei Monti, der Grabeskirche von Benoît-Joseph Labre, in der *Via dei Serpenti* ist dafür die geeignete Adresse; der Straßenname geht auf die Darstellung eines schlangenumschlungenen Laokoon zurück, welche im 17. Jahrhundert die Fassade eines Palazzo zierte. Beim Albanesen vergessen wir das Heimweh, das sich schon am Nachmittag in unser Herz geschlichen hat und von Stunde zu Stunde schmerzlicher zu spüren ist. Natürlich gilt dieses Heimweh nicht unserem Zuhause droben im Norden, sondern der Ewigen Stadt, von der wir morgen Abschied nehmen.

Nach der Vorspeise (*Frutti di mare con un tocco di aceto balsamico*) taucht die alte Rosenverkäuferin mit dem grauen Kopftuch und den zwei übereinander getragenen knöchellangen Röcken auf, die am Nachmittag vor dem Pantheon in der Sonne saß und die zu Rom gehört wie die Unfehlbarkeit zum Papst.

Meeresfrüchtesalat

300 g Tintenfische in kleinen Stücken
150 g Miesmuscheln
100–200 g Scampi
1 kleine Karotte
etwas Stangensellerie
1/2 Lorbeerblatt
1 Knoblauchzehe, sehr fein gehackt
5 EL Olivenöl
2–3 EL Rotweinessig
1 EL Balsamessig
Salz
weißer Pfeffer

Die Meeresfrüchte kaufe ich fertig, also bereits gekocht. Das Lorbeerblatt zerbröseln, die Karotte und den Stangensellerie in kleine Ringe schneiden. Essig, Öl, Salz und Pfeffer gut miteinander verrühren. Alle übrigen Zutaten darunter mischen. Den Salat mindestens 1 Stunde im Kühlschrank ziehen lassen. Je nach Jahreszeit eine halbe bis eine Stunde vor dem Servieren aus dem Kühlschrank nehmen. Dass die Soße etwas reichlich geraten ist, werden nur Banausen bemängeln. Kenner und Kennerinnen tunken sie mit dem Stangenweißbrot auf, das dazu gereicht wird.

Nur wenig später, wir tafeln ja in einer einfachen Trattoria und delektieren uns gerade an den *Tortellini alla salvia*, steht auf einmal eine Zigeunerin am Tisch und ergreift unsere Hand. Sie studiert die Lebenslinie und die Schicksalskurve und verheißt uns *fortuna nell'amore.* Für diesen keineswegs überraschenden und doch erfreulichen Bescheid geben wir ihr einen Euro und die Rose, die wir der Blumenfrau abgekauft haben. Die Flasche mit dem *Vino dei Castelli* ist inzwischen fast leer. Die *Carciofi* sind bis aufs letzte Blättchen aufgegessen und von dem zarten *Abbacchio* mit der knusprigen Kruste liegt bloß noch der Knochen auf dem Teller, als ein Sänger und ein Gitarrist das Lokal betreten und uns mit einem Lied in Stimmung bringen wollen: *Arrivederci Roma, goodbye, au revoir...*

Tortellini alla salvia

400 g Tortellini
1 Hand voll frische Salbeiblätter
wenig Mehl, 70 g Butter
3 EL geriebener Parmesan

Die (mit Fleisch oder Ricotta gefüllten) Tortellini in reichlich Salzwasser al dente kochen. Kurz vor Ende der Kochzeit 3/4 der Salbeiblätter in etwas Mehl wenden und in der erhitzten Butter eher an- als ausbacken. Die abgegossenen Tortellini in die Pfanne mit der Butter geben, mit den restlichen Salbeiblättern vermischen und den Käse unterziehen. Fertig! Man kann die Buttermenge auch etwas reduzieren und dafür ein wenig Sahne verwenden. Selbstverständlich eignet sich diese Soße auch für andere Teigwaren.

Abbacchio (Milchlamm)

1 kg Milchlamm (entbeinte Schulter) in Stücken
Olivenöl
Salz
Pfeffer
1 Zweiglein Rosmarin
wenig Mehl
4 EL Rotweinessig
1 durchgepresste Knoblauchzehe
150 ml trockener Weißwein

Die Fleischstücke in heißem Öl in einer Kasserolle scharf anbraten, bis sie goldgelb sind. Mit wenig Salz und reichlich Pfeffer bestreuen. Knoblauch und Rosmarin dazugeben und das Fleisch mit etwas Mehl bestäuben und wenden. Den Essig mit dem Weißwein vermischen und dazugießen. Die Hitze reduzieren und je nach Größe der Fleischstücke etwa 15–20 Minuten schmoren. Am Schluss soll die Soße fast eingekocht und der *Abbacchio* saftig sein. Dazu reiche ich Bratkartoffeln und/oder Artischocken nach römischer Art.

Carciofi alla romana (Artischocken nach römischer Art)

4 Artischocken
2–4 Knoblauchzehen
Salz, Pfeffer, gehackte Minze
wenig Olivenöl

Den Stiel der Artischocken so beschneiden, dass nur der hellgrüne Teil übrig bleibt. Die äußeren Blätter sowie das obere Drittel der Artischocke wegschneiden. In die ein wenig geöffneten Blätter ein paar Knoblauchstifte stecken und Salz, Pfeffer und gehackte Minze darüberstreuen. Die Artischocken mit dem Kopf nach unten in einen Topf mit etwas Wasser und Olivenöl stellen und bei geschlossenem Deckel ungefähr 45 Minuten auf mittlerer Hitze dünsten. Vor dem Auftragen mit dem eingekochten Sud übergießen.

Die drei Jesuiten von der Gregoriana-Universität am Nebentisch (ein australischer Fundamentaltheologe, ein französischer Dogmatiker und ein deutscher Exeget, der früher dem Päpstlichen Bibelinstitut vorstand) lassen sich in ihrer Diskussion über die Historizität der biblischen Wundergeschichten nicht stören. Auch auf die anwesenden Römer und Römerinnen macht der Caruso, der tagsüber in einer Garage lädierte Autos repariert, keinen besonderen Eindruck. Ein paar Ausländer summen die Melodie mit und eine Touristin aus der Gruppe wiegt erst den Kopf und dann den ganzen Oberkörper; pathetisch breitet der Sänger die Arme aus, als wolle er die blonde Schöne an sich drücken, während der Gitarrenspieler so tut, als würde er die Saiten einzig für sie schlagen. Da verlieren sogar die drei Theologen von der Gregoriana für einen Augenblick den metaphysischen Boden unter den Füßen. Denn diese *Canzone* hat es in sich; ihre süßtraurige Melodie betört das Herz, während der Text im Unterbewusstsein nach einem Nistplatz sucht.

Unsere anfängliche Schwermut ist verflogen, weil wir plötzlich wissen, dass wir jetzt zwar zum ersten (oder schon zum zehnten), aber ganz sicher nicht zum letzten Mal in Rom sind. Um diese Stadt wieder zu sehen, werden wir alle Streiks und den ganzen Schmutz, die verpestete Luft und sogar die neuerdings aus dem Boden schießenden McDonalds-Futterkrippen in Kauf nehmen. Schließlich waren größere Geister schon schlimmeren Plagen ausgesetzt. Hat sich ein August von Platen vielleicht davon abhalten lassen, Rom in den Jahren 1827 und 1828 ein zweites und ein drittes Mal zu besuchen, bloß weil »vor allem in den Nebengassen aus den Fenstern von oben der Kot auf die Fußgänger niederprasselt« (wie er selber eher belustigt als bestürzt bemerkt)? Brach nicht schon der Hofgerichtssekretär Joseph Viktor Scheffel aus Bruchsal in ein begeistertes »Evviva Roma« aus, als er 1852 die Peterskuppel erblickte? Und verstellten diesem »deutschen Doctor« die »schmutzigen Straßen und das unconfortable Äußere« der Stadt vielleicht den Blick für deren Zauber? Hat Werner Bergengruen nicht wenigstens ein Stück weit Recht, wenn er erklärt: »Wer einmal, und sei es noch für eine so sparsam bemessene Zeit, in Rom war, der hat in Jahrhunderten und in Jahrtausenden gelebt«?

Alle Beschwernisse und Unannehmlichkeiten, die Rom in so reichem Maße bietet, werden aufgewogen von einer Atmosphäre, die man sonst nirgends findet. Rom macht süchtig, und wer einmal für ein paar Tage in diesem Babylon gelebt hat, den zieht es immer wieder dorthin zurück.

Inzwischen ist der Gesprächston der Jesuitentheologen etwas verhaltener geworden; sie scheinen in Sachen Wunderüberlieferung doch noch zu einem Minimalkonsens hingefunden zu haben (ob dieser mit der Position der Glaubenskongregation konform geht, haben wir leider nicht so genau mitbekommen). Die Touristen haken sich jetzt einer beim andern ein und geben der versammelten Gästeschar bekannt, dass auf Hawaii wieder einmal das Bier ausgegangen ist. Angesichts dieses teutonischen Hordenverhaltens verstummen die einheimischen Gäste schlagartig, und eine Römerin sagt *sehr* laut und in bestem Deutsch, was alle denken: »Ist das wirklich nötig?« Und wir bemerken jetzt erst die kleine Thailänderin, welche uns wohl schon eine ganze Weile zulächelt und mindestens drei musizierende Feuerzeuge verkaufen möchte.

Wir erteilen ihr eine Absage und bestellen noch einen *mezzo litro* Castelliwein. Und malen uns aus, was wir bei unserem nächsten Rombesuch besichtigen werden: das an *S. Maria sopra Minerva* angebaute Dominikanerkloster, in dem früher die Inquisition ihren Sitz hatte und in dessen Kreuzgang verwitterte Fresken mit den Portraits der berüchtigtsten Ketzerjäger zu sehen sind, von denen einige schließlich selbst enthauptet wurden; dann natürlich den berühmten *passetto*, eine im Jahre 1277 geschaffene Verbindung zwischen dem Vatikanischen Palast und der Engelsburg, die später mehreren Päpsten in besonders dramatischen Situationen als Fluchtweg diente und der jetzt neu restauriert ist; ferner eines der wenigen gotischen Häuser Roms, nämlich das des Elsässers Johannes Burckard, der sich im Jahre 1483 für viertausend Golddukaten das Amt eines Päpstlichen Oberzeremonienmeisters kaufte und uns ein Tagebuch mit pikanten Nachrichten über das Treiben am Hof Alexanders VI. hinterlassen hat; die im 5. Jahrhundert errichtete Kirche *S. Lorenzo in Lucina* mit den vielen Kunstschätzen und den über dreißig Opferstöcken; den kleinen mittelalterlichen Turm am südöstlichen Ende des *Circo Massimo*, der zum Wohnhaus der Jacoba von Settesoli gehörte, die der heilige Franz von Assisi bei seinem Rombesuch im Jahre 1212 kennen lernte und die ihm später eine treue Gefährtin wurde; den Laden mit Erzeugnissen aus Klöstern am Kopfende der *Piazza Navona*; das *Caffè Giolitti* an der *Via Ufficio del Vicario*, wo es das beste Eis und die Bar *Sant'Eustachio* an der gleichnamigen Piazza, wo es angeblich den besten Espresso gibt – aber was den Letzteren betrifft, wissen wir es natürlich wieder einmal besser, denn den besten Espresso *und* den besten Cappuccino von ganz

Rom und von ganz Italien überhaupt bekommt man in der *Tazza d'Oro* in der *Via degli Orfani*, einem Kaffeegeschäft mit angehängter Bar, und wer einmal dort war (und nicht wer eine Münze rückwärts über die Schulter in den Trevibrunnen geworfen hat) wird wieder und wieder nach Rom zurückkehren.

Unser nächster Rom-Urlaub wird bestimmt nicht ausreichen, um unsere kulinarischen und kulturellen Interessen zu befriedigen. Ein bisschen wundern wir uns über uns selber. Da schmieden wir doch tatsächlich schon wieder Rompläne, und dabei haben wir die Heimreise noch gar nicht angetreten!

Rom bleibt uns erhalten. Und wir bleiben jetzt noch ein Weilchen sitzen, um unser Glas in Ruhe auszutrinken. Ganz zum Schluss erst fällt uns der richtige Name für die Endstation Sehnsucht doch noch ein: Roma Termini.

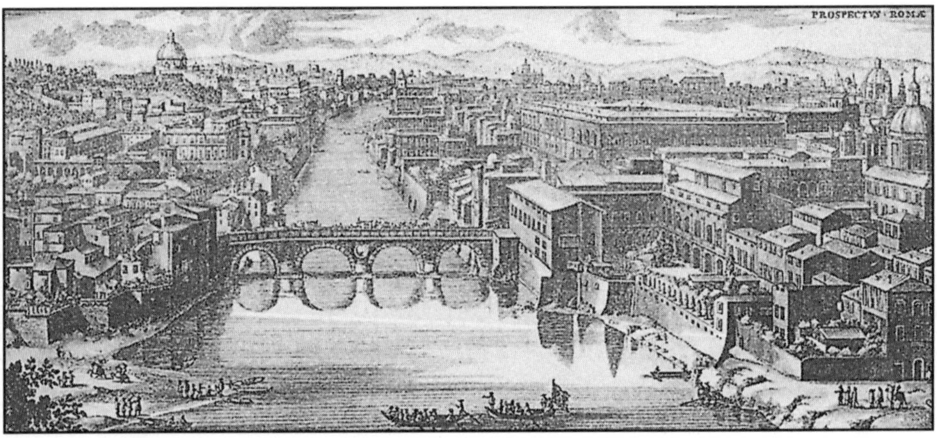

Rom, Kupferstich eines unbekannten Meisters.

Vom leidigen Fasten und von lustigen Festen

Bei Gütern, die wir stets geniessen,

wird das Vergnügen endlich matt.

Christian Fürchtegott Gellert, Das Kartenhaus

Am Hungertuch nagen

Sebastian Franck, geboren 1499 in Donauwörth, verstorben 1542 in Basel, hat am eigenen Leib erfahren, wie das Leben einem Menschen mitspielt, der seine Gedanken in die Welt entlässt ohne sich um die Folgen zu kümmern. Als Priester des Bistums Augsburg tritt er 1525 zum Protestantismus über und wird Pfarrverweser in Buchebach. 1527 amtet er als Frühmessner in Gustenfelden bei Schwabach, vermählt sich ein Jahr später mit einer gewissen Ottilie Beheimin aus Nürnberg, gibt 1529 sein geistliches Amt auf und zieht nach einem kurzen Aufenthalt in der Heimatstadt mit seiner Angetrauen nach Straßburg, wo er bis 1531 an seinem Hauptwerk *Chronica Zeytbuch und Geschichtsbybel* arbeitet, das eigentlich eine Weltchronik oder, nach damaliger Diktion, ein Weltbuch darstellt, dessen Veröffentlichung eine Haftstrafe und anschließend die Ausweisung aus Straßburg zur Folge hat. 1532 versucht er sich als Seifensieder in Esslingen, ein Metier, das ihm – Hygiene ist in diesen Gegenden offenbar kein Fremdwort mehr – die nötigen Mittel verschafft, um im folgenden Jahr in Ulm eine Druckerei zu eröffnen und daselbst auch ein paar eigene Schriften zu publizieren, die jedoch wegen ihrer prononcierten Ablehnung jeglicher Kirchenordnung die Behörden in Aufregung und den Verfasser in neue Kalamitäten stürzen; jedenfalls wird dieser aus der Stadt vertrieben, worauf der viel Gereiste und noch mehr Geprüfte endlich im toleranteren Basel nicht nur einen festen Wohnsitz, sondern auch die nötige Ruhe für sein weiteres schriftstellerisches Wirken findet.

In seinem Weltbuch nun kommt Franck unter anderem auch auf den Fasching und die sich daran anschließende Fastenzeit zu sprechen. Eher irritiert als belustigt protokolliert er, dass alles Volk am Ende der spätwinterlichen Lustbarkeiten zur Kirche läuft, *da streuet der Pfaff eim yeden umb ein pfenning ein wenig äschen auff den kopff.* Derartiges Brauchtum jedoch stößt dem weltläufigen Exkatholiken und Exprotestanten auf. Jedenfalls findet er es tadelnswert, dass die Papisten den Übergang vom vergnüglichen Treiben zum verdrießlichen Fasten *mit grosser mummerey* einleiten. *Etlich klagen,/schreyen kläglich, wo die Faßnacht hin kummen sey. Etlich tragen ein hering an einer stangen/und sagen/Nimmer wirst/hering/mit vil seltzamer abenteuer/faßnacht spil/gesang und reimen/lauffen aber ettlich gar nackend durch die statt ...*

Vermutlich hat man sich schon zu Sebastians Francks Zeiten am Aschermittwoch, nachdem die Fastnacht endgültig, und das heißt konkret gerade für ein Jährlein, verabschiedet worden war, am Aschermittwoch auf den Hochburgen der Fastnachtsfeiereien zu einer Fischmahlzeit getroffen, und so die Festgesellschaft als Fastengemeinschaft konstituiert. Jedenfalls weiß der Verfasser des Weltbuches darum, dass die Katholiken in den vierzig Tagen vor Ostern *kein flysch/auch nit milch/käß/eyer/schmaltz* essen, es sei denn, sie hätten sich die Freiheit dazu *vom Rhömischen stuol* erkauft, und zwar durch so genannte »Butterbriefe«. Es handelte sich dabei um eine vom Papst oder vom Bischof gegen Zahlung eines Fastengeldes (»Butterpfennig«) erteilte Dispens, die an Fasttagen (außer während der Karwoche) zum Genuss von Milchprodukten und Eierspeisen ermächtigte.

Des Weiteren berichtet Franck, dass die Katholiken in dieser strengen Zeit eine Beichte abzulegen pflegten und dass man die Altäre bis zum Mittwoch der Karwoche mit einem Hungertuch verhülle. Was es damit auf sich hat, erzähle ich Ihnen, liebe Leserinnen und Leser, während unserer bescheidenen Fastenmahlzeit, die wir jetzt miteinander teilen wollen. Sie haben die Wahl zwischen zwei verschiedenen Gerichten, wobei das Zweite allerdings nur jenen zusteht, die einen päpstlichen Butterbrief vorweisen können.

Couscous mit Minze

Da die Zubereitung von Couscous je nach der verwendeten Sorte variiert, halten wir uns hier streng an die Vorgaben auf der Verpackung – nur dass wir diesmal statt Wasser einen *sehr* starken Pfefferminztee verwenden und eine in Öl glasig gedünstete Zwiebel und eine kleine Hand voll Sultaninen dazugeben. Zum Würzen verwenden wir ausschließlich Aromat (Streuwürze). Anschließend backen wir den Brei in der Bratpfanne in etwas Sonnenblumenöl wie eine Rösti aus.

Wer einen Butterbrief vorweisen kann, wird sich zweifellos für das Alternativ-Gericht entscheiden, welchem die Butter und der geschmolzene Käse erst ein abgerundetes Aroma verleihen.

Überbackene Zucchetti

Die Zucchetti in nicht ganz 1 cm dicke Scheiben schneiden, salzen, pfeffern und auf beiden Seiten in Butter anbraten. Etwas geriebenen Greyerzer auf die Medaillons streuen. Dann die Bratpfanne zudecken, bis der Käse geschmolzen ist. Es eignen sich dafür besonders gut die gelben Zucchetti, da diese nur sehr wenig Kerne haben.

Der Brauch, die Altäre vom Beginn der vorösterlichen Fastenzeit mit einem Hungertuch zu verhüllen, scheint um die Wende vom ersten zum zweiten Jahrtausend aufgekommen zu sein. Vermutlich sollte das Hungertuch auf den Vorhang des Tempels verweisen, der beim Tod Jesu zerriss. Fest steht jedenfalls, dass man es am Mittwoch der Karwoche, bei der Lektüre der Matthäuspassion (»Dann hauchte Jesus den Geist aus. Da riss der Vorhang im Tempel von oben bis unten entzwei. Die Erde bebte und die Felsen spalteten sich ...«) entfernte. Im Lauf des Mittelalters wurden die Hungertücher zunehmend kleiner und mit Passionssymbolen und Leidensszenen geschmückt. In gewissen Gegenden wird das Hungertuch noch heute an der Kirchenwand oder über dem Altar aufgehängt.

Wer noch nie ein Hungertuch gesehen hat, kennt zumindest die auf diesen Brauch zurückgehende sprichwörtliche Redewendung, die auch in dem folgenden Sermon wiederkehrt, welches der Kurat Lindenthaler am 21. Oktober 1855, am 22. Sonntag nach Pfingsten, in der kleinen Bergkirche von Kappl im Tirolischen Paznauntal seinen ihm anvertrauten Schäflein gehalten hat, welche daraufhin selten laut wider ihn blökten, was dem Hitzkopf den Ruf eines »Paznauner Abraham a Sancta Clara« und eine Gefängnisstrafe von einem Tag einbrachte. Dabei hatte er es doch so gut gemeint!

Sappermost! Da sehe ich vor meinen Augen einen Herrn, der muss ja von Haus aus ein Millionär sein. Aber dem ist nicht so. Seine Frau Mutter, Madame Marie, ist erst gestern beim Nachbarn gewesen um Erdäpfel zu betteln und hat sich beklagt, sie habe nicht einmal genug zu essen und sei so arm wie eine Kirchenmaus; denn ihr Herr Sohn habe das in der Fremde verdiente Geld an die Kleider gehängt. Ja freilich, so machen es diese unbesonnenen Menschen, sie lassen ihre Eltern zu Hause am Hungertuche zappeln und sie selbst machen um 10 000 Gulden Wind ...
»Aber apropos! Was hast du denn deinem Mädel aus der Fremde mitgebracht?« »Ein seidenes Regendach, um neun Gulden in Paris gekauft.« – »Ah, geh mit deinem Regendach«, sagt ein anderer. »Das ist ein sonderbares Liebesgeschenk, das kannst du einem alten Weib verehren. Hör nur, ich habe meinem Mädel ein schönes Parasol ge-

kauft.« – Freilich, dein Mädel braucht einen Sonnenschirm, um ihn im Sommer den Berg hinauf über den Mistkorb zu hängen, damit der Mist nicht austrocknet, sondern hübsch saftig und schmackhaft bleibt. O ihr Toren! Merkt ihr es noch nicht, dass euch bald statt der Haare Stroh aus dem Kopf heraus wächst?
Doch der Torheiten ist noch kein Ende. Sapperment! Da springt schon wieder so ein galanter Herr vorbei. Da heißt es: »Herr Kollege, wohin so eilig?« «Ich geh zum Mariele, ich hab ihr aus Paris ein seidenes Paar Handschuhe mitgebracht. Sie kosteten drei Gulden und vierzig Kreuzer. Ja, ja, da hast du wohl getan, dass du deinem Mariele seidene Handschuh aus Paris mitgebracht hast; denn es möchte sonst seine Hände beschmutzen, wenn es die Erdäpfel schält oder die Hennen greift oder den Schweinestall ausmistet …«
Im heutigen Evangelium befiehlt uns der Herr: »Gebt dem Kaiser, was des Kaisers ist, und Gott, was Gottes ist.« Aber bei diesen Worten fällt mir noch etwas Besonderes ein: »Jedem gehört das Seine; mithin auch den Kapplern und allen Paznaunern das Ihrige. Aber was gehört ihnen heute? Eine Strafpredigt!«

Während seines eintägigen Aufenthalts im Karzer wäre der arme Kurat für ein paar gekochte Erdäpfel gewiss dankbar gewesen – selbst wenn Mariele sie mit ihren behandschuhten Händen geschält hätte.

Die Lehren der Väter

Im vierten Jahrhundert, als immer mehr Christen in Spanien und Gallien, in Italien auch und selbst im entfernten Byzanz, der dekadenten Zivilisation mit ihrem überzüchteten Lebensstil überdrüssig wurden, zogen sich viele von ihnen in die ägyptische Wüste zurück, um zu Gott und zu sich selber zu finden. Einsamkeit, Gebet, vor allem aber Fasten schienen ihnen der geeignetste Weg zur Erreichung dieses Ziels.

Der Protest dieser Altväter war eher faktischer als verbaler Natur, was schließlich dazu führte, dass einige von ihnen in Sachen Speiseenthaltung ein bisschen zur Übertreibung neigten. Auch in späteren Jahrhunderten finden sich in Nonnenspiegeln und Mönchsregeln gelegentlich Ratschläge und Vorschriften, welche für uns Heutige eher anekdotischen Charakter denn asketische Bedeutung haben.

Wenn man die Unterweisungen dieser Glaubensstreiter und Wüstenheiligen liest, kann es schon vorkommen, dass man seiner Brille gelegentlich nicht mehr so ganz traut. Es trifft dies wohl zu für die Anleitungen und Lehren eines gewissen Euagrius Ponticus (346–399), der in Pontus geboren wurde und später in Konstantinopel als Prediger reichlich Beifall erntete. Im Jahre 382 jedoch scheint er einen inneren Wandel durchgemacht zu haben; statt bloß den anderen den Weg zur ewigen Seligkeit zu weisen, besann er sich jetzt vermehrt auf das eigene Seelenheil und zog sich in ein Kloster zurück, wo er sich durch das Abschreiben von Büchern den Lebensunterhalt verdiente. Dass er seine Gedanken auch in eigenen Werken öffentlich machte, wurde im erst gut anderthalb Jahrhunderte nach seinem Tod zum Verhängnis, als das Zweite Konzil von Konstantinopel 553 seine Bücher verurteilte, was mit sich brachte, dass nur wenige Abschriften auf uns gekommen sind – und diese meist nicht im griechischen Original, sondern in lateinischer, syrischer oder armenischer Übersetzung. Eine davon trägt den Titel *Monachikós* und enthält hundert Sentenzen der Altväter. Zumeist handelt es sich dabei um fromme Ermahnungen, welche den Mönchen als Richtschnur dienen sollten. Unter anderem lesen wir da: »Einer der Brüder wandte sich an einen Mönch mit der Frage, ob es ihm erlaubt sei, anlässlich eines Besuchs bei seinen Familienangehörigen die Mahlzeiten gemeinsam mit seiner Mutter und seinen Schwestern einzunehmen. Der Vorgesetzte jedoch verbot es ihm, mit den Worten: Nie und nimmer soll es dir gestattet sein, im Beisein einer Frau zu essen.«

Bei der Lektüre solcher Passagen hat man den Eindruck, dass die schriftstellernden Altväter in Gedanken immer schon sehr viel weiter sind, als die Hand, welche ihre Eingebungen zu Pergament bringt. Wenn sie sich über die Abtötung äußern, besinnen sie sich auf die Mahlzeiten, wenn sie über die Ernährung schreiben, schwebt ihnen das Fasten vor, beim Fasten wiederum haben sie nichts als Schlemmereien im Kopf und wenn von Gaumenfreuden die Rede ist, denken sie bereits ans Liebeslager.

Exemplarisch wenn auch alles andere als beispielhaft in dieser Hinsicht präsentiert sich die *Asketische Abhandlung* des Neilos von Ancyra († 430), der sich sein geistiges Rüstzeug in Konstantinopel holte, bevor er sich in Ancyra als Klostervorsteher und Schriftsteller einen Namen machte.

Wohl kennt der Weise Mittel und Wege, von sich fern zu halten, was ihn beunruhigt; aber sein Bauch macht ihm trotzdem zu schaffen. Auch den Maßvollsten zwingt die Natur, die nötige Nahrung zu sich zu nehmen. Sobald er sich jedoch der Leitung der Seele verweigert, verlangt es ihn nach tierischen Genüssen. Wieder und wieder wird der Bauch sich melden; ist auch die Begierde gestillt, so wird doch das Verlangen nie erlöschen. Wenn es in der Bibel heißt »Auf dem Bauche sollst du kriechen« [Buch Genesis, 3. Kapitel, 14. Vers], so folgt das Zeitwort »kriechen« keineswegs zufällig auf den Begriff »Bauch«, denn die Wollust kennt nun einmal keine Reglosigkeit noch Ruhe, sondern drängt ständig nach neuer Erfüllung. Dabei ist es die Gaumenlust, welche den Anfang macht und kaum ist diese gestillt, will die Geschlechtslust befriedigt werden. Dies ist der Grund warum wir die Paarungsorgane als »Unterleib« bezeichnen. Ein leerer Magen stachelt die Geschlechtslust nicht an; meldet diese sich lauthals zu Wort, so wird sie von oben mit Kraftstoffen versorgt. Ähnlich wie ein Meisterkoch sich anstrengt, um dem Bauch zu dienen und eine Unmenge von Dingen erfindet, um die

Gaumenlust zu befriedigen, so setzt der Gaumen selbst alles daran, um den Hunger lustvoll zu vertreiben, wobei raffiniert bereitete Speisen die Festung der Tugend zerstören. Eine prächtige Tafel ist der Tugend Tod; eine karge Mahlzeit hingegen vermag das Bollwerk des Bösen zu schleifen.

Derlei Ratschläge sind mit Vorsicht zu genießen – wenn denn von Genuss überhaupt noch diese Rede sein darf. Natürlich halte auch ich nichts von Völlerei und Saufgelagen. Aber ein festliches Essen in fröhlicher Gesellschaft mag ich beileibe nicht verschmähen. Deshalb schlage jetzt vor, dass wir uns etwas Gutes gönnen und einen leckeren Kartoffelauflauf zubereiten; den wird uns der gestrenge Neilos von Ancyra ja wohl gönnen. Verbieten könnte er ihn uns schon deshalb nicht, weil er die Kartoffel noch gar nicht kannte. Und um ihm zu beweisen, dass nicht jede Gaumenfreude dorthin führt, wo seine Fantasie vorzugsweise verweilt, machen wir gleich nach dem Essen – ja was denn? Einen Spaziergang natürlich!

Platina empfiehlt in seinem Kochbuch keine Spaziergänge, vielmehr solle man sich nach dem Essen zwei Stunden vor großer Bewegung des Leibes und des Gemüts hüten.

Kartoffelauflauf

800 g Kartoffeln	*250 ml Sahne*
100 g Schinkenwürfelchen	*100 ml Milch*
100 g Speckwürfelchen	*1 Ei*
100 g geriebener Greyerzer	*Salz, Pfeffer*
wenig Butter	*Muskat*

Die Kartoffeln etwa 15 Minuten kochen, schälen und mit einer Röstiraffel reiben. Mit dem Schinken und dem Speck und der Hälfte des Käses locker in eine ausgebutterte feuerfeste Form verteilen. Sahne, Milch, Ei und die Gewürze gut miteinander vermengen und über die Kartoffeln gießen. Den restlichen Käse und einige Butterflöckchen darüber streuen.
Im vorgeheizten Ofen etwa 40 Minuten backen. Dazu gibt's, Neilos von Ancyra könnte sich sonst im Grab noch ereifern, bloß einen gemischten Salat. Und außerdem, die Gäste sollen uns nicht für geizig halten, eine Bratwurst oder ein Kalbsschnitzel.

Eher nüchtern und sachlich zum Thema Mäßigkeit äußert sich der Ägypter Pachomius, welcher von 290 bis um 340 lebte und dem Eremitentum das Ideal des gemeinsamen Lebens gegenüberstellte. Nachdem Pachomius in der Thebäis um 320 ein Kloster gegründet hatte, wurde er ohne es zu wollen zum Vater des abendländischen Mönchtums. Von ihm stammt denn auch die erste christliche Mönchsregel, in welcher – wen wundert's – selbstverständlich auch Satzungen und Vorschriften enthalten sind, welche das Essen betreffen. Unter anderem heißt es da:

> Die Speisen sind ausschließlich in der Küche zuzubereiten. Die aber außerhalb des Klosters arbeiten, sollen zu ihrer Stärkung Grüngemüse mitnehmen, das im Sommer mit Salz und Essig haltbar gemacht und für solche Gelegenheiten eingelagert wurde.
>
> Zu den Schlafenszeiten herrsche striktes Stillschweigen. Wenn einer aus seinem Schlaf aufwacht und Durst verspürt, so erkühne er sich nicht, etwas zu trinken. Ohne die Erlaubnis seines Oberen darf niemand in seiner Zelle etwas essen, auch nicht einen ganz gewöhnlichen Apfel oder dergleichen.
>
> Was die Kranken betrifft, soll man sie eifrig pflegen und ihnen reichlich gutes Essen vorsetzen. Für die Gesunden hingegen gelten strengere Vorschriften. Zwei Mal wöchentlich, am Mittwoch und am Freitag, ausgenommen in der Oster- und Pfingstzeit, sind sie gehalten zu fasten. An den übrigen Tagen können die, welche das Bedürfnis danach verspüren, zur Tagesmitte essen. Für die Kranken, Alten und Kinder [auch Kinder fanden damals Aufnahme in den Klöstern] ist auch abends eine Mahlzeit zuzubereiten. Bei dieser zweiten Mahlzeit essen manche sehr wenig, andere wiederum nehmen bloß entweder am Mittag oder nur am Abend etwas zu sich, während einige sich mit einem Bissen Brot begnügen. Stets aber sind die Mahlzeiten gemeinsam einzunehmen. Wer sich nicht in den Speisesaal begeben möchte, erhält in seiner Zelle lediglich etwas Brot, Wasser und Salz als Tagesration.

Auch wir haben nichts gegen gelegentliches Fasten. Allerdings fehlt uns ganz einfach die Kraft, es gar so rigoros zu gestalten wie etwa der heilige Hilarion von Gaza, der Begründer des palästinischen Mönchtums (nicht zu verwechseln mit dem heiligen Hilarius von Poitiers!).

Was wir über Hilarion wissen, verdanken wir einer vom heiligen Hieronymus im Jahre 392 verfassten Lebensbeschreibung. Geboren wurde Hilarion im Jahre 291 in Gaza. Nach seiner Taufe, die er im jugendlichen Alter in Alexandrien empfing, wurde er für einige Jahre Schüler des Mönchsvaters Antonius. Nach seiner Rückkehr in die Heimat zog er sich als Einsiedler in die Wüste zurück. Als ihn dort zu viele Hilfe Suchende in seiner Einkehr störten, floh er erst nach Ägypten, dann nach Sizilien und setzte sich schließlich nach Dalmatien ab. Sein Leben beschloss er auf Zypern, wo er 371 verstarb.

Mag sein, dass seine Essgewohnheiten mit dazu beitrugen, dass er ein für damalige Begriffe geradezu patriarchalisches Alter erreichte. Hieronymus jedenfalls berichtet, dass der jugendliche Hilarion gerade 15 gedörrte Feigen pro Tag verspeiste. Später soll er sich während dreier Jahre von einer Hand voll in kaltem Wasser aufgeweichten Linsen, die folgenden drei Jahre ausschließlich von trockenem Brot, Salz und etwas Wasser ernährt haben. Dann stellte er bis zu seinem dreißigsten Lebensjahr den Speisezettel auf frische Kräuter und Wurzeln um. Während des folgenden Jahrfünfts hielten ihn Gerstenbrot und in Wasser gekochtes Grünzeug auf den Beinen; Früchte und Gemüse wie Erbsen, Zwiebeln oder Lauch blieben vom Tisch verbannt. Für den Rest seines Lebens schließlich soll Hilarion sich mit Mehlsuppe und Gemüse bei Kräften gehalten haben.

Das bringt uns auf den Gedanken, einmal ein vegetarisches Menü zusammenzustellen. Wobei wir als ersten Gang auf den Tisch bringen, was Hilarion zuletzt gegessen hat, nämlich eine Mehlsuppe, diese allerdings in der in Basel üblichen Variante. Die gibt's dort vorwiegend zur Fastnacht, was aber irgendwie doch wieder passt – Hilarion bedeutet nämlich der *Fröhliche,* oder der *Heitere.*

Basler Mehlsuppe

Dazu rösten wir in etwas Öl oder Fett 6 EL Mehl unter ständigem Rühren bis es mittelbraun ist, löschen mit einem Liter Wasser ab, geben 1/2 besteckte Zwiebel dazu, würzen mit Salz, Streuwürze und Pfeffer, fügen, falls wir das mögen, ein wenig Kümmel oder etwas Muskat hinzu und lassen die Suppe mindestens 45 Minuten köcheln. Über in Butter gerösteten Brotwürfelchen anrichten. Oder einfach etwas geriebenen Hartkäse (Emmentaler, Greyerzer...) darüber streuen.

Zucchini mit Polentafüllung

2 Zucchini (mindestens je 350 g)
Aromat
20 g getrocknete Steinpilze
etwas Stangensellerie
100 g Karotten
1 Zwiebel
1 Knoblauchzehe
wenig Olivenöl
400 ml Gemüsebrühe
1 Lorbeerblatt
100 g Maisgrieß
Salz, Pfeffer
70 g Parmesan
und **nochmals** ***etwa 200 ml Gemüsebrühe***

Die Steinpilze in 100 ml lauwarmem Wasser 1/2 Stunde einweichen. Abgießen, das Einweichwasser auffangen. Die Pilze klein hacken, den Stangensellerie, die Karotten, die Zwiebel und den Knoblauch klein würfeln.

Die Zucchini waschen, Stilansatz entfernen, der Länge nach halbieren. Die Hälften mit einem Grapefruitlöffel gut aushöhlen. Das herausgeholte Fruchtfleisch in kleine Würfel schneiden und zusammen mit dem übrigen Gemüse in etwas Olivenöl anschwitzen. Steinpilze, Einweichwasser, Gemüsebrühe und Lorbeerblatt dazugeben. Aufkochen, das Lorbeerblatt entfernen, den Maisgrieß dazuschütten, kurz aufkochen und bei geringer Hitze etwa 15 Minuten unter gelegentlichem Rühren quellen lassen. Mit Salz und Pfeffer abschmecken. Die Hälfte von dem Käse unterziehen.

Die Zucchinihälften innen mit etwas Aromat würzen, dann mit der Polenta-Gemüse-Mischung füllen, den restlichen Käse darüber streuen. Etwas Gemüsebrühe in eine feuerfeste Form gießen, die Zucchini vorsichtig hineinsetzen und in dem auf 200° vorgeheizten Ofen gut 20 Minuten backen.

Nicht nur Einsiedler und Mönche haben sich in den ersten Jahrhunderten unserer Zeitrechnung über die Gefährdung des Tugendlebens durch unmäßiges Essen ihre Gedanken gemacht; dieses Thema wurde auch von angesehenen Theologen und wortgewaltigen Predigern gerne aufgegriffen – so unter anderem von Gregor von Nyssa (334–394), einem mystisch und spekulativ veranlagten Kirchenschriftsteller, der seine Karriere als Rhetoriklehrer begann, dann aber, nach einer vermutlich kurzen Ehe, den Priesterberuf anstrebte, vorübergehend in einem Kloster lebte und schließlich im Kappadokischen Nyssa zum Bischof geweiht wurde – übrigens ganz gegen seinen Willen (das gab's damals noch!).

In seiner Abhandlung *Über die Jungfräulichkeit*, in der Gregor von Nyssa auch auf seine Ehe anspielt, findet sich ein Passus über den rechten Gebrauch der Speisen.

> **Wenn wir eine Regel der Enthaltsamkeit aufstellen, gilt es zwei Dinge zu beachten: Einerseits sollen wir uns davor hüten, unser Herz an Dinge zu hängen, unter denen sich möglicherweise der Lockvogel der Lust versteckt; anderseits müssen wir versuchen, unsere Gaumenlust zu zügeln, welche uns bekanntlich zu allen nur möglichen verbotenen Genüssen verleitet. Die Lust zu essen und zu trinken wächst in dem Maße, als wir ihr nachgeben, wenn sie uns gerade überfällt und führt im Körper zu schlimmen Nebenwirkungen, insofern die Übersättigung unsere schlimmsten Leidenschaften anstachelt. Damit der Körper nicht unruhig und von Leidenschaften gequält wird, müssen wir bezüglich der Ernährung, selbst wenn damit eine lustvolle Erfahrung verbunden ist, das Nützlichkeitsprinzip anwenden. Die Nahrungsaufnahme jedenfalls ist keineswegs verwerflich, weil sie vom Vergnügen begleitet ist. Wichtig ist jedoch, dass wir unser Luststreben nicht über alles andere stellen.**

Von einer ganz anderen Seite her, nämlich nicht so sehr aus der Perspektive des misstrauischen Asketen, sondern mit dem kritischen Blick des Mediziners, befasst sich Johannes Chrysostomus (»Goldmund«) mit der Frage der Ernährung, ebenfalls in einem Traktat *Über die Jungfräulichkeit*. Der zwischen 344/354 geborene vom Mönchtum begeisterte Chrysostomus bat zunächst in einem Kloster um Aufnahme. Später träumte er von einem Einsiedlerdasein, wurde dann aber zum Bischof von Konstantinopel erwählt. Durch die während seines Eremitenlebens gepflegte asketische Maßlosigkeit hatte er seine Gesundheit völlig ruiniert, was dazu führte, dass er später in Sachen Speiseenthaltung eine recht moderate, schon fast rationalistische Sicht vertrat.

> **Reiche Leute, die den Luxus bei Tisch zelebrieren und dabei eine besondere Vorliebe entwickeln für exquisite Speisen, erlesene Weine, raffinierte Kochkünste und ausgesuchte Näschereien, mögen sich vor Augen halten, dass sie darin keine Befriedigung finden, sei es, weil die Geladenen ja doch an ihnen herummäkeln, sei es wegen der horrenden Auslagen, sei es schließlich angesichts der dadurch entstehenden Neidereien. Derartige Schwelgereien bereiten schon deshalb keine Freude, weil einem anschließend der Schädel brummt und darüber hinaus noch ganz andere Gebresten auftreten als da sind: Blähungen, Depressionen, Schwindelgefühle, Unpässlichkeiten, Sehstörungen und jede Menge weiterer Indispositionen. Überdies bilden Prassereien den besten Nährboden für allerlei unheilbare Krankheiten wie Gicht, Schwindsucht, Epilepsie, Lähmungen und Krämpfe, welche den Körper peinigen bis zum letzten Atemzug. Mittels einer vernünftigen Ernährung hingegen lassen sich diese und viele andere Übel vermeiden.**

Ähnlich sachlich und distanziert und doch wieder leicht besorgt wie der heilige Johannes Chrysostomus äußert sich der heilige Thomas von Aquin (1225–1274) in seiner *Summa*, einem theologischen Standardwerk, dessen Bedeutung nach wie vor unumstritten ist. Die Art, wie Thomas das Thema angeht, hat einen modernen, mit unserer heutigen Auffassung von Sinnlichkeit durchaus übereinstimmenden Beiklang. Er verweist auf den Unterschied zwischen Bedürfnis und Verlangen und betont, wie schwierig es ist, die Grenzen zwischen beiden zu definieren: »Weil beim Essen sich die Lust mit der Notwendigkeit verbindet, weiß man nicht, was die Notwendigkeit fordert und was obendrein die Lust fordert.« Aber selbst wenn die Übergänge fließend sind, so gilt es doch zu bedenken, dass die »ungeordnete Begierde nach Speisen den Menschen geistig verunreinigt. Nur das gehört zur Gaumenlust, wenn jemand aus Begierde nach genussreicher Speise wissentlich beim Essen das Maß überschreitet.«

Thomas ist sich im Klaren, dass die Folgen ungezähmter Gaumenlust viel weiter reichen als zunächst ersichtlich oder angenommen: Adam wurde aus dem irdischen Paradies verjagt, weil er die Frucht vom Baum der Erkenntnis des Guten und des Bösen gegessen hatte. Noach bezahlte seine Trunkenheit damit, dass er seinen

Sohn verfluchte. Die Städte Sodom und Gomorra wurden wegen der Gaumen- und Fleischeslust der Bewohner von den Flammen zerstört. Damit steht fest: »Unzucht, Begierde, Hochmut bringt der Bauch hervor.«

Wein, Weib und Wiederheirat

Der Bibel zufolge wurde der Wein erst nach der Sintflut entdeckt. Nachdem Noach an Land gegangen war, pflanzte er einen Weinberg: »Er trank von dem Wein und wurde davon betrunken.« Die jüdische Überlieferung allerdings weiß es besser. Die verbotene Frucht, die Adam und Eva mehr als nur Magenbeschwerden verursachte, soll eine Weintraube gewesen sein. Oder war es vielleicht gar der vergorene Saft? Das würde eher erklären, warum die beiden erst den Kopf und anschließend ihre Unschuld verloren.

Tatsache ist: Wein verschafft nicht nur Genuss, sondern oft auch Verdruss. Darum wussten schon die biblischen Schriftsteller. Einerseits warnen sie: »Ein Zuchtloser ist der Wein; wer sich hierin verfehlt, wird nie weise« (Sprichwörter, 20. Kapitel, 1. Vers). Anderseits läuft ihnen dann doch wieder das Wasser im Mund zusammen: »Haltet ein festliches Mahl und trinkt süßen Wein« (Nehemia, 8. Kapitel, 10. Vers)!

Von letzterer Weisheit scheint der afrikanische Kirchenschriftsteller Tertullianus (um 160 bis um 225) allerdings nicht allzu viel gehalten zu haben, zumindest im Hinblick auf die Frauen. Jedenfalls brachte er es fertig, in seiner Schrift *Apologeticus*, in der er unter anderem seinem Ärger über die angeblich allgemein verbreitete Sittenlosigkeit Ausdruck verschafft, gleich drei Dinge, nämlich Wein, Weib und Wiederheirat in einen kausalen Zusammenhang zu bringen – völlig zu Unrecht, wie wir meinen.

Zu allem Leidwesen besitzen jene alten Vorschriften längst keine Gültigkeit mehr, welche vormals dem Schutz der Bescheidenheit und der Ehrbarkeit der Frauen dienten und dank derer diese kein anders Gold kannten, als das des ehelichen Ringes, welcher ihnen der Bräutigam als Pfand an den Finger steckte. Bekanntlich enthielten sich die Frauen anfänglich gänzlich des Weines. Dieses Verbot war so streng, dass eine Verheiratete von ihren Angehörigen mit dem Hungertode bestraft wurde, wenn sie sich erkühnte, die Siegel zum Weinkeller aufzubrechen. Ja schon zu Zeiten des Romulus wurde die Frau eines gewissen Metennius von diesem zu Recht getötet, weil sie vom Wein gekostet hatte. Ursprünglich waren die Frauen verpflichtet, ihre Ehemänner zu küssen, damit diese sich überzeugen konnten, dass sie keinen Weinatem hatten. Wo aber gibt es heute noch harmonische Ehen, die doch früher gerade wegen der strengen Sitten dermaßen glücklich waren, dass noch beinahe sechshundert Jahre nach der

Gründung Roms von Scheidung nicht einmal gesprochen wurde?! Heutzutage ist der ganze Körper der Frauen mit Gold überhängt, und es gibt kaum mehr eine, deren Küsse nicht nach Wein schmecken. Und was die Scheidung betrifft, ist diese inzwischen längst ein integrierender Bestandteil des Treueversprechens.

Angesichts solch düsterer Aussichten erinnern wir uns daran, dass die Liebe (auch) durch den Magen geht und überraschen unsere Partnerin mit einem vollständigen Menü – und stoßen uns in keiner Weise daran, wenn ihre Küsse nach Wein schmecken.

Gefüllte Melonen

2 Melonen
200 g Tilsiter
250 g Cherry-Tomaten

Soße für Melonensalat

1 TL Akazienhonig
2–3 EL weißer Portwein oder Sherry
1 EL Zitronensaft
gemahlener Ingwer, Pfeffer, Salz

Melonen halbieren und entkernen. Aus dem Fruchtfleisch kleine Kugeln stechen. Den Käse in kleine Würfel schneiden, die Cherry-Tomaten halbieren. Die Zutaten zur Soße miteinander verrühren und mit den Melonenkugeln, den Käsewürfelchen und den Tomaten vermischen. Den Salat mindestens eine Stunde im Kühlschrank ziehen lassen, vor dem Anrichten noch einmal gut durchmischen und in den Melonenschalen servieren.

Lammfiletschnecken al Pesto

4 Lammfilets
2 EL Olivenöl
2 gehäufte EL Pesto
Bratbutter
Salz

Olivenöl und Pesto (eine Masse aus Oliven- und Sonnenblumenöl, Knoblauch, Basilikum und Pinienkernen; kann fertig gekauft werden) zu einer Marinade verrühren. Die Lammfilets der Länge nach in 2 Teile schneiden. Die Hälften marinieren und einige Stunden im Kühlschrank ziehen lassen. Dann zu einer Schnecke zusammenrollen, mit einem Zahnstocher fixieren, mit etwas Salz bestreuen und ca. 4 Minuten braten.

Pilzgratin

50 g Butter
1 mittelgroße gehackte Zwiebel
2 in kleine Würfel geschnittene Karotten
800 g Pilze (Champignons, Eierschwämme, Austernpilze u. ä.)
1 Bund gehackte Petersilie
100 ml trockener Weißwein
4 EL Sahne
Salz
Pfeffer
50 g geriebener Sbrinz (oder Parmesan)
100 g geriebener Greyerzer

Die Zwiebel in der Butter glasig dünsten, Karottenwürfelchen zufügen und etwa 8 Minuten auf kleiner Flamme weiter dünsten. Pilze und Petersilie dazugeben, einige Minuten dünsten und mit dem Wein ablöschen. Die Flüssigkeit bei etwas erhöhter Temperatur zur Hälfte einkochen lassen, die Sahne hinzufügen und würzen.

Die Masse in eine ausgebutterte Gratinform füllen, mit dem Käse bestreuen und in dem vorgeheizten Ofen bei 220° gratinieren.

Ingwereis mit Ananas und Schokoladensoße

250 ml Milch
250 ml Sahne
35 g frischer Ingwer
4 Eigelb
65 g Zucker
80 g Bitterkuvertüre
30 ml Milch
1 kleine Ananas

Milch und Sahne aufkochen, den klein geschnittenen Ingwer zugeben, über Nacht im Kühlschrank durchziehen lassen. Eigelb und Zucker in einer Metallschüssel cremig aufschlagen. Die Ingwer-Sahne-Mischung passieren, erneut aufkochen und heiß unterrühren. Das Ganze auf der Herdplatte bei mittlerer Hitze vorsichtig aufschlagen, bis die Masse leicht cremig wird. Sofort durch ein Haarsieb in eine kalte Schüssel gießen. Gut kühlen, dann in der Eismaschine fest werden lassen.

Für die Schokoladensoße die Kuvertüre klein hacken und mit Milch und 30 ml Wasser bei milder Hitze auflösen.

Ananas schälen, halbieren und in feine Scheiben schneiden. Die Scheiben ringförmig auf einen flachen Teller legen und in die Mitte eine Kugel Eis setzen. Mit der Schokoladensoße übergießen.

Die goldene Mitte

Viele Heiligenviten, die von der Spätantike bis hinauf in die Neuzeit verfasst wurden, gleichen einander fast wie eineiige Zwillinge. So kommt es denn, dass die Menschen, die uns aus manchen dieser Lebensbeschreibungen entgegentreten, seltsam verschwommene Gesichtszüge und gleichzeitig einen umso strahlenderen Heiligenschein tragen. Auffallenderweise haben die meisten dieser Knechte und Dienerinnen Gottes nichts zu lachen; das würde ihrem Ansehen schaden. Überdies scheinen sie dauernd unter Zugzwang zu stehen. Je nach Situation treten sie entweder sanftmütig und gelassen oder aber mit erhobener Stimme und mit ausgestrecktem Mahnfinger in Erscheinung. Das Essen ist ihnen eine Last, Schlaf gilt als Zeitverschwendung und auch das unschuldigste Vergnügen betrachten sie als Anstößigkeit. Die Werke der Liebe sind ihnen ein Gräuel; einzig aus der liebenden Sorge um ihre Mitmenschen ziehen sie geistlichen Lustgewinn. Wenn sie nicht gerade predigen oder ein Wunder wirken, nützen sie ihre Zeit zum Psalmodieren und Meditieren. Selbst da, wo ihre Gelehrsamkeit jedes menschliche Fassungsvermögen übersteigt, beweisen sie eine solche Demut des Herzens, eine Einfalt der Seele und eine Schlichtheit des Geistes, dass fast notwendigerweise der Eindruck entsteht, sie seien nicht von dieser Welt.

Das alles kommt uns ein bisschen seltsam vor. Die Heiligen waren ja auch nur Menschen, und so möchten wir eigentlich ganz gerne wissen, wie sie sich *wirklich* verhalten haben, wenn ihre Widersacher sie verleumdeten, wenn die Neidhammel sie angifteten, wenn sie einer schönen Frau oder einem gut aussehenden Mann begegneten, vor allem, wenn diese ihnen auch noch sympathisch waren. Überdies interessiert uns nicht nur, wann sie ein Fasten einlegten, sondern auch – und davon ist in den erbaulichen Heiligenviten leider kaum je die Rede – was bei ihnen so auf den Tisch kam, wenn im Kalender ein Fest anstand, nach welchen Getränken es sie gelüstete, wenn sie der ewigen Wassertrinkerei überdrüssig waren, und ob sie vom Tischgebet gelegentlich nicht doch etwas abgelenkt wurden, wenn verführerische Küchendüfte ihre Nasen kitzelten.

Der heilige Augustinus (354–430) scheint in dieser Hinsicht keine allzu großen Probleme gehabt zu haben. Wenn wir seinem Schüler Possidius Glauben schenken, war er, zumindest was das Essen betrifft, ein Mann der goldenen Mitte. Entgegen damaliger Gewohnheit enthält sich Possidius in seiner *Vita Augustini* jeglicher Lobhudelei und zeichnet ein sehr nüchternes und sachliches Bild von seinem Lehrmeister. Darüber hinaus erfahren wir auch einiges über dessen Essgewohnheiten und die in seinem Haushalt herrschenden Tafelsitten.

Das Essen präsentierte sich einfach und anspruchslos; auf den Tisch kamen Gemüse und gelegentlich auch Fleisch, vor allem wenn Gäste oder kränkelnde Leute anwesend

Michael Pacher,
Der Teufel vor Augustinus, 1483.

waren. Der Wein fehlte nie, denn mit dem Apostel [Paulus] teilte Augustinus die Überzeugung, dass alles Geschaffene gut und daher nicht gering zu schätzen, sondern dankbar entgegenzunehmen sei. Diesbezüglich äußert sich Augustinus ja selber in seinen [autobiografischen] Bekenntnissen: »Was mich in Furcht setzt, ist nicht die Unreinheit des Fleischgenusses, sondern die Unreinheit der Genussbegier. Ich weiß, dass es Noach erlaubt war, jede Art von Fleisch zu essen, dass Elija mit Fleischnahrung sich stärkte, dass Johannes der Täufer, dem eine wunderbare Enthaltungsgabe verliehen war, sich nicht verunreinigte an den Heuschrecken, die ihm zur Speise dienten. Aber ich weiß auch, dass Esau sich durch die Gier nach Linsenmus betören ließ, dass ein David sich die Lust nach einem Wassertrunk zum Vorwurf machte, und dass Jesus nicht mit Fleisch, sondern mit Brot versucht ward. So hat sich auch das Volk Israel in der Wüste Strafe nicht deshalb zugezogen, weil es nach Fleisch begehrte, sondern weil es vor lauter Begier nach Speise murrte wider den Herrn. Bezüglich des Weins halte ich mich an die Richtschnur des Apostels Paulus, welcher an Timotheus schreibt: Trink nicht nur Wasser, sondern nimm auch etwas Wein, mit Rücksicht auf deinen Magen und deine häufigen Krankheiten.«

Was das Gedeck betrifft, benützte Augustinus zwar einen silbernen Löffel; die Schüsseln und Teller hingegen waren aus Terrakotta, aus Holz oder aus Marmor gefertigt, obwohl es nicht an den nötigen Mitteln für besseres Geschirr gefehlt hätte.

Augustinus war überaus gastfreundlich. Bei Tisch legte er mehr Wert auf ernste Gespräche als auf das Essen selbst. Zur Bekämpfung einer üblen Angewohnheit hatte er im Speisesaal diese Inschrift anbringen lassen:

Quisquis amat dictis absentum rodere vitam,
hac mensa indignam noverit esse suam.
Wer von andern schlecht redet, die hier am Tisch nicht versammelt,
ist es nicht wert Gast zu sein, sondern ist fehl hier am Platz.

Auf diese Weise wollte er alle daran erinnern, auf müßige Reden und schändliches Geschwätz zu verzichten. Als einst einige seiner bischöflichen Amtsbrüder die besagte Inschrift ignorierten, zeigte sich Augustinus höchst irritiert und bemerkte, dass er entweder sich selber oder den Sinnspruch aus dem Speisesaal entfernen müsse. Ich, Possidius, war selber Zeuge dieser unerquicklichen Szene.

Uns wird es nicht allzu schwer fallen, die weisen Ratschläge eines Augustinus zu beherzigen, zumal wir das folgende Menü, das dem Gaumen schmeichelt und dem Magen bekommt, einem Mönch verdanken, nämlich Victor-Antoine d'Avila-Latourrette, der in einem Benediktinerkloster in der Nähe von Millbrook (New York) nicht nur als Koch, sondern auch als Gärtner tätig ist und außer der Klosterküche auch den lokalen Wochenmarkt mit frischen Lebensmitteln versorgt. Die Rezepte finden sich (neben vielen anderen) in seinem Buch *Köstliche Klostermenus für jede Jahreszeit* (Kanisius Verlag, Fribourg 1999).

Brot Pissaladière

240 ml Olivenöl
1 Zwiebel in Scheiben geschnitten
420 g entsteinte schwarze Oliven
4 EL Herbes provençales (Basilikum, Thymian, Rosmarin)
4 Tomaten in Scheiben
1 Baguette (pro Person etwa 4 Scheiben)
Knoblauch und Sardellen nach Belieben
geriebener Käse nach Belieben

Den Backofen auf 200° C vorheizen. Das Olivenöl in einen Mixer gießen. Zwiebel, Oliven, Kräuter, Knoblauch und Sardellen dazugeben und pürieren, bis die Mischung nicht mehr klumpt. Die Brotscheiben mit der Masse bestreichen und mit den Tomatenscheiben bedecken und nach Belieben mit Kräutern und Käse bestreuen. Die Brotscheiben etwa 15 Minuten backen. Als Appetithappen vor dem Essen oder aber als Vorspeise servieren.

Italienischer Maissalat

1 grüne Paprikaschote, in dünnen Streifen
1 rote Paprikaschote, in dünnen Streifen
2 rote Zwiebeln, in dünnen Ringen
1 Dose Maiskörner (ca. 350 g Nettogewicht)
2 EL fein gehackte Petersilie

Vinaigrette

90 ml Olivenöl
40 ml Weinessig
Salz
Pfeffer

Die Vinaigrette über das Gemüse gießen und alles gut vermengen. Den Salat etwa 30 Minuten im Kühlschrank ziehen lassen. Die Petersilie erst vor dem Servieren darüber streuen.

Avocado-Omelett

(Für zwei Personen)

5 Eier
Salz und Pfeffer
1 Prise fein gehackter Kerbel
1 feste Avocado
Olivenöl

Die Eier in eine Schüssel geben und kräftig schlagen. Salz, Pfeffer und Kerbel dazugeben und weiter schlagen.

Die Avocado schälen und würfeln. Genügend Öl in eine Pfanne gießen und erhitzen. Wenn das Öl heiß ist, die Avocadowürfel in die Pfanne geben und kurz umrühren. Die Eimischung darauf gießen und garen lassen. Die Ränder mit einem Pfannenwender anheben, damit die ungekochte Eimischung darunter laufen kann.

Wenn die Unterseite des Omeletts fertig ist, vorsichtig zur Hälfte falten. Nicht zu lange braten, da das Omelett innen feucht bleiben soll. Das Omelett auf einen vorgewärmten Teller gleiten lassen und sofort servieren.

Überbackener Fisch

700 g Fischfilets
200 g kondensierte Champignonsuppe
2 EL klein gewürfelte grüne Paprikaschoten
1 Dose grüne Erbsen, abgegossen
60 ml Zitronensaft
Salz, Pfeffer
1 Schuss Worcestershire-Soße
4 Brotscheiben, leicht getoastet und gewürfelt
60 g zerlassene Butter

Den Backofen auf 180° C vorheizen. Fischfilets in Würfel von etwa 2 cm schneiden. Diese mit allen anderen Zutaten (außer den Brotwürfeln und der Butter) vermischen und in eine gefettete Backform geben. Die Brotwürfel in der zerlassenen Butter wenden und die Masse damit bedecken (ersatzweise kann man geriebenen Käse verwenden). Etwa 1 Stunde backen, bis das Gericht auf der Oberseite gebräunt ist.

Melone mit Erdbeeren und Anislikör

2 Melonen
100 g Zucker
60 ml Anislikör
32 frische Erdbeeren

Die Melonen schälen und die Kerne entfernen. In Stücke schneiden und pürieren. Zucker und Anislikör dazugeben und alles gründlich verrühren. Wenigstens 2 Stunden kalt stellen. Das Püree auf gekühlte Glasteller verteilen und mit den Erdbeeren belegen.

In aller Munde

Im Mittelalter war der Lachs eine beliebte Fastenspeise. Später, im 16. Jahrhundert, als der Salm noch den Rhein hinunter und zum Laichen wieder herauf schwamm, galt er als ordinärer Magenfüller. Damals war dieser delikate Fisch, den wir uns

Fischverkäufer während des Konzils zu Konstanz.

heute nur bei besonderen Gelegenheiten leisten, noch in aller Munde. Helvetische Chronisten haben für die Nachwelt festgehalten, dass die Dienstboten in und um Basel in ihrem Anstellungsvertrag vermerkt haben wollten, dass »Saumon nicht mehr als zwei Mal wöchentlich aufgetischt werden darf«. Ähnliches ist aus dem Rheinland und aus Deutschlands Norden überliefert. Auf einem Gut in Schottland wurde in den ersten neun Monaten des Jahres 1755 45-mal Lachs gereicht, davon 18-mal allein im August.

Wie aus alten Dokumenten hervorgeht, fanden die Revolutionen nicht nur auf der Straße, sondern gelegentlich auch in klösterlichen Refektorien und in Fabrikkantinen statt. In seinem berühmten *Mundbuch* weiß Waverley Root zu berichten, dass die Mönche der Abtei von Lavôut-Chaillac rebellierten, als man ihnen zumutete, mehr als einmal täglich Lachs zu verzehren. In London protestierten um die Mitte des 19. Jahrhunderts die Lehrjungen, weil sie allzu häufig mit Lachs abgespeist wurden. Dazu passt, dass in den Romanen von Charles Dickens nur die Hungerleider sich mit Lachs ernähren.

Wie aber sollen wir uns erklären, dass dieser Fisch heute so geschätzt ist? Ganz einfach, er hat sich eben rar gemacht, und damit ist sein Marktwert gestiegen. Offenbar stellt sich der Wohlgeschmack bei seltenen und prestigeträchtigen Speisen ganz von selbst ein. Sollte der Rhein doch noch gesunden, werden wir den Lachs wieder öfter zu Gesicht und auf den Teller bekommen. Für Abwechslung ist trotzdem gesorgt; in meinem im Echter Verlag in Würzburg erschienenen Kochbuch *Was Päpsten und Prälaten schmeckte* finden Sie sechs Rezepte, in denen der Lachs nicht bloß eine Statistenrolle spielt. Missdeuten Sie diesen Hinweis bitte nicht als plumpe Schleichwerbung; es handelt sich vielmehr um gezielte Propaganda.

Nicht in dem genannten Buch enthalten ist die folgende, für besonders festliche Gelegenheiten komponierte Vorspeise.

Lachsroulade

125 g Frischkäse (z. B. Cantadou)
1 EL Kapern
1 Bund gehackte Petersilie
1 Bund gehackter Schnittlauch
2 EL geriebener Meerrettich
150 g Räucherlachs in dünnen Schreiben
½ geräucherte Forelle

außerdem

12 Blätter Chicorée
8 zerkleinerte Datteln
1 große Karotte, gerieben
1 Prise Zucker
Saft von ½ Zitrone
4 gehäufte TL Cocktailsoße

Frischkäse, Kapern, Petersilie, Schnittlauch und Meerrettich mit einer Gabel zu einer Masse vermischen. Die Räucherlachs-Scheiben auf einer Klarsichtfolie ausbreiten und in der Mitte der Länge nach mit der Hälfte der Meerrettich-Käse-Masse bestreichen. Die geräucherte Forelle darauf legen und diese mit dem Rest der Füllmasse bedecken. Alles zu einer Roulade rollen. Vor dem Servieren in 1 cm breite Scheiben schneiden (und die Folie von den einzelnen Medaillons entfernen).

Als Garnitur (aber nicht nur fürs Auge!) kommen auf jeden Teller drei Blätter Chicorée. Das Erste ist mit den zerkleinerten Datteln gefüllt (deren Süße sich hervorragend mit der Schärfe des Meerrettichs verträgt), das Zweite mit geriebenen Karotten, die mit etwas gezuckertem Zitronensaft aromatisiert werden, das Dritte mit einem Schlag Cocktailsoße. Falls gerade nicht vorhanden, stelle ich sie selber her (siehe unter *Salat-Cocktail mit Hühnerfleisch und Melone*).

Was das Verhältnis des Hauspersonals zum Lachs betrifft, haben sich die Zeiten inzwischen gründlich geändert. Dem Vernehmen nach soll es Dienstboten geben, die ihre Stelle nur antreten, wenn man ihnen zusichert, dass sie mindestens zwei Mal die Woche Lachs vorgesetzt bekommen.

Was wir von Franz von Assisi lernen können

Weinlese, Kalenderskulptur für den Monat September, Italien, 13. Jh.

In einer alten Lebensbeschreibung des heiligen Franz von Assisi, der so genannten *Drei-Gefährten-Legende*, finden sich zwei Episoden, welche uns zu verstehen geben, dass für den Troubadour Gottes das Wohl seiner Mitbrüder weit wichtiger war als die von ihm in seiner Ordensregel aufgestellten Fastenvorschriften.

Als der heilige Franz einmal merkte, dass ein kranker Bruder Gelüste nach Trauben hatte, sich aber nicht getraute, darum zu bitten, ward er von Mitleid bewegt und alsogleich ging er mit dem Bruder zum Weinberg, setzte sich bei der Rebe neben ihm nieder und begann mit ihm Trauben zu essen, damit sich der Bruder nicht schäme, allein zu essen.

Käse-Birnen-Gratin mit Trauben

400 g Stangenweißbrot
350 g Tilsiter
400 g Birnen
Saft von 1 Zitrone
1 kleine Hand voll Traubenbeeren

Guss:

300 ml Milch
2–3 Eier (je nach Größe)
200 ml Sahne
Salz, schwarzer Pfeffer, Muskat

Das Brot in 1 cm dicke und den Käse in dünne Scheiben schneiden. Den Zitronensaft in einem Suppenteller mit wenig Wasser vermischen. Die Birnen schälen, das Kerngehäuse entfernen und in Scheiben schneiden. Diese sofort durch das Zitronenwasser ziehen. Die Brot-, Käse- und Birnenscheiben abwechselnd dachziegelartig in eine gut ausgebutterte Gratinform schichten. Die Traubenbeeren halbieren, entkernen und in die Lücken verteilen. Die Zutaten zum Guss gut miteinander verrühren und diesen darüber gießen. Das Ganze 30 Minuten in dem auf 200° vorgeheizten Ofen backen.

Für 6–8 Personen ergibt dieses Gericht eine kleine feine Vorspeise; zusammen mit einem Salat bildet es für vier Personen eine Hauptmahlzeit.

Die folgende von Franziskus überlieferte Begebenheit bildet vermutlich eine narrative Ausgestaltung der Traubengeschichte.

Eines Nachts, während die Brüder schliefen, schrie plötzlich einer um Mitternacht: »Ich sterbe, ich sterbe!«
Alle erwachten erschreckt und waren verwundert.
Der heilige Franz erhob sich und sagte: »Stehet auf, Brüder, und machet Licht!«
Als es geschehen war, sagte er: »Wer hat da gerufen: ›Ich sterbe‹?«
Der Betreffende meldete sich: »Ich bin es.«
»Was hast du, Bruder, dass du sterben willst?«
Sprach jener: »Ich sterbe vor Hunger.«
Da ließ der heilige Franz sogleich den Tisch herrichten, und klug und liebevoll, wie er war, aß er selbst mit ihm, damit jener sich nicht zu schämen brauche, allein zu essen.
Und nach seinem Wunsche aßen auch alle andern mit.
Nachdem sie gegessen hatten, sagte Franz zu den andern:
»Meine Brüder, ich sage euch, jeder soll auf seine Natur achten. Und wenn einer von euch mit weniger Nahrung auskommt als die andern, so soll derjenige, der mehr braucht, sich nicht gewaltsam nach dem Maße der andern richten wollen, sondern soll seine Natur beachten und seinem Leib das Nötige geben, damit dieser fähig sei, dem Geist zu dienen.«

Wenn nach einem frühen Abendessen die geistreiche Unterhaltung sich hinzieht und alle meine Gäste so richtig in Stimmung sind, kann es schon vorkommen, dass sie um Mitternacht wieder Appetit auf etwas Kräftig-Deftiges haben. In diesem Fall bereite ich für die Tafelrunde ein Gericht zu, welches mindestens drei Vorzüge aufweist. Erstens sind die nötigen Zutaten in jedem guten Haushalt vorrätig; zweitens ist die Zubereitung nur mit einem geringen Aufwand verbunden, und, drittens, hat es sich als Wegzehrung noch jedes Mal aufs Beste bewährt. Überdies (das wäre schon ein vierter Grund) stammt das Rezept aus der Heimat des heiligen Franz.

Und schließlich – auf wie viele Gründe kommen wir wohl noch? – eignet sich dieses Gericht hervorragend auch als Katermahlzeit ...

Spaghetti con aglio, olio e peperoncino

400–500 g Spaghetti
Salz
100 ml Olivenöl (oder Knoblauchöl)
6 Knoblauchzehen
1/2 Peperoncino (scharfe Chilischote)
1 Bund Petersilie

Die Spaghetti im Salzwasser al dente kochen. Vier von den geschälten Knoblauchzehen mit einer Gabel zerdrücken, die übrigen zwei fein hacken. Den Peperoncino entkernen und quer in ganz feine Streifchen schneiden. Das Öl in einer Pfanne erhitzen und den zerdrückten Knoblauch hineingeben. Wenn er schwarz geworden ist, herausnehmen. Das Öl hat nun das richtige Aroma. Jetzt kommt der Peperoncino, zusammen mit den beiden fein gehackten Knoblauchzehen ins heiße Öl. Sobald der Knoblauch glasig ist, werden die abgetropften Spaghetti und die Petersilie dazugegeben. Alles gut miteinander vermischen und sofort auf vorgewärmten Tellern servieren.

Auf den Parmesan, den manche Verfasser und Verfasserinnen von Kochbüchern dazu reichen, verzichte ich. Meine Knoblauch-Öl-Soße spricht nämlich für sich. *Ausnahmsweise* (wohlgemerkt, das ist hier in kursiv gesetzt) behilft man sich mit getrockneter Petersilie.

Wenn ein Franz von Assisi die Fastenvorschriften relativierte, bedeutete das keineswegs, dass er das Fasten nicht ernst nahm – woran ein Abschnitt aus den *Fioretti*, dem aus Legenden geflochtenen »Blütenkranz« um die Vita dieses Heiligen erinnert.

> Als der heilige Franz einmal am See von Perugia [Trasimener See] war – es war an Fastnacht –, kehrte er bei einem ihm ergebenen Manne ein. Diesen bat er um der Liebe Gottes willen, er möge ihn zu einer Insel des Sees hinüberführen, auf welcher niemand wohnte, und zwar zur Nachtzeit vor Aschermittwoch, sodass niemand davon Kenntnis habe.
>
> Bei der großen Verehrung, die jener für ihn hatte, erfüllte er es mit aller Sorgsamkeit. Er rüstete in der Nacht das Boot und führte ihn auf den Aschermittwoch zur besagten Insel hinüber. Der heilige Franz nahm nichts zur Nahrung mit als zwei kleine Brote. Und als er auf der Insel gelandet war, bat er seinen Führer, er möge niemandem etwas davon verraten und möge auf den Gründonnerstag ihn wieder abholen.
>
> Weil aber keinerlei Obdach da war, barg er sich in einer dichten Hecke, wo das Getier

eine Art Zelt errichtet hatte und blieb daselbst unbeweglich die ganze Fastenzeit hindurch, ohne etwas zu essen oder zu trinken. Gemäß der Verabredung kam der Gastfreund am Gründonnerstag wieder, nach ihm zu sehen; und er fand von den zwei Broten nur die Hälfte des einen angerührt. Diese Hälfte, so glaubte man, rührte der Heilige an, damit Christus, dem Hochgepriesenen, die Ehre der ungebrochenen vierzigtägigen Fasten bleibe. Er wollte mit jenem bisschen Brot das Gift der Eitelkeit von sich halten und doch nach Christi Beispiel die vierzig Tage und Nächte fasten.

Gründonnerstagssuppe

Diese Suppe, die sieben verschiedene grüne Gemüse enthält (daher auch die Bezeichnung Sieben-Grün-Suppe*), wird am Gründonnerstag noch heute in einigen bäuerlichen Gegenden der Schweiz gegessen. Wer diesen Brauch missachtet, hat allerlei Unglück zu gewärtigen.*

2 Stängel Lauch
1 Hand voll Mangold
1 Hand voll Spinat
1 Hand voll Salatblätter
1 Büschel Sauerampfer
1 Büschelchen Bärlauch
1–2 EL gehackte Petersilie
1 l Gemüsebrühe
2–3 Scheiben Brot
2–3 EL Butter
1 EL Mehl
1 Knoblauchzehe
1 Zwiebel
Salz, Pfeffer, Muskat
1 Eigelb
etwas Sahne

Den Lauch grob schneiden und in der Gemüsebrühe kochen. Das Brot in Würfel schneiden und in einem Suppentopf in wenig Butter rösten. Beiseite stellen. Nun das Mehl in etwas Butter leicht bräunen und die Gemüsebrühe mit dem Lauch unter Rühren dazugießen. Aufkochen. Mangold, Spinat, Salatblätter, Sauerampfer, Bärlauch in feine Streifen schneiden, den Knoblauch und die Zwiebel fein hacken und alles zusammen mit der Petersilie in die Suppe geben. Mit den Gewürzen abschmecken. Das Ei mit der Sahne schaumig schlagen und unter Rühren in den Topf schütten. Vor dem Servieren die gerösteten Brotwürfelchen über die Suppe streuen.

Wer Franz sagt, denkt auch an Klara, seine treue Jüngerin, welche dem Heiligen zeitlebens in Freundschaft verbunden war. So wundert es denn nicht, dass die *Fioretti* auch von ihr erzählen. Erinnert sei hier nur an jene ebenso bewegende wie erbauliche Szene, in der beschrieben wird, wie die heilige Klara auf Geheiß Papst Gregors IX. die Brote segnete.

Einst kam der Papst zum Kloster der heiligen Klara, um mit ihr über himmlische Dinge zu sprechen. Da ließ die heilige Klara für ihre Schwestern Brote auf den Tischen aufstellen, um sie vom Vicarius Christi segnen zu lassen.
Der Papst aber sagte: »Meine teuerste Tochter Klara, es ist mein Wille, dass du selbst die Brote segnest.«
Darauf erwiderte sie: »Heiligster Vater, erlasst mir dies! Zu tadelnswert müsste ich sein, wollte ich niedriges Weiblein mir herausnehmen, dergleichen Segen zu sprechen.«
Erwiderte der Papst: »Damit es dir nicht als Vermessenheit angerechnet werde, befehle ich dir im heiligen Gehorsam, dass du das Zeichen des Kreuzes über diese Brote machest.«
Als Tochter des Gehorsams machte Klara das Zeichen des Kreuzes über die Brote und segnete sie mit großer Andacht. Und wunderbar, sogleich war auf jedem Brotlaib ein schön geprägtes Kreuz zu sehen.

Cesare Sermei, Papst Gregor IX. beauftragt Klara, das Brot zu segnen, San Damiano, 17. Jh.

Crostata

150 g Tessiner- oder Pariserbrot (1–2 Tage alt)
2 EL Olivenöl
etwas Weißwein
150 g Käse (Greyerzer, Tilsiter...) in dünnen Scheiben
einige entsteinte schwarze Oliven in Scheibchen
3 getrocknete in Öl eingelegte Tomaten in feinen Streifen
1–2 Knoblauchzehen in Scheibchen
1 TL gehackter Majoran
Salz
Pfeffer
Paprika

Das Brot in etwa 5 mm dünne Scheiben schneiden. Auf einem Backblech das Olivenöl und 3 EL Weißwein verteilen. Das Brot und den Käse abwechslungsweise ziegelartig auf das Blech schichten und mit etwas Weißwein besprengen. Oliven, Tomaten und Knoblauch darauf verteilen und alles in dem auf 200° vorgeheizten Ofen eine schwache Viertelstunde backen. Vor dem Servieren mit den Gewürzen bestreuen. Als Vorspeise für 4, als Hauptgericht mit einem Salat für 2 Personen.

Aus den Ermahnungen des Franz von Sales

Franz von Sales, Bischof von Genf, zeitgenössisches Gemälde, Turin, Monasterio della Visitazione, 1618.

Der französische Theologe und Schriftsteller Franz von Sales (1567–1622) vertrat die Auffassung, dass ein Mensch nicht nur in der Abgeschiedenheit eines Klosters, sondern auch in weltlicher Gesellschaft ein gottgefälliges Leben führen könne. Diese Ansicht bekundet er auch in einer seiner Schriften, die im letzten Jahrhundert fraglos zum christlichen Hausschatz gehörte, nämlich das Andachtsbuch *Introduction à la vie dévote* (1608), das unter dem Titel *Philothea* bekannt geworden ist. Selbstverständlich ist darin auch von einer so primären Notwendigkeit wie von der Ernährung die Rede.

Gerne möchte ich daran erinnern, was der heilige Hieronymus der frommen Matrone Leta sagte: »Langes, übermäßiges Fasten missfällt mir gar sehr, zumal an jenen, die noch in einem zarten Alter sind.« Ich weiß aus eigener Erfahrung, dass, wenn ein junger Esel auf dem Wege ermüdet, er davon abweicht; d.h. junge Leute, die sich durch übermäßiges Fasten Kränklichkeiten zugezogen haben, wenden sich leicht zur Weichlichkeit. In zwei Fällen sind die Hirsche zum Laufen nicht geschickt, nämlich wenn sie zu fett und zu mager sind. Wir sind sehr den Versuchungen ausgesetzt, wenn unser Körper zu gut genährt, und wenn er zu sehr erschöpft ist; denn das Erste macht in seiner Behaglichkeit ihn übermütig, und das Andere macht vor Missbehagen ihn kleinmütig; und wie wir ihn nicht zu tragen vermögen, wenn er zu fett ist, so vermag auch er nicht uns zu tragen, wenn er zu mager ist. Die übermäßige Anwendung des Fastens, der Geißel, des Bußhemdes und anderer Bußwerke machte so manche fromme Personen in ihren besten Jahren zu Liebesdiensten untauglich, wie dies dem heiligen Bernhard widerfuhr, der es bereute, eine allzu strenge Lebensweise geführt zu haben; und je strenger jene anfangs gegen ihren Körper verfahren, desto mehr sind sie am Ende gezwungen, seiner zu schonen. Hätten sie nicht besser getan, ihn immer auf gleiche Art und den Pflichten und Arbeiten gemäß zu behandeln, welche ihr Beruf ihnen auflegte?

Ich glaube, wir sollen die Worte, die unser göttlicher Erlöser Jesus Christus zu seinen Jüngern sprach, nämlich »Esset, was man euch vorsetzt«, in großen Ehren halten.

Denn es ist nach meiner Meinung eine größere Tugend, alles, was man dir vorsetzt, ohne lange zu wählen, und der Reihe nach, in welcher man es dir vorsetzt, sei es nach deinem Geschmacke oder nicht, zu essen, als immer das Schlechteste auszuwählen. Denn obwohl das Letztere strenger zu sein scheint, so ist mit dem Ersteren doch mehr Entsagung verbunden, da man nicht nur seinem Geschmacke, sondern auch seiner Wahl entsagt; und es ist keine geringe Buße, seinen Geschmack nach jedermanns Willen zu richten, und ihn bei jeder Gelegenheit zu unterjochen. Zudem ist dies eine Abtötung, die kein Aufsehen erregt, niemanden belästigt und für das gesellige Leben ganz vorzüglich passt. Eine Speise hinwegschieben, um nach einer anderen zu greifen, alles anbrechen und kosten, nie etwas finden, das gut zugerichtet oder reinlich genug wäre, bei jedem Bissen eine Bemerkung machen, zeigt einen weichlichen und dem Gaumen frönenden Menschen an. Ich achte den heilige Bernhard höher, dass er Öl statt Wasser oder Wein trank, als wenn er absichtlich Vermouthwasser getrunken hätte; denn er bewies dadurch, dass er nicht darauf achtete, was er trank. Und in dieser Gleichgültigkeit gegen das, was man essen oder trinken soll, besteht die vollkommene Ausübung jener Worte: »Esset, was man euch vorsetzt.« Ich nehme jedoch hiervon jene Speisen aus, die der Gesundheit nachteilig sind, oder auch wohl das Gemüt beschweren, wie dies bei vielen der Fall ist, wenn sie warme, stark gewürzte, geräucherte oder blähende Sachen genießen; so wie ich auch die Gelegenheiten ausnehme, wo die Natur der Erholung und Hilfe bedarf, damit sie irgend eine schwere Arbeit zur Ehre Gottes aushalten könne. Kurz, eine anhaltende und besonnene Mäßigkeit ist besser, als eine gewaltsame Enthaltsamkeit, die öfters durch Üppigkeit in Speisen unterbrochen wird.

Die zwei folgenden Gerichte präsentieren sich bestimmt nicht so üppig, dass Franz von Sales etwas dagegen einzuwenden hätte; anderseits wiederum sind sie so lecker, dass es der Mahnung »Esset, was man euch vorsetzt« bestimmt nicht bedurft hätte, um auch ihn zum Zugreifen zu bewegen.

Käse-Spinat-Soufflé

200 g gehackten Spinat (tiefgefroren)
1 EL Butter
2 1/2 EL Mehl
400 ml Milch
4 Eigelb
60 g Greyerzer oder Appenzeller
40 g Sbrinz oder Parmesan
Salz, Pfeffer, Muskat
4 Eiweiß
1 Messerspitze Backpulver

Spinat auftauen; das Wasser abtropfen lassen. Butter in einem Topf erwärmen, das Mehl beigeben, rühren. Die Milch dazugießen und unter Rühren aufkochen, dann die Hitze reduzieren, und 2–3 Minuten weiter köcheln. Die Masse etwas abkühlen lassen, den Spinat, das geschlagene Eigelb, den Käse und die Gewürze darunter mischen. Das Eiweiß mit dem Backpulver steif schlagen und 1/4 des Eischnees unter die Masse rühren, den Rest sehr sorgfältig darunter ziehen. Die Masse in Souffléförmchen füllen und diese für etwa 30 Minuten in den auf 180° erhitzten Backofen stellen.

Käse-Brokkoli-Soufflé

Dieses wird wie das Käse-Spinat-Soufflé zubereitet, nur dass die in Röschen zerteilten, weich gegarten und ausgekühlten Brokkoli (250–300 g) in die Förmchen gelegt werden, *bevor* die Masse aus Milch, Ei und Käse *darüber gegossen* wird.
Selbstverständlich kann man die Masse auch in eine große Souffléform geben – wobei dann allerdings die Backzeit etwa 10 Minuten länger dauert.

Die Erzählung des Ablasshändlers

In unseren Gegenden ist Geoffrey Chaucer fast nur noch wegen seiner *Canterbury Tales* bekannt, von denen Pier Paolo Pasolini einige verfilmt hat. Tatsächlich jedoch führte er die mittelalterliche Literatur Englands ihrem Höhepunkt entgegen. Seine Canterbury-Geschichten hat Chaucer vermutlich um 1387 begonnen. Das (unvollendete) Projekt umfasste 24 Novellen und eine Rahmenhandlung. Letztere berichtet von einer Reisegruppe, die nach Canterbury aufbricht, wobei alle Beteiligten sich verpflichtet haben, mit einer Geschichte zur allgemeinen Unterhaltung beizutragen. Unter den Pilgersleuten befindet sich auch ein Ablasshändler, der mit seiner hochmoralischen Erzählung einen höchst fragwürdigen Zweck verfolgt.

Der Ablasshändler, Illustration aus dem Ellesmere-Manuskript von Chaucer's Canterbury Tales.

In Flandern lebten einst ein paar junge Leute, die sich allen möglichen Lastern ergeben hatten. Sie rauften und spielten und verbrachten die Tage und Nächte in den Hurenhäusern und Schänken bei Lautenklang und Würfelspiel. Sie fraßen und soffen mehr, als sie vertrugen, und in ihren abscheulichen Ausschweifungen brachten sie dem Teufel in seinem eigenen Tempel, im Wirtshaus nämlich, ihre Opfer dar. Ihr würdet erschauern, hättet ihr all die grässlichen Flüche gehört, mit denen sie den Leichnam unseres Herrn schändeten; es war, als hätten ihn die Juden noch nicht genug gemartert!

Einer lachte über die Sünden des anderen, und dazu kamen immer die hübschen kleinen Tänzerinnen, die sich wie Kupplerinnen betrugen, und die jungen Frauen, die Früchte und Zuckerwerk feilboten. Sie sind die rechten Dienerinnen Satans, denn sie schüren die böse Fleischeslust, die der Völlerei auf dem Fuße folgt. Die Heilige Schrift sei mein Zeuge: Im Wein und in der Trunkenheit verbirgt sich das Laster!

Denkt nur an Lot, der betrunken in unnatürlicher Weise bei seinen Töchtern lag! Er wusste auch nicht, was er tat. Und als Herodes, wie jeder aus der Bibel weiß, voll des süßen Weines beim Gelage saß, da gab er den Befehl, den unschuldigen Täufer Johannes zu ermorden. Und Seneca hat ohne Zweifel Recht, wenn er sagt, dass er nicht zu unterscheiden wisse zwischen einem Trunkenen und einem, der den Verstand verloren hat – nur dass der Wahnsinn, der den Sünder überfällt, länger dauert als die Trunkenheit.

O du verfluchte Völlerei, du erster Grund unseres Falles und Ursache unserer Verdammnis, bis Christus uns mit seinem Blut erlöste! Teuer genug haben wir für dieses verfluchte Laster gezahlt! Durch Völlerei ward die ganze Welt ins Verderben gestürzt, denn so viel ist gewiss: Wegen dieses Lasters wurde unser Vater Adam aus dem Paradies vertrieben zu Mühsal und Leid. Denn solange er fastete, so lese ich, durfte er im Paradiese leben, doch als er von der verbotenen Frucht am Baume aß, da wurde er verstoßen. So haben wir allen Grund, der Völlerei zu fluchen.

Wenn der Mensch nur wüsste, wie viele Krankheiten aus Völlerei und Unmaß entstehen, so wäre er mäßiger beim Essen! Überall auf der Welt quälen die Leckerzunge und der kurze Schlund den Fresser, denn wie sagt schon Paulus? »Die Speise für den Bauch und der Bauch für die Speise, doch Gott wird sie beide vernichten.« Ich weiß, es ist schmutzig, dieses Wort zu sagen, aber schmutziger als das Wort noch ist die Tat: Wer unmäßig dem Roten und dem Weißen zuspricht, der macht seine Kehle zur Kotgrube!

Mit Tränen in den Augen klagt der Apostel: »Denn viele wandeln, von denen ich euch oft gesagt habe, jetzt aber auch mit Weinen sage, die Feinde des Kreuzes Christi, deren Ende Verderben ist, und deren Gott der Bauch ist.« O Wanst! O Bauch! Stinkende Hölle voll Fäulnis und Kot! Nach beiden Seiten stößt du grässliche Laute aus, und was kostet es nicht Mühe und Geld, dich zu sättigen! Was müssen die Köche nicht stoßen und mahlen und reiben, um das Gottgegebene in etwas zu verwandeln, was die Sinne

reizt! Und all das nur, um die lüsterne Begierde zu stillen! Sie klopfen das Mark noch aus den härtesten Knochen, denn sie werfen nichts fort, was mild und süß durch die Kehle gleitet. Immer neue Tunken brauen sie aus Wurzeln und Blättern und Rinden, um den Gaumen zu kitzeln. Doch dies ist gewiss: Sie, die sich solcher Üppigkeit ergeben, sind tot, wenn sie auch noch im Laster leben.
Der Wein befördert die böse Lust, und die Trunkenheit ist voll Zank und Niedertracht. Du Säufer! Dein Antlitz ist entstellt, dein Atem faul, und widerlich ist deine Umarmung! Durch deine Säufernase kommt ein Ton als schnaubtest du »Samson, Samson« wo doch Samson den Wein nicht anrührte! Du stürzest wie ein gestochenes Schwein, deine Zunge lallt, und dein Anstand ist hin, denn die Trunkenheit ist der Tod für Sitte und Verstand. Wer trunken ist, wird kein Geheimnis wahren; darum enthalte dich des Weines, des weißen wie des roten!

Der letzte Abschnitt dieser eindrücklichen Predigt ist uns leider entgangen, da unsere Fantasie sich begreiflicherweise mehr mit der bösen Lust als mit ihren schlimmen Folgen beschäftigte, was nur wiederum beweist, dass unsere Gedanken menschlich sind, weil vom Menschen gezeugt, und wenn nicht vom Menschen gezeugt, so doch vom menschlichen Geist empfangen und zu Ende gedacht, und der Mensch ist – was ja diese ganze Predigt selber aufs Eindrücklichste dokumentiert oder zumindest behauptet – ein schwächliches Wesen, das seinen stärksten Neigungen, welche beileibe nicht immer die nobelsten und vornehmsten sind, nur allzu gerne nachgibt; das Fleisch wäre ja willig, nur der Geist ist so schwach. So haben denn auch wir, es geht ja schon gegen Mittag, unseren heimlichen Wünschen nachgegeben oder vielmehr – Fasten ist heilsam und gut, aber der Magen reklamiert auch sein Recht – nachgeben müssen, unter anderem auch deshalb, weil der Prediger zu einem unangemessenen Zeitpunkt, didaktisch höchst ungeschickt und pädagogisch gänzlich verkehrt, von fetten Markknochen und feinsten Tunken gesprochen; da muss ja selbst ein Wüstenheiliger an sein behagliches Leben vor der Bekehrung zurückdenken, ähnlich wie sich das auserwählte Volk in der steinigen Wüste barmte um die in Ägypten zurückgelassenen Fleischtöpfe und Zwiebelfelder und Knoblauchzöpfe, und wir, die doch nicht zu den Erwählten gehören und demnach viel weniger Kraft und Zuversicht besitzen und Gottes Stimme weder von außen durch die Ohren noch im Inneren unseres Herzens deutlich vernehmen, sollten da anders reagieren?! Tunken! Und Markknochen! Wenn wir so etwas hören, und sei es von weitem, dann drängt es uns, die wir in dieser Materie wahrlich nicht unbewandert sind, ein leises Wörtlein mitzureden. Weil wir dem mehr sprachgewandten als wortgewaltigen Ablassprediger nichts ins Wort zu fallen wagen, fallen wir ihm eben in den Rücken, indem wir unsere Gedanken ein bisschen spazieren führen, statt weiterhin seinem unerquicklichen Sermon zu lauschen.

»Sie klopften das Mark aus den härtesten Knochen ...« Beim Markknochen denken wir an Risotto, und beim Risotto an Morcheln ...

Risotto mit getrockneten Morcheln

250 g Risottoreis (Vialone, Arborio…)
2 Schalotten
2 Knoblauchzehen
80 g Butter
1 Stück Markknochen
200 ml trockener Weißwein
800 ml kräftige Fleisch- oder Gemüsebrühe
30 g getrocknete Morcheln
Salz
Pfeffer

Die Morcheln unter fließendem Wasser spülen, 30 Minuten einweichen und anschließend sehr gut waschen, bis es auch dem allerletzten Sandkörnchen verleidet.

Den Reis mit 1 TL Butter, dem in kleine Stückchen geschnittenen Knochenmark und den fein gehackten Schalotten in einen Topf geben und alles scharf anrösten. Sobald die Schalotten oder der Reis eine leicht bräunliche Farbe annehmen, mit dem Weißwein ablöschen.

Die halbierten Knoblauchzehen und die Morcheln zugeben, etwas Gemüsebrühe darüber gießen und den Reis bei geschlossenem Deckel einige Minuten auf kleiner Flamme köcheln.

Anschließend immer wieder etwas Brühe nachgießen und den Reis nun unter ständigem Rühren köcheln. Es sollte immer so viel Flüssigkeit beigegeben werden, dass sich ein flüssiger Brei im Topf befindet. Salzen, pfeffern.

Nach einer Gesamtkochzeit von etwa 20 Minuten hat der Reis die richtige Festigkeit. Diese ist erreicht, wenn er weich ist, innen aber noch einen festen Kern (Biss) hat. Dann den Topf vom Herd ziehen und die restliche weiche Butter mit einem Kochlöffel darunterrühren. Notfalls nochmals mit Pfeffer und Salz abschmecken.

Unser Ablassprediger weiß, wie man die Leute bei der Stange hält, das hat er vermutlich von Demosthenes, der einmal, als ihm alle, die nicht wegliefen wegschliefen, von einem seltsamen Prozess erzählte: Ein Mann hat einen Esel gemietet und will sich nach mehrerer Meilen Weges in dessen Schatten ausruhen, worauf der Besitzer des Lasttiers lauthals protestiert, den Eselschatten habe er nicht mitvermietet – wie wird der Richter diesen Streitfall entscheiden? Und wie der schlaue Grieche erweist sich auch der Ablassmann als Schalk; er hat seine Predigt zwar mit einer Geschichte von drei jungen flandrischen Taugenichtsen eingeleitet, sich dann aber leider in unzeitgemäße Betrachtungen verloren – doch jetzt greift er den verlorenen Faden wieder auf und beginnt von den drei verlorenen Söhnen aus dem fernen Flandern zu berichten; das Predigtmärlein wird bestimmt nicht gut ausgehen.

Trinkgelage, Holzschnitt von Hans Weiditz aus »Petrarca«, Augsburg, 1532.

Von drei Zechern will ich euch berichten. Noch ehe die Glocke zum Morgengebet rief, saßen sie schon im Wirtshaus und soffen.

Wer so etwas vernimmt, träumt nicht länger mehr von Markknochen und Tunken. Und hört begierig zu, als der Prediger die Dreie einen Goldschatz finden lässt. Denn jetzt erst wird die Sache richtig spannend.

Dann sprach der Schlimmste von den dreien:
»Wenn das Gold nur schon in meinem Hause – oder auch in eurem – wäre! Dann wären wir gemachte Leute. Nur können wir es bei Tage nicht nach Hause schaffen; man würde uns für Räuber halten und uns aufknüpfen. Also müssen wir warten, bis es Nacht wird. Ich schlage darum vor, wir losen. Wer den längsten Strohhalm zieht, der geht in die Stadt und besorgt uns heimlich Brot und Wein; die anderen bewachen

solange den Schatz. Und wenn er wieder da ist, dann schaffen wir das Gold bei Nacht dorthin, wo es am besten aufgehoben ist.«
Er nahm drei Strohhalme in die Faust und ließ die anderen ziehen. Das Los fiel auf den Jüngsten, der sich sogleich auf den Weg zur Stadt machte.

Dass die beiden andern jetzt beschließen, den Jüngsten bei seiner Rückkehr umzubringen und sich den Schatz zu teilen, brauchte der Prediger gar nicht so ausführlich darzulegen. Und wenn wir denken, dass der Jüngste dieweil ebenfalls nur an die blanken Taler denkt, haben wir richtig gedacht. Nur dass wir, im Gegensatz zum Ablassprediger, die Rechnung ohne den Teufel gemacht haben.

Da gab ihm der Teufel, unser aller Feind, heimlich ein, er solle Gift kaufen, um die Freunde zu töten. Ohne zu zaudern ging er in die Stadt zu einem Apotheker und verlangte ein Gift, mit dem er, wie er sagte, Ratten in seinem Haus vertilgen wolle.
»Ich will dir etwas geben«, sagte der Apotheker. »So wahr mir Gott helfe, dieses Gift ist so stark, dass nichts und niemand ihm widerstehen kann. Wer auch nur ein Körnchen davon nimmt, der stirbt im Handumdrehen.«
Der Schurke nahm das Gift und lief in die nächste Straße, wo er sich drei Flaschen auslieh. In zwei davon schüttete er das Gift, die dritte aber hielt er rein, denn daraus wollte er selber trinken, wenn er in der Nacht das Gold beiseite schaffte. Dann ließ er die drei Flaschen mit Wein auffüllen und eilte zurück zu seinen Kumpanen.
Was soll ich noch viele Worte machen? Wie sie es ausgemacht hatten, erschlugen sie ihn auf der Stelle, und als das geschehen war, sagte der eine: »Nun wollen wir etwas trinken und fröhlich sein. Nachher verscharren wir dann die Leiche. Und wie es der Zufall wollte ...

Den Rest können wir uns sparen. Zumal wir uns schon lange fragen, was dieser Lohnprediger wohl für einen geheimen Zweck verfolgt mit seinen Geschichten gegen die Völlerei und seinen Sprüchen wider den roten und den weißen Wein; vom Rosé ist gar nicht erst die Rede, vielleicht weil das den Blick auf seine rosigen Bäcklein und die Augen auf seine angerötete Nase lenken würde – und überhaupt gar spindeldürr sieht dieser Mensch nun auch nicht aus, im Gegenteil. Hat jemand etwas Anderes erwartet als dass der ganze Witz der ganzen Rede darin liegt, dass wir das, was wir am Essen sparen, am Ende *seinem* Schlunde opfern?

O schändlichste aller Sünden! Ihr mörderischen Verräter! O Schlechtigkeit und Völlerei! – Nun liebe Leute, verzeih' euch Gott eure Fehler! Mein heiliger Ablass wird euch Rettung bringen, wenn ihr Silberling und Taler spendet ...

Da machen wir nicht mehr mit, sondern stopfen uns Watte oder Wachs in die Ohren. Zumal wir, allerdings ohne abschließenden Spendenaufruf, in frühester Ju-

»Frau Welt« tafelt mit den Herren »Sorglos« und »Geschmack«, Holzschnitt von Cornelius Tennissen.

gend einmal eine ähnlich blutrünstige Geschichte gehört haben, als der alte Kaplan von der Kanzel herunter gegen Suff und Dusel zu Felde zog: Da war einst einer, der hatte die Wahl, entweder einen Mord oder einen Ehebruch zu begehen oder falsch zu schwören oder sich einen Rausch anzutrinken. Natürlich wählte er Letzteres, wusste dann leider, stockbesoffen wie er war, nicht Gescheiteres zu tun als ins Hurenhaus zu gehen, wo er mit irgendeiner Schlampe seine nach Zuneigung darbende Frau betrog, was ihm sein Vater vorwarf, worauf er diesen wutentbrannt erschlug und vor Gericht erst noch einen Meineid leistete: er sei, bei Gott, kein Mörder! Da konnten, sehr zur Enttäuschung unseres alten Kaplans, der selber einem Schlummerbecher nie abgeneigt war, selbst die Frömmsten unter den Frommen ein lautes Lachen nicht mehr unterdrücken; besagte Predigt, die übrigens mehr als eine Stunde dauerte, ist in die Lokalgeschichte eingegangen; das drastische Exempel wird im Luzernischen noch heute gelegentlich an Wirtshaustischen erzählt, der gefährdeten Nachwelt zur Erinnerung und dem längst verblichenen Kaplan zum Gedenken.

Kierkegaards Verein zur Bekämpfung des Weintrinkens

Ganz anders als der bauernschlaue Sermon des Ablasshändlers hört sich eine Buß- oder Fastenpredigt an, welche wir dem dänischen Denker und Kirchenkritiker Søren Kierkegaard (1813–1855) verdanken.

Kierkegaards Angriffe richteten sich vor allem gegen die Dänische Staatskirche, und damit gegen die verbeamteten Religionsverwalter. Die Pfarrer galten als Staatsbedienstete, während die Bischöfe vom König ernannt wurden und seine Ordenszeichen trugen. Vor diesem Hintergrund erst wird jene Standpauke verständlich, die Kierkegaard kurz vor seinem Tod im Jahre 1855 veröffentlichte:

> Denke dir, es bilde sich eine Gesellschaft zur Bekämpfung des Weintrinkens. Zur Erreichung ihres Ziels erachtet die Leitung der Gesellschaft es für zweckmäßig, einige Männer anzustellen, die als Sendboten, Redner, Prediger das Land durchreisen und die Menschen zum Eintritt in die Gesellschaft bereden sollen. »Aber«, sagt der Vorstand der Gesellschaft in der Sitzung, worin die Sache beschlossen wird, »an den Predigern zu sparen wäre wahrhaftig übel gespart; von ihnen zu verlangen, dass sie keinen Wein trinken, das führte zu nichts. So erhielte man nur diese nüchternen, wässerigen Reden, die keinen Menschen zum Eintritt in unseren Verein begeistern würden. Nein, an dem Prediger darf nicht gespart werden; er muss seine Flasche Wein pro Tag haben und für besonderen Eifer noch eine Extraflasche zugesichert erhalten; dann hat er Lust und Liebe zu seinem Werk, dann wird er durch seine Wärme, den Nachdruck seiner Worte, die Macht seiner Überzeugung die Menschen hinreißen und uns zahlreiche Mitglieder für unseren Verein gewinnen.«
> Gesetzt nun, dass nicht alle Mitglieder dieser Gesellschaft werden, aber Prediger im Dienst dieser Gesellschaft! So ist es auch mit dem Christentum und mit dem Staat. Das Christentum, diese Lehre von der Entsagung, dem Leiden, der Entfremdung von dieser Welt, die Lehre, die ihre Wechsel nur auf eine andere Welt ausstellt, diese Lehre will der Staat angebracht wissen. »Aber«, sagt der Staat, »an den Pfarrern zu sparen, das wäre wirklich übel gespart, da erhielte man nur noch diese nüchternen, wässerigen Predigten, die keinen Menschen für diese Lehre gewinnen, vielmehr jedermann abschrecken. Nein, der Pfarrer muss so gestellt, sein Leben muss in jeder Weise darauf eingerichtet werden, dass die Verkündigung dieser Lehre ihm und seiner Familie Genuss verschafft. Dann kann man hoffen, dass er die Menschen für die Verleugnung

des Irdischen gewinnt; denn dann wird der Pfarrer in der Stimmung sein, mit Wärme und Nachdruck, mit wirklicher Überzeugung den Menschen zu schildern, wie selig die Entsagung und das Leiden ist.« – Welches Glück, dass wir nicht alle Pfarrer sind!

Man mag Kierkegaard entgegenhalten, dass Unkraut und Weizen auch innerhalb des Christentums nebeneinander gedeihen; dass es unter den Christinnen und Christen nicht nur Heilige, sondern auch Galgenvögel und Sünderinnen gibt; dass die Kirche in Knechtsgestalt und als Pilgerin durch diese Welt humpelt – sein Grundanliegen ist trotzdem berechtigt und hat bis heute nichts an Aktualität eingebüßt. Das Christentum braucht weniger Beamtentum und mehr Prophetismus, weniger Funktionäre und mehr Pioniere, es benötigt nicht Schwätzer, sondern Täter; es braucht keine Finanzjongleure, die die Börsenkurse besser kennen als die Bibel und die nach Belieben schalten und walten, sondern Dienstleute, die nicht im eigenen Namen ihre Stimme erheben, vielmehr sie leihen, wohl wissend, dass sie *unter* dem Gotteswort stehen, selbst wenn sie beauftragt sind, es verbindlich auszulegen. Denn wer immer sich auf das Evangelium beruft, darf dies nur in dem Bewusstsein, ein Sendling Gottes in dieser Welt zu sein, ein Butler oder ein Kirchenschweizer oder eine Hausmagd eben, in jenem Dom, der nicht aus toten Steinen erbaut ist, sondern der immer neu aus lebendigen Menschen entsteht. Biblisch gesprochen, einer nur ist der Besitzer des Weinbergs, und wer dort eine Harke oder eine Rebschere in die Hand nimmt, muss wissen: Selbst wenn ich hier als Verwalter oder als Pächterin amte, so bin und bleibe ich im Grunde bloß eine Volontärin oder ein Lehrling, zeitlebens.

Schwindel und Falschmünzerei indessen gibt es nicht nur innerhalb der Kirchen, sondern auch in der Politik und in allen Bereichen der Gesellschaft – also auch in der Gastronomie.

Ein paar Stichworte gefällig? Gulaschsuppe aus der Dose, Pastetchenfüllung aus dem Beutel, Frischeier in Pulverform ... Und beim Abräumen der Teller fragt die Bedienung aufgeräumt: »Hat's geschmeckt?« »Hervorragend«, antworten die Gäste. Sie ahnen ja nicht, dass sie mit *Convenience food* abgefüttert wurden. Der deutsche Ausdruck dafür heißt Bequemkost. Darunter versteht man Fertiggerichte, die heute sogar an Tankstellen angeboten werden, und die, der heiligen Marta, der Patronin der Köchinnen sei's geklagt, auch in der angeblich gehobenen Gastronomie immer häufiger auf den Tisch kommen.

Wer heute in einer Gaststätte aus zwanzig Menüs einen Zwiebelrostbraten oder einen Dorsch mit Weißweinsoße auswählt und das Gewünschte schon nach wenigen Minuten vorgesetzt bekommt, kann sicher sein, dass der Name des Kochs mit M beginnt. M – nicht wie Mosimann (der in London gelegentlich für die Royals den Löffel rührt), sondern M wie Mikrowelle.

Bei den auf den Menükarten unserer Gaststätten als Hausmannskost angepriesenen Speisen handelt es sich zu einem guten Teil um normierte Industrieware.

Der Inder in der Innenstadt und der Thailänder gegenüber der Oper haben nur deswegen so viel Zulauf, weil die Leute nicht wissen, was die asiatische Küche wirklich zu bieten hat.

Kein Gesetz verpflichtet einen Schankwirt dazu, industriell gefertigte Gerichte als solche zu deklarieren. Prekär wird die Sache erst, wenn die Preise für die Mahlzeiten derart Schwindel erregend sind, dass man sich schon aus reinem Selbstschutz weigert, den Schwindel zu durchschauen und sich einbildet, von einem mit drei Kochmützen bedachten Koch verwöhnt zu werden. Während in Wirklichkeit ein spezialisierter Konservendosenöffner oder eine routinierte Fertigbeutelaufschneiderin am Werk waren.

Dabei geht es mir beileibe nicht darum, die Gastronomen und die Küchenchefinnen zu verteufeln. Wenn ein Gast nicht selber merkt, wo noch gekocht wird und wo man ihm Fertigfutter zumutet, kommt es eigentlich nicht darauf an, was er sich durch den Mund und wer ihn durch den Schmer zieht.

Auberginenschnitzel

2 große Auberginen
2 Eier
Salz, Pfeffer
8 EL geriebener Parmesan
8 EL Semmelbrösel
wenig Mehl
reichlich Olivenöl

Wer diese Auberginenschnitzel bei mir isst, geht auf Nummer sicher. Die Eierfrüchte kaufen ich auf dem Markt und bereite sie selber zu. Zunächst werden die Auberginen gewaschen und in nicht ganz 1 cm dicke Scheiben geschnitten. Diese bestreue ich beidseitig mit etwas Salz, lasse sie eine halbe Stunde ruhen und streife dann den bitteren Saft mit einem Messerrücken ab. Die Eier verquirle ich unter Beigabe von etwas Salz und Pfeffer. Anschließend wird der Parmesan mit den Semmelbröseln vermischt. Nachdem ich die Auberginenscheiben zuerst in etwas Mehl, dann in der Eimasse und schließlich in der Käse-Bröselmischung gewendet habe, erhitze ich in der Bratpfanne reichlich Olivenöl und brate die panierten Auberginenscheiben goldbraun. Heiß oder lauwarm serviere ich sie als Vorspeise.
Als Hauptbericht ersetzen sie das Wienerschnitzel. Als Beilage passen sie zu kurzgebratenem Fleisch oder Fisch.

Über Farbstoffe und Konservierungsmittel brauchen sich meine Gäste keine Gedanken zu machen. Was hingegen die *Convenience food* betrifft, kann ich nur raten: Zu Risiken und Nebenwirkungen lesen Sie die Packungsbeilage oder fragen Sie ihren Arzt oder Apotheker.

Die Tischreden des Doctor Martinus Luther

In jenen längst vergangenen Zeiten, als die Menschen nicht auf die Mattscheibe starrten, wenn sie über ihren Tellerrand hinausblickten, hat man beim Essen noch miteinander geredet. Eines der faszinierendsten Zeugnisse dafür bilden die Tischreden von Martin Luther, jene Gespräche also, welche von einigen der vielen Mitesser im Haus des Reformators aufgezeichnet wurden und so der Nachwelt erhalten blieben. Tiefgründige Diskussionen über Kirche und Papst, hitzige Debatten über politische Ereignisse, ernsthafte Auseinandersetzungen über wissenschaftliche Fragen – da gibt es kein Thema das tabu gewesen wäre. Gelegentlich, Doktor Luther war bekanntlich von vulkanischer Natur, ging es an seiner Tafel auch derb und deftig zu.

Überliefert ist die Episode »von eines Mönchs Gebet«, welche der Reformator während eines Essens erzählte, vermutlich nachdem er schon den einen oder anderen Schoppen intus hatte:

> **Als ein Mönch auf ein Zeit gesessen auf einer Latrina und dabei die horas canonicas [das Breviergebet] gelesen hatte, da sei der Teufel zu ihm getreten und hatte gesagt:**
> ***Monachus super latrinam/non debes legere primam!***
> **Dies stille Örtchen, Mönch, das ist kein Ort zum Beten!**
> **Worauf der Mönch entgegnete:**
> ***Purgo meum ventrem/Et colo Deum omnipotenten;***
> ***Tibi quae infra,/Deo omnipotenti quod supra***
> **Die Bitt' aus meinem Mund/die sei wohl Gott empfohlen.**
> **Doch was nach unten plumpst, mag sich der Teufel holen.**

Dass Luther ausgerechnet bei Tisch einmal auch auf die Kirchensteuer zu sprechen kam, ist kein Zufall. Mahnt etwa nicht schon der Apostel Paulus an, dass »alle, die am Altar Dienst tun, vom Altar ihren Anteil erhalten« sollen (1. Korintherbrief, 9. Kapitel, 13. Vers)? Offenbar aber waren schon zu des Reformators Zeiten längst nicht alle Gläubigen willens, ihren Obolus bereitwillig zu entrichten. O-Ton Luther:

> **Die Zuhörer des göttlichen Wortes sind mehr verpflichtet und schuldig, die Diener zu ernähren und zu unterhalten, denn dass ihnen in den zehn Geboten ernstlich befohlen wird, dass sie nicht sollen huren, ehebrechen, töten, stehlen: denn das Predigtamt gehet die erste Tafel an der zehn Gebot Gottes, sonderlich das dritte Gebot. So sagt S. Paulus zun Corinthern auch davon, dass »wer dem Altar dienet, solle vom Altar auch leben; und dem Ochsen, der da dreschet, solle man das Maul nicht zubinden«.**

Aber wie unterhält die Welt das Predigtamt? Dazu äußerte sich Doctor Martinus kurz vor seinem Tode:

> **Man theilet itzt wünderlich mit den armen Predigern. Denn haben sie itzt bei ihren Pfarren ein Fleck Holz, schönen Wiesenwachs, Ackerbau oder Weinberge, so zwackt man es ihnen ab. Man theilet mit ihnen, gleich wie jener in den Fabulis Aesopi mit dem Mercurio einen Pact machte, dass er Alles, was er funde, dem Mercurio die Hälfte geben wollte. Als er nu einen Sack mit Tatteln und Mandeln fand, führ er zu und schälete die Mandeln, und leget die Schalen von Mandeln auf eine Seite samt den Kernen aus den Tatteln, und thät die Mandelkern und Tattelkern auf eine Seite. Gab also die Hälfte, nämlich Schalen und Tattelkern dem Mercurio, aber die Kern von Mandeln und die Tatteln behielt er fur sich. Also ist auch das Theil, das die Bauern den armen Predigern und Pfarrherrn geben, nichts anderes denn ledige Schalen, Spreu und solch gering ding.**

Gustav Spangenberg, Martin Luther im Kreise seiner Familie, 1866. Im Hintergrund Philipp Melanchthon, vorne Katharina von Bora, die eine hervorragende Wirtschafterin war.

Wir erweisen uns da sehr viel großzügiger. Mit der gleichen Pünktlichkeit, mit der Aldi zum Septemberbeginn die ersten Christstollen in die Regale stellt, werden in den Supermärkten zwei Wochen vor Ostern die ersten ausländischen Spargeln angeboten. Das veranlasst uns, den Pfarrer und seine Haushälterin zu einem Spargelessen einzuladen. Dabei denken wir weniger an die Lamentationen eines Martin Luther, als vielmehr an den von ihm beschworenen Apostel Paulus, der im Hinblick auf die kirchlichen Amtsträger in einem etwas gewagten Bild daran erinnert, dass man »einem dreschenden Ochsen das Maul nicht verbinden dürfe« (1. Korintherbrief, 9. Kapitel, 9. Vers). Die schönsten und dicksten Spargelstangen bekommen natürlich unsere Gäste.

Spargeln nach Walliser Art

1 kg weiße Spargeln
Salz
1 Prise Zucker
6 Scheiben Schinkenspeck
150 g gewürfelter Raclettekäse
1 gestrichener TL Butter
300 ml Milch
2 gestrichene EL Mehl
Salz, Pfeffer
Muskat

Wasser erhitzen, Salz und Zucker darunter rühren und die geschälten Spargeln etwa 12 Minuten kochen (die dicken zuerst hineingeben!). Jeweils 2–3 abgetropfte Spargeln mit einer halben Scheibe Schinkenspeck umwickeln und die Bündel nebeneinander in eine ausgebutterte Gratinform legen.

Soße für Spargeln

Milch und Mehl in einem Pfännchen gut verrühren, erhitzen und die Käsewürfelchen dazugeben und unter Rühren schmelzen. Die Soße mit Salz, Muskat und Pfeffer würzen, über die Spargeln gießen und die Form für 20 Minuten in den auf 200° vorgeheizten Ofen schieben. Dazu reichen wir Salzkartoffeln, die mit etwas gehackter Petersilie bestreut und mit wenig heißer Butter übergossen werden.

Während wir so nach paulinischer Art einen Teil unserer Kirchensteuer begleichen, will sagen, uns mit unseren beiden Gästen am Spargel delektieren, erinnern wir uns gleichzeitig an eine andere Sentenz aus Luthers berühmten Tischreden:

> Unser Herr Gott gönnet uns gern, dass wir essen, trinken und fröhlich sind und aller Creaturen brauchen, denn darum hat er sie alle geschaffen. Er will nicht haben, dass

wir sollen klagen, er habe uns nicht gnug geben, er könne unsern armen Madensack nicht ernähren noch füllen; wichtig aber ist, dass wir ihn für unsern Gott erkennen und für seine Gaben danken.

Die Schalen der Spargeln landen natürlich nicht direkt auf den Komposthaufen; die werden zuvor im Spargelsud ausgekocht und erst dann weggeworfen. Auf dieser Basis bereiten wir dann am Tag danach eine Spargelcremesuppe zu.

Spargelcremesuppe

3 EL Mehl unter ständigem Rühren in 2 EL Butter dünsten, mit 800 ml Spargelsud ablöschen, aufkochen und etwa 15 Minuten köcheln. Mit Salz, weißem Pfeffer und Muskat würzen. 100 ml Sahne darunter rühren. 100 g Spargelspitzen in kleine Stücke schneiden und in der Suppe erhitzen. Wer's mag – und wer möchte das nicht? – streut noch etwas fein gehackten Kerbel über die angerichtete Suppe.

Wie ein berühmter Medikus im 16. Jahrhundert das Fasten brach und wie er Hochzeit feierte

Wer im Lexikon unter *Platter, Felix* nachschaut, wird enttäuscht. Allenfalls findet sich ein Eintrag über seinen Vater, Thomas Platter (1499–1582), welcher seine Kindheit im schweizerischen Wallis als Ziegenhirt verbrachte, sich dann einer Gruppe von fahrenden Studenten anschloss, die ihn, den Jüngsten, zwangen, für sie den Lebensunterhalt zusammenzubetteln. Nachdem er sich in Meißen, Nürnberg, Dresden, München und Konstanz herumgetrieben hatte, floh er vor seinen Beschützern schließlich nach Zürich, wo er im Hause des Humanisten Mykonius als Kustos Aufnahme fand – was bedeutet, dass er endlich eine Schule besuchen konnte und gleichzeitig als Hausknecht ein kärgliches Auskommen hatte. Später verschlug es ihn nach Basel, wo er bei einem Meister das Seilerhandwerk und auf eigene Faust Griechisch und Hebräisch lernte und schließlich zu einem der angesehensten Lehrer und Humanisten seiner Zeit wurde.

Sein Sohn Felix (1536–1614) studierte Heilkunde in Montpellier, kehrte dann nach Basel zurück, wo er als Stadtarzt und Universitätsprofessor bald einen derart guten Ruf genoss, dass die Medizinstudenten aus ganz Europa ihn hören wollten.

Wie seinem Vater Thomas Platter, der sich auf die Bitte seines Sohnes Felix hin zur Niederschrift seiner Lebenserinnerungen entschloss, verdanken wir auch diesem Letzteren eine Reihe von Tagebuchaufzeichnungen, welche uns ein höchst lebendiges Bild über die Sitten und Gebräuche der damaligen Zeit vermitteln.

Unter anderem hält der 15-jährige in seinen Aufzeichnungen nicht nur fest, wie er während seiner Studienzeit in Montpellier das kirchliche Fasten brach, sondern auch, was das Jahr über so auf den Tisch und in den Teller kam.

> **In meines Herrn Haus lebte man gar einfach, wie auch allezeit auf spanische Art der Marranen [getaufte spanische Juden]. Beim Fleischtag isst man eine Suppe, darauf nauraux oder Kraut, mit Hammelfleisch, selten von Ochsen. Man speist mit den Händen, jeder aus seiner Schüssel. Nachher kommt das gesottene Fleisch. Nachts allzeit einen Salat, darnach einen kleinen Braten, was übrig bleibt, isst das Dienstvolk. Brot, das sehr gut ist, hat man genug, dazu vollauf dunkelroten Wein, der mit Wasser vermischt getrunken wird.**
>
> **Am Aschermittwoch fängt man das Fasten an, in welcher Zeit man weder Fleisch noch Eier bei Leibstrafe essen darf, obwohl wir Deutsche heimlich solche Speisen genossen.**
>
> **In der Fastenzeit ging es ziemlich schmal zu. Man gibt eine Krautsuppe von Kohl, mit Öl gekocht, darnach Merlans, die wie unsere Stockfische sind. Zeitweise gibt es von den großen Tonfischen, die 14–15 Schuh lang sind; alles mit Öl gekocht, weshalb ich, solange ich dort gewesen, keine Butter gegessen habe. Es gab auch gebratene Zwiebeln, von denen man merkliche Haufen am Bartholomäustag (24. August) auf dem Platz verkaufte, und fast den ganzen Winter gebratene Kastanien, sonst weder Käse noch Obst.**

Bei dem hier erwähnten *Merlan* handelt es sich um einen dorschartigen Fisch, vermutlich um einen Wittling.

Dorschfilets im Bierteig

Weil der Wittling (dessen Fleisch sehr zart und überaus druckempfindlich ist) nicht leicht zu bekommen ist, nehmen wir stattdessen Dorschfilets. Oder Zander, Felchen, Goldbutt oder Seezunge ...

600 g Dorschfilets
Salz, Pfeffer
etwas Zitronensaft
1 EL Worcestersoße
Petersilie und Zitronenscheiben zum Garnieren
Öl zum Frittieren

Für den Bierteig:

150 g Mehl	*300 ml Bier*
Salz	*2–3 Eiweiß*

Dillsoße

1 Becher Jogurt	*1 EL Dill*
120–150 g Mayonnaise	

Die Zutaten für die Soße rechtzeitig miteinander vermischen, damit der Dill Zeit hat, sein Aroma abzugeben.

Die Fischfilets mit Salz, Pfeffer, Zitronensaft und Worcestersoße würzen und mindestens 1 Stunde im Kühlschrank ziehen lassen.

Das Mehl in eine Schüssel sieben, etwas Salz darunter mischen, in der Mitte eine Vertiefung anbringen, das Bier hineingießen und alles zu einem glatten Teig rühren. Die Schüssel mit einem Tuch zudecken und den Teig mindestens 1 Stunde ruhen lassen. Vor Gebrauch das steif geschlagene Eiweiß unterziehen.

Die Fischfilets mit Küchenkrepp abtupfen, im Teig wenden und in dem auf etwa 180° erhitzten Öl frittieren. Die Filets auf einer flachen Platte anrichten, mit Zitronenscheiben und Petersiliesträußchen garnieren und zusammen mit der Soße servieren.

Mit gut zwanzig Jahren ist Felix Platter bereits ein bekannter Stadtmedikus. Da findet sein Vater, dass es Zeit sei zu heiraten. Wie es bei der Vermählung im Jahre 1557 zuging, erzählt der Sohn in allen Einzelheiten.

Bald nachdem ich Doktor geworden, drang mein Vater darauf, dass auch die Heirat zwischen mir und Jungfrau Magdalena Jeckelmann beschlossen werde. [...] Am Montag, den 22. November [1557], am Hochzeitsmorgen, war ich, weil ich nicht viel geschlafen hatte, ganz unlustig. [...] Wir zogen um neun Uhr in das [Basler] Münster, hernach die Hochzeiterin in einer fleischfarbenen Schärpe. Nach gehabter Predigt gab man uns zusammen; ich schenkte ihr einen gewundenen Ring für acht Kronen. Also zogen wir wieder zum »Gejagd« [Haus zur Jagd], wo man uns zu trinken gab und ich die Hochzeiterin hineinführte, die man in der oberen Stube reichlich beschenkte.

Es waren 15 Tische, die alle gut besetzt waren, mit mehr als 150 Personen, ohne die, welche aufwarteten. Die Mannspersonen saßen im Saal unten im Haus und im Mittelhaus in der langen Stube. Die Weibspersonen saßen in der Dachstube, die Jungfrauen in der oberen Stube. Neben mir saß der Bürgermeister Herr Theodor Brandt.

Die Bewirtung war folgende: Man stellte vier Mal auf [= vier Gänge]: einen Lummel [Lendenbraten], Suppe, Fleisch, Hühner, gesottenen Hecht, Gebratenes, Tauben, Hühnchen, Gänse, Reismus, Lebersülze, Käse und Obst. Man hatte allerlei guten Wein. Die Musik machte Christel der Bläser mit seiner Viola, die Sänger waren die Schüler, sie sangen unter anderem den Gesang von den Löffeln [ein Gelegenheitsgedicht von Felix Platter über den Ratsherrn Alex Löffel]. Nach dem Essen führte Dr. Mykonius die Hochzeiterin in Dr. Oswald Bers Haus.

Tafel in einem Bürgerhaus, Abbildung aus Ein new Kochbuch, 1581.

Da tanzte man unten im Saal, es war viel Volk da und stattliche Leute dabei. Ich wollte höflich sein mit meiner Hochzeiterin, wie ich von Frankreich her bei den Tänzen gewohnt war, weil sie mich aber freundlich abmahnte und sich schämte, ließ ich ab, tanzte allein eine Gaillarde auf Anstiften des Dr. Mykonius.

Danach zogen wir wieder zum Nachtessen in meines Vaters Haus, waren ebenso viele Tische wie beim Imbiss. Da trug man Voressen von Hühnermagen auf, Suppe, Fleisch, Hühner, gesottene Karpfen, Braten, Wildbret, Fleischgallert und Küchlein.

Nach dem Nachtessen, als es ziemlich spät war, nahm man Abschied und damit es nicht zu viel Aufzieherei gebe, verbarg ich mich in meines Vaters Kammer, dahin man auch stillschweigend meine Hochzeiterin führte, von der ihr Vater weinend Abschied nahm. [...]

Morgens, am Dienstag, brachte Katharina, ihre Magd, meiner Hochzeiterin andere Kleider, die ließen wir [ins Zimmer] ein, und wie sie ein holdseliges Mensch war, trieb sie viel seltsame Späße. Hernach sammelte sich das Hochzeitsvolk wieder zum Mittagessen, das um 11 Uhr anfing.

Es waren ebenso viele Tische besetzt und die Bewirtung nicht minder, samt dem »Brautmus«, das man schon anstatt des »Weinwarms« auftrug. Man tanzte nach dem Essen bis zur Nacht; da waren beim Nachtessen noch eine Anzahl Leute und besonders alle Jungfrauen da, die bei guter Zeit Urlaub nahmen und heimzogen.

Das *Weinwarm*, von dem hier die Rede ist, war eine damals beliebte Süßspeise, wobei fast jeder Haushalt sein eigenes Rezept hatte. Im Grunde handelt es sich um eine Weincreme, die oft, wie in der bereits erwähnten zweihundertjährigen Rezeptsammlung aus der Meraner oder Bozner Gegend (vgl. dazu in diesem Buch die Geschichte *Klosterkäse, Klosterbier, Klosterschnaps*) als *Weinkoch* bezeichnet wird. Dort liest sich das entsprechende Rezept so:

Weinkoch

Nimm von [= für] 2 Kreuzer die Semmelbrösel, röste sie in ein Bröckel Schmalz gelblet [gelblich], daß sie nicht fett werden; unterdessen sied einen Wein mit Zucker und Lemonischälerl, rührs unter die Böseln langsam, daß es nicht zu dünn wird; nach dem laß es aufsieden, und wenn du es brauchst, so rühre ein paar Eyerdötter darunter und laß es aufsieden; so ist es fertig.

Wer das *Weinkoch* heute zubereiten möchte, kann sich an ein Rezept halten, welches in dem 1934 erstmals erschienenen und 1992 in 7. Auflage herausgebrachten Kochbuch *Klosterküche der Franziskanerinnen des Crescentia-Klosters Kaufbeuren* überliefert ist; viel hat sich am Grundrezept nicht geändert.

Weincreme

375 ml Weißwein
3 Eier
100 g Zucker
Zitronenschale
10 g Stärkemehl
etwas Milch

allenfalls noch

Biskuits
Eischnee
Vanillezucker

Wein, Eigelb, Zitronenschale und Zucker verrühren und auf dem Feuer unter beständigem Schlagen zum Kochen bringen; Stärkemehl mit etwas Milch glatt rühren, beigeben und die Creme auskühlen.

Eine Schüssel mit Biskuits auslegen, die Creme darüber schütten, kalt stellen. Vor Gebrauch Eischnee, mit Vanillezucker gesüßt, darübergeben. Lässt man die Biskuits weg, wird der Schnee unter die Creme gerührt.

Einkaufszettel in Buchform

Die folgende Geschichte hat eigentlich nichts zu tun mit dem Thema dieses Buchkapitels. Aber, sie fügt sich gut in Felix Platters Schilderung seines Hochzeitsessens. Denn auf ein Hochzeitsessen folgte damals wie heute unweigerlich die Alltagskost. In diesem Zusammenhang stellt sich dann schon die Frage, ob die Liebe allein genügt, um einen Ehestand in Gang und die Beziehung in Schwung zu halten.

Gerade habe ich den Knoblauch zu den Kartoffeln und den Bratwürsten gelegt, als mein Blick auf den Einkaufswagen neben mir fällt, den ein junges Pärchen vor sich hinschiebt. Vorne, gleich hinter dem Handgriff, haben die beiden ein aufgeschlagenes Buch platziert. Und nun höre ich, wie er zu ihr sagt: »Guck schon endlich nach, was wir noch alles brauchen für unser Auberginengratin!« Jetzt erst bemerke ich, dass es sich bei dem Buch auf dem Einkaufswagen um ein Kochbuch handelt, hübsch in Leinen gebunden. Nun klappern die beiden die Regale ab, auf der Suche nach den Ingredienzien für ihr Auberginengratin. Die Zutaten für die Soße haben sie schon fast beisammen: Dosentomaten, Zwiebel, 1 (in Worten: eine) Karotte, Brühwürfel, eine Flasche Olivenöl, Oregano (in Pulverform), Basilikum (getrocknet). »Und jetzt noch die Auberginen«, sagt er mit einer Lautstärke, als wolle er zufällig anwesende Hörbehinderte an der Kaufexpedition teilhaben lassen. Darauf sie: »Ach ja, die brauchen wir ja wohl auch noch; jetzt hätten wir fast das Wichtigste vergessen!« Und nach einer kurzen Pause: »Schau mal nach, wie viel wir davon benötigen!« Er beugt sich über das Kochbuch: »Drei Stück von mittlerer Größe.«

Dass jemand mit dem Kochbuch in der Hand einkaufen geht, finde ich nicht besonders genial, aber irgendwie doch wieder originell. Ich folge den beiden. Nachdem sie die Auberginen gewogen und im Einkaufswagen verstaut haben, angeln sie sich noch eine Mozzarella aus dem Käseregal. Dann wiederum sie, mit dem Zeigefinger auf dem Kochbuch: »Schau, hier heißt es, dass alles mit Parmesan bestreut wird, bevor man die Form in den Ofen schiebt.« Den Parmesan kaufen die beiden, pfui Teifi, gerieben und abgepackt – im Plastiktütchen!

Ich würde lügen, wenn ich jetzt behauptete, dass ich mich an der Kasse rein zufällig hinter den beiden befand. Dort aber ist die Warteschlange so lang, dass ich genug Zeit habe, Ihnen, liebe Leserinnen und Leser, *mein* Rezept für ein köstliches Auberginengratin zu verraten. Dafür benötige ich zunächst einmal eine Tomatensoße.

Tomatensoße

3 EL kaltgepresstes Olivenöl (extra vergine)
1 große Zwiebel
1 Karotte
1 Stück Fenchel
200 ml kräftiger trockener Rotwein
2 Tassen sehr kräftige Fleischbrühe
1 große Dose geschälte Tomaten
2 EL konzentriertes Tomatenmark
1 gestrichener TL Zucker
2 kleine rote Chilischoten
1 Zweiglein frischer Rosmarin
1/2 TL getrockneter Oregano
1 Hand voll frische, fein gehackte Basilikumblätter
etwas Maggiwürze
Salz, schwarzer Pfeffer, Streuwürze
400 g Hackfleisch

Die Zwiebel, die Karotte und den Fenchel schneide ich in Stücke und hacke sie mit dem Wiegemesser sehr fein, gebe sie in einen Topf und dünste sie in etwas Olivenöl an. Dann lösche ich mit Rotwein ab und gieße die Fleischbrühe darüber. Nun füge ich die Tomaten und alle übrigen Zutaten (außer natürlich dem Hackfleisch) hinzu und verrühre alles gut. Das ganze Geheimnis einer hochwertigen Tomatensoße besteht aus drei Dingen: köcheln, köcheln und nochmals köcheln, und zwar immer schön auf kleiner Flamme, bis sich die Ingredienzien derart miteinander zu einer sämigen Soße verbinden, dass man die einzelnen Zutaten nicht mehr herausschmeckt. Den Deckel setzte ich solange nicht auf, bis genügend Flüssigkeit verdampft ist – und das dauert schon eine gute halbe Stunde. Auf gar keinen Fall darf man den Zucker vergessen, weil dieser dem Tomatenmark sein bitteres Aroma nimmt. Ungefähr jede halbe Stunde rühre ich die Soße mit einer Kelle ein bisschen auf. Bei dieser Gelegenheit kontrolliere ich auch, ob die Würzmischung stimmt.

Spätestens nach anderthalb Stunden brate ich das Hackfleisch in etwas Öl an und würze es mit Salz, Pfeffer und Streuwürze. Dann füge ich etwas Rotwein hinzu, den ich verdampfen lasse. Und gebe das Fleisch gleich anschließend in die Soße – nicht ohne vorher ein bisschen davon genascht zu haben.

Nach einer Gesamtkochzeit von etwa drei bis fast vier Stunden, fische ich das Rosmarinzweiglein und die kleinen scharfen Chilischoten aus der Soße.

Für unsere Auberginen sind die obigen Mengenangaben natürlich viel zu groß. Aber wenn ich mir schon so viel Mühe gebe, lohnt es sich, mindestens das Vierfache der hier angegebenen Zutaten zu verwenden. Was ich für die Auberginen nicht benötige, fülle ich portionsweise ab und friere es ein, für den Fall, dass unangemeldet Gäste bei mir aufkreuzen; die kriegen dann einen Teller Pasta mit Tomatensoße vorgesetzt und lecken sich die Lippen. Natürlich kann man das Hackfleisch auch weglassen. So oder so passt diese Soße zu allen nur möglichen Gerichten, beispielsweise zu fast allen Nudelarten, Lasagne inklusive, zu Zucchini- und anderen Gratins, zu Fleischpflanzl ...

Überbackene Auberginen

4 mittelgroße Auberginen
Salz
Olivenöl
Pfeffer
1 Mozzarella (150 g)
100 g geriebener Parmesan

Annibale Carracci, Ausrufbild »Kauft Käse, kauft Parmesan«, 1740.

Auberginen waschen, Stilansätze entfernen und der Länge nach in nicht ganz 1 cm dicke Scheiben schneiden. Beidseitig mit etwas Salz bestreuen und 30 Minuten ruhen lassen. Den bitteren Saft mit Küchenkrepp oder mit dem Messerrücken entfernen. Die Auberginenscheiben mit ganz wenig Öl in einer Teflonpfanne grillieren und abkühlen lassen.

Die Mozzarella in kleine Stücke schneiden.

Ein Blech oder eine sehr große Gratinform ausbuttern und mit der einen Hälfte der Auberginen auslegen. Diese auf der Oberseite mit Pfeffer bestreuen und mit reichlich Tomatensoße bestreichen (Rezept S. 151). Die Mozzarellastückchen darüber verteilen und alles mit der zweiten Lage Auberginen bedecken. Tomatensoße (mit oder ohne Hackfleisch) darauf streichen, mit Parmesan bestreuen und ein paar Butterflocken darauf geben. Das Blech oder die Gratinform für rund 25 Minuten in den auf 200° vorgeheizten Ofen schieben. Am besten munden diese Auberginen, wenn man sie lauwarm serviert. Im Übrigen eignen sie sich nicht nur als Beilage zu Fleisch, sondern auch als Vorspeise oder, in etwas größerer Menge, als Hauptgericht.

Während ich vor der Kasse noch Schlange stehe, höre ich, wie der junge Mann sagt: »Schätzchen, haben wir überhaupt eine Gratinform?« Darauf sie: »Eine Gratinform, was ist das?«

Wenn die Liebe tatsächlich durch den Magen geht, sehe ich nicht sehr rosig für die beiden. Aber der Mensch ist ja lernfähig.

Festliche Gebildebrote

Wenn zu Allerheiligen, am Vorabend des Allerseelentages auf Gräbern allenthalben der Verstorbenen gedacht und die Totenlichtlein angezündet werden, sind die Seelenbrote meistens schon gebacken. Die aber unterscheiden sich von Gegend zu

Gegend. In manchen Regionen handelt es sich um Gebilde aus geflochtenem Teig. Anderorts isst man zu Allerseelen nicht Zopf- sondern Stuckgebäck, das leicht zu brechen ist. In der Oberpfalz wiederum verzehrt man an diesem Gedenktag Totenbrote; der etwas makabere Name leitet sich ab von ihrer Form, die an menschliche Knochen erinnert. Es mag dies eine ausdrucksstarke Weise sein, das gottesdienstliche *memento mori* über dem heimischen Mahl nicht allzu schnell zu vergessen.

Möglicherweise geht dieses Brauchtum auf die früher geübte Gepflogenheit zurück, Totenopfer in Form von Brotspenden darzubringen. Abt Odilo von Cluny (†962) ermahnte die Begüterten, an Allerheiligen und Allerseelen Brot und Wein an die Armen auszuteilen, welche dafür im Gebet der Verstorbenen gedachten. In Basel gab es im 14. Jahrhundert Stiftungen *pro panibus super sepulchro ipso ponendis et postea pauperibus erogandis*, will sagen für Brotspenden, die über den Gräbern aufgestellt und danach den Bedürftigen gereicht wurden. Vermutlich wissen die wenigsten Taufpaten und -patinnen, welche ihren Schützlingen in manchen Gegenden noch heute zum Novemberbeginn einen Allerheiligenstriezel zustecken, um die geschichtlichen Wurzeln dieses schönen Brauches.

Allerheiligenstriezel

Die präsentieren sich je nach Gegend sehr unterschiedlich. Das folgende Rezept stammt aus Kärnten.

500 g glattes Mehl
1 Päckchen (7 g) Trockenhefe
90 g Butter
90 g Kristallzucker
1 Ei
1 TL Salz
1 EL Rum
500 g Rosinen
1 geriebene Zitronenschale
1 Ei zum Bestreichen
20 g grobkörniger Zucker

Das Mehl mit der Trockenhefe vermischen und eine kleine Mulde formen. Die weiche Butter und alle übrigen Zutaten (außer dem Ei zum Bestreichen und dem grobkörnigen Zucker) in die Mulde geben und zu einem Teig verarbeiten. Den Teig bei Raumtemperatur eine Stunde zugedeckt aufgehen lassen. Anschließend erneut durchkneten, in neun Teile teilen und jeden zu einem langen Strang ausrollen. Aus vier Strängen einen lockeren Zopf flechten, diesen mit Ei bestreichen und auf ein bebuttertes und bemehltes Backblech legen. Aus drei weiteren Strängen einen Zopf flechten, auf den ersten Zopf auflegen und mit Ei bestreichen. Zuletzt aus den restlichen zwei Strängen einen Zopf flechten, diesen auf den zweiten Zopf legen, mit Ei bestreichen und mit dem grobkörnigen Zucker bestreuen. Eine Viertelstunde gehen lassen und bei 190° eine halbe Stunde backen.

154

Backstube einer Hofküche – mit großem Arbeitstisch und Backofen. Rechts werden Gewürze gesiebt – Abbildung aus »Opera« von Bartolomeo Scappi, 1570.

Bei manchen Totenbroten handelt es sich um eigentliche *Gebildebrote*. Mit diesem Begriff bezeichnen wir jene Art von Backwaren, welche in der Regel Menschen oder Tieren nachgestaltet sind. Beliebt waren früher vor allem Fruchtbarkeitssymbole wie Eber, Hahn und Hase – und natürlich auch Phallus und Vulva. Im 6. Jahrhundert protestierte Papst Pelagius I. in einem Schreiben an den Bischof von Arles gegen die dort herrschende Sitte, »aus Mehl gebackene Idole« ans gläubige Volk zu verteilen. Im Grunde richtete sich dieses Verbot gegen die abergläubische Vorstellung, dass man sich durch den Verzehr solcher Gebildebrote die Eigenschaften des Dargestellten aneignen würde.

Heute sind Gebildebrote oft nicht mehr als ein folkloristisches Accessoire und haben meist bloß noch dekorativen Charakter – erinnert sei etwa auf die Spekulatiusherstellung zur Adventszeit. Nur gelegentlich erinnern sie noch an die christliche Festsymbolik. Es mag dies gelten für das gebackene Lamm, das den Korb ziert, der in der Osternacht mancherorts zur Speiseweihe getragen wird. Was den Osterhasen betrifft, welcher anfänglich fast ausschließlich in protestantischen Gegenden durch die Landschaft hoppelte, vermuten manche, dass er aus einem missglückten Ostergebildebrot entstanden ist, das eigentlich ein Osterlamm hätte darstellen sollen; die Ohren seien zu lang und die Beine zu kurz geraten …

Bärlauch-Küchlein

Früher lockte der Bärlauch (lateinisch: allium ursinum*) mit seinem unverkennbaren Knoblauchduft die Bären aus dem Winterschlaf. Heutzutage lockt er uns, kurz bevor das Hungertuch wegen der bevorstehenden Osterfeierlichkeiten in der Kirche abgehängt wird, in den Wald, weil wir nicht mehr fürchten müssen, beim Pflücken von einer braunfelligen Tatze geohrfeigt zu werden. Schon während wir die jungen zarten Blätter ernten (und zart und jung sind sie nur von Mitte März bis gegen Ende April) denken wir an jene sagenhaften Küchlein, welche Peter Günter, Spitzenkoch und Wirt im Restaurant Seegarten am Jachthafen zu Kreuzlingen kreiert hat.*

für 8 Törtchen benötigen wir

120 g Bärlauchblätter ***200 ml Sahne***

200 g Blattspinat	***Salz, Pfeffer, Muskat***
2 Schalotten	***1 Eigelb***
30 g Butter	***8 Törtchenböden aus geriebenem Teig***

Bärlauchblätter und Blattspinat entstielen, waschen und mit Küchenpapier oder einem Tuch trocknen. Den Bärlauch in Streifen schneiden. Die Schalotten fein hacken und in der Butter glasig dünsten. Die ganzen Spinatblätter und die Bärlauchstreifen dazugeben und mitdünsten. Die Sahne zugießen und aufkochen. Mit Salz, Pfeffer und Muskat abschmecken. Die Masse vom Herd nehmen; sie darf nicht mehr kochen. Zum Schluss das Eigelb untermischen. Diese Füllung in vorgebackene Törtchenböden geben und im Ofen während 10 Minuten fertig backen. Dazu gibt's Spargeln.

Die Bibel wird essbar

Etwa zwei Monate, nachdem Aldi und Horten die ersten Dresdner Christstollen verkauft haben, beginnen sich in Stuben und Hausfluren und in engen Gassen seltsam liebliche Gerüche auszubreiten. Bald duftet es nach Lebkuchengewürz, dann wieder erschnuppern wir Nelken, Anis und Kardamon, oder es steigt einem der Duft von heißer Himbeermarmelade in die Nase. Die Adventszeit hat begonnen.

Zu dem in diesen Wochen gepflegten Volksbrauchtum gehören nicht nur der Christkindlmarkt, der Glühwein und die Nikoläuse aus Lebkuchen, sondern auch der Adventskranz und die städtische Vorweihnachtsbeleuchtung. In manchen Häusern werden jetzt Eier, Zucker und Mehl und Anisgewürz aus dem Kasten und die Model aus dem Schrank geholt.

Wenn hier vom Model die Rede ist, denken wir nicht an *das* Model, das trotz des sächlichen Artikels weiblich, gertenschlank und langbeinig ist und mit kühlem Lächeln und unnachahmlicher Eleganz über die Laufstege schreitet. Hier geht es um *den* Model, also um jene runden und rechteckigen Formen, welchen schon die alten Kulturvölker zur Herstellung von Tonfiguren und Wachsbildern und Backwaren benutzten und der dann über Jahrhunderte hin aus der Küche verbannt blieb.

In Europa taucht der Model erst im 14. Jahrhundert wieder in den Backstuben auf. Der älteste bekannte Schweizer Holzmodel (zu besichtigen im Schweizerischen Landesmuseum in Zürich) zeigt ein Osterlamm und wurde im 14. Jahrhundert im Katharinenkloster im sanktgallischen Wil geschnitzt. Das ist kein Zufall. Denn erstens besaßen die Klöster meist hinreichend Bienenstöcke, die es den Mönchen und Nonnen erlaubten, süßes Gebäck herzustellen, und zweitens dienten die

Model gleichzeitig auch zur Verzierung der in den Klosterwerkstätten hergestellten Wachskerzen.

Im 15. Jahrhundert, als die Lebkuchen aus Aachen, Frankfurt, Köln, Nürnberg, Lübeck, aber auch aus München, Graz, Wien, Basel und Zürich immer begehrter wurden, fertigte man die Model vorzugsweise aus Stein oder Ton. Erst später begann man, die beliebten Kuchelsteine aus Holz zu schnitzen – sodass jeder Model, obwohl serienweise produziert, ein Original darstellte. Nicht selten kamen dabei wahre Kunstwerke zu Stande, zumal viele unausgelastete Siegelmacher und Goldschmiede die Modelschnitzerei als willkommenen Nebenerwerb praktizierten. Manche von ihnen hinterließen dabei irgendwo im Bild versteckt ihr Stecherzeichen, meist in Form ihrer Initialen.

Anbetung der Hirten, Änismodel, 17. Jh.
Foto: GabriElla Disler, Basel

Wurden die Gebäckmodel zunächst vor allem für die Lebkuchen-, Tragant- und Marzipanbäckerei verwendet, so entdeckte man im 16. Jahrhundert, dass sich die reliefartigen Bilder auf Anisbrötchen viel besser präsentierten. Gleichzeitig wurden die Darstellungen immer anspruchsvoller. Hatte man sich anfänglich mit allerlei Verzierungen und geometrischen Figuren begnügt, so erfreuten sich nun biblische Motive einer zunehmenden Beliebtheit. Die ganze Heilsgeschichte, angefangen von der Erschaffung der Welt bis zur Auferweckung Jesu, wurde erst in Holz geschnitzt und anschließend in Teig gebacken, sodass die Bibel plötzlich essbar war, wobei der Bilderhunger und der Alltagsgieper gleichzeitig gestillt werden konnten.

Das kunstsinnigen Motive auf den Anisbrötchen brachten es mit sich, dass man dieses Gebäck bei allen nur möglichen Gelegenheiten verschenkte – was sich wiederum auf die Darstellungen auswirkte. Beliebt waren neben den biblischen Episoden das Fatschenkind (für neuvermählte Frauen oder als Mitbringsel zu Neujahr), Herzen, Blumen, Tiere, die vier Jahreszeiten ... Zu Beginn des 19. Jahrhunderts werden die Motive zunehmend profaner und poesieloser. Die Kutschen sind durch Dampfschiffe ersetzt, die brennenden Kerzen durch Heißluftballons, die Schlitten durch Lokomotiven. An Stelle der christlichen Symbole treten vermehrt die Tierzeichen, Märchenmotive (Einhorn, Kinderfresser) oder örtliche und regionale Wahrzeichen wie Stadttore, Befestigungsanlagen, Burgen ...

Während man die Anisbrötchen früher fast das ganze Jahr über verkaufte, werden sie heute wiederum vorwiegend in der Advents- und Weihnachtszeit gebacken – was sich natürlich auch auf die gewählten Motive auswirkt. Verkündigung und

Geburt Jesu, die Hirten an der Krippe, Anbetung der heiligen drei Könige, Flucht nach Ägypten ...

Damit das Bild beim Backen nicht aufgeht und sich nicht bläht, muss der Teig vorher getrocknet werden – nur so entstehen die gewünschten »Füßchen«, ohne die ein Anisbrötchen einfach kein Anisbrötchen ist, sondern, wie es in dem folgenden alten Basler-Rezept heißt, ein »Ärgernis«.

Anisbrötchen – ein altes Basler Rezept

Nimm von Mehl ein Pfund, siebe es fein und stell es über Nacht ins Ofenloch. Nimm ein Pfund trockenen Zucker und vier Eier, aber große; zwei Löffel ausgeblasenen Anis; wenn du's fein haben willst, sollst du ihn im Ofen bähen. Vom alten Baselbieter Kirsch zwei Esslöffel (lupft sich gut und vertreibt den Eiergeschmack).

Zucker, Eier und Anis lass vom ältesten Buben rühren, dann vom zweitältesten, dann vom dritten, zusammen wenigstens eine halbe Stunde, dann gib das Chriesiwasser [Kirschwasser] dazu, schaffe das Mehl darunter und wirke den Teig auf dem Wallbrett, bis er schön verbunden ist. Wälle den Teig auf, aber nicht zu dünn, und drücke mit Sorgsamkeit und Kraft die Model auf.

Hernach alles auf mehlbestäubtem Brett 24 Stunden an die Wärme gestellt und bei schwacher Hitze backen. Um sie schön weiß zu haben, stäube vor dem Backen Mehl darauf und blase es nachher weg.

Kriegen sie keine Füßchen, so schimpfe die Buben aus oder die Stubenmagd: War schlecht gerührt oder Durchzug in der Stube. Anisbrötli ohne Füessli sind ein Ärgernis.

Anisbrötchen – klassisch

4–5 Eier (220 g)
500 g Puderzucker
1 EL gereinigter, leicht gerösteter Anis
500 g feines Weißmehl

Eier und Zucker schlagen, bis eine luftige Masse entsteht. Anis und Mehl hinzufügen und alles zu einem Teig kneten und diesen eine Viertelstunde ruhen lassen.

Den noch leicht klebenden Teig in vier Teile teilen und einzeln auf Mehl 8–10 mm dick ausrollen. Damit sich der Teig nun wie Seide anfühlt, nochmals leicht mit Mehl bestäuben.

Jetzt den hauchdünn ausgemehlten Model gleichmäßig eindrücken, das Bild mit einem passenden Ausstecher oder mit einem Messer ausschneiden und auf ein mit Backpapier belegtes Blech legen. Den trockenen Restteig immer mit feuchten Fingern weiter verarbeiten.

Nach ca. 24 Stunden Trocknungszeit (ruhiger Ort, gleich bleibende Temperatur, kein Durchzug) werden die Anisbrötchen bei ca. 150–160° ganz unten im Ofen etwa 12–15 Minuten lang gebacken. Eventuell eine Holzkelle in die Backofentür klemmen. Die Model nach Gebrauch ohne Spülmittel mit kaltem Wasser reinigen.

Party for four oder Panik for one

Silvester ist kein religiöses Fest und auch kein kirchlicher Feiertag. Dem Vernehmen nach gönnen sich an diesem Abend aber auch die Vertreter der Hierarchie, angefangen vom Sakristan in Köpenick bis hinauf zum Papst in Rom, ein Gläslein Sekt, ein Schlückchen Wein, ein Stamperl Wodka, zumindest ein Bier. Selbst ältliche Pfarrhaushälterinnen hätten den Eindruck, das alte Jahr wäre nicht abgerundet und nicht abgelaufen und das neue könne nicht richtig beginnen, wenn sie ihren übersüßten Schwarztee nicht mit einem Schuss Rotwein oder mit einem Spritzer Weinbrand nobilitierten.

Bekanntlich ist der höhere Klerus im deutschen Sprachraum in manchen Detailfragen etwas anderer Ansicht als das gemeine kirchliche Fußvolk. Zu Silvester jedoch scheinen sich die beiden Lager zumindest in einem Punkt – oder soll man sagen zu einem Zeitpunkt? – näher zu kommen, in dem Moment nämlich, wenn der Kult-Sketsch *Dinner for one* die Gesichter in den bürgerlichen Haushalten und in den bischöflichen Gemächern gleicherweise erhellt.

Das schon 1945 auf kleinen englischen Bühnen gespielte Stück wurde am 8. Juli 1963 im Lolstedter Studio B des NDR aufgezeichnet und wird seit 1972 alljährlich zu Silvester gesendet – meist auf mehreren Kanälen.

Eigentlich aber heißt der Sketsch mit May Warden und Freddie Frinton gar nicht *Dinner for one* sondern *Der 90. Geburtstag*. Als die alte Miss Sophie (und die ist, wie sich bald zeigen wird, zufällig am Neujahrstag geboren) ins Speisezimmer tritt, erblickt sie einen Tisch mit fünf Gedecken – eines ist für sie, die vier übrigen für ihre längst verstorbenen Freunde: Sir Toby, Admiral von Schneider, Mr. Pommeroy und Mr. Winterbottom. Kaum dass Miss Sophie sich gesetzt hat, trägt ihr Diener James das Essen auf und muss dabei bei jedem Gang und schön der Reihe nach nicht nur auf das Wohl seiner Herrin, sondern auch auf die Gesundheit ihrer bloß im Geiste anwesenden Freunde anstoßen.

Bevor wir uns das Spektakel ansehen, lassen wir uns von dem guten James die Speisekarte vorlesen. Wie immer gibt's Mulligatawny-Suppe, Nordsee-Schellfisch, Hühnchen mit Früchten, Sherry, Weißwein, Champagner. Hört sich lecker an.

James: Guten Abend, Miss Sophie. Guten Abend.

Miss Sophie: Guten Abend, James.

James: Sie sehen heute Abend sehr gut aus, Miss Sophie.

Miss Sophie: Nun ich fühle mich auch sehr viel besser. Danke, James.

James: Gut, gut...

Miss Sophie: Also, ich muss sagen, dass alles sehr nett aussieht.

James: Danke sehr, Miss Sophie. Danke.

Miss Sophie: Sind alle da?

James: In der Tat. Jawohl, ja... Alle sind zu Ihrem Geburtstag hier, Miss Sophie.

Miss Sophie: Sind alle fünf Plätze gedeckt?

James: Alles gedeckt wie üblich.

Miss Sophie: Sir Toby?

James: Sir Toby, ja. Er sitzt dies Jahr hier, Miss Sophie.

Miss Sophie: Admiral von Schneider?

James: Admiral von Schneider sitzt hier, Miss Sophie.

Miss Sophie: Mr. Pommeroy?

James: Mr. Pommeroy habe ich hier neben Sie gesetzt.

Miss Sophie: Und mein sehr lieber Freund, Mr. Winterbottom?

James: Zu Ihrer Rechten, wie sie es wünschten, Miss Sophie.

Miss Sophie: Danke, James. Sie können jetzt die Suppe servieren.

James: Die Suppe, sehr wohl, Miss Sophie. Danke. Alle warten auf Sie. Ein wenig Mulligatawny-Suppe, Miss Sophie...

Miss Sophie: Mulligatawny-Suppe mag ich besonders gern, James.

James: Ja, ich weiß.

Miss Sophie: Ich denke, wir nehmen jetzt einen Sherry zur Suppe.

James: Sherry zur Suppe, ja... Oh, nebenbei, die gleiche Prozedur wie letztes Jahr, Miss Sophie?

Miss Sophie: Die gleiche Prozedur wie jedes Jahr, James.

James: Die gleiche Prozedur wie jedes Jahr, James...

Miss Sophie: Ist das ein trockener Sherry, James?

James: Ja, ein sehr trockener Sherry, Miss Sophie. Sehr trocken. Heute Morgen frisch aus dem Keller geholt, Miss Sophie.

Miss Sophie: Sir Toby!

James: Cheerio, Miss Sophie.

Miss Sophie: Admiral von Schneider!

James: Auf Ihr... Muss ich es dies Jahr sagen, Miss Sophie?

Miss Sophie: Nur mir zuliebe, James.

James: Nur Ihnen zuliebe. Sehr wohl, ja, ja... Skoll!

Miss Sophie: Mr. Pommeroy!

James: Ein gutes, neues Jahr, Sophie!

Miss Sophie: Und mein lieber Mr. Winterbottom!

James: Tja, da wären wir also wieder, meine alte Liebe...

Miss Sophie: Sie können jetzt den Fisch servieren.

James: Den Fisch. Sehr wohl, Miss Sophie. Mochten Sie die Suppe?

Miss Sophie: Delikat, James.

James: Danke, Miss Sophie. Freut mich, dass Sie sie mochten. – Ein klein bisschen Nordsee-Schellfisch, Miss Sophie?
Miss Sophie: Ich denke, wir trinken Weißwein zum Fisch.
James: Weißwein zum Fisch. Die gleiche Prozedur wie letztes Jahr, Miss Sophie?
Miss Sophie: Die gleiche Prozedur wie jedes Jahr, James.
James: Jawohl...
Miss Sophie: Sir Toby!
James: Cheerio, Sophie, mein Täubchen...
Miss Sophie: Admiral von Schneider!
James: Ach, muss ich, Miss Sophie?
Miss Sophie: James, bitte, bitte...
James: Skoll!
Miss Sophie: Mr. Pommeroy!
James: Ein gutes, neues Jahr, Sophie-Täubchen.
Miss Sophie: Mr. Winterbottom!
James:... Sie sehen jünger denn je aus, Liebste. Jünger denn je. He, he, he...
Miss Sophie: Bitte servieren Sie das Hähnchen!
James: Jawolll...
Miss Sophie: Der Vogel sieht aber sehr gut aus!
James: Das ist ein prachtvolles Ha... Ha... Hähnchen, das kann ich Ihnen sagen, ein prachtvolles...
Miss Sophie: Ich denke, wir trinken Champagner zum Geflügel!
James: Champagner, tja... Dddie ggleiche Prossedur wie letztes Jahr, Miss Sophie?
Miss Sophie: Die gleiche Prozedur wie jedes Jahr, James!!! – Sir Toby!
James: Sophie, mein Täubchen...
Miss Sophie: Admiral von Schneider!
James:... muss ich, Miss Sophie?
Miss Sophie: James!
James: Sssskoll!
Miss Sophie: Mr. Pommeroy!
James: Ein gutes, neues Jahr, Sophie-Täubchen...
Miss Sophie: Mr. Winterbottom!
James: Sie ist die netteste kleine Frau... hick... die netteste kleine Frau, die je gelebt hat, je gelebt... Jetzt kommt der Laden in Schwung! Möchten Sie Obst?
Miss Sophie: Ich denke, wir trinken Portwein zum Obst!
James: Oh nein! die g...g..g.leiche Prosseduhr wie letztes...
Miss Sophie: Ja, die gleiche Prozedur wie jedes Jahr, James!
James:... !!!...
Miss Sophie: Sir Toby!
James: Süßer die Glocken nie klingen...
Miss Sophie: Admiral von Schneider!

James: Sssskolll!

Miss Sophie: Mr. Pommeroy!

James: Tut mir Leid, Madam, Entschuldigung.

Miss Sophie: Mr. Winterbottom!

James: ... uuuh! Augen zu und Ex!

Miss Sophie: Nun, James. Das war wirklich eine wunderbare Party.

James: Ja, sie war höchst vergnüglich.

Miss Sophie: Ich glaube, ich ziehe mich zurück.

James: Sie gehen zu Bett?

Miss Sophie: Ja.

James: Setzen Sie sich. Ich geleite Sie nach oben, Madam.

Miss Sophie: Wie ich schon sagte, ich glaube, ich ziehe mich zurück ...

James: Tja ... tja. – Nebenbei: die gleiche Prozedur wie letztes Jahr, Miss Sophie?

Miss Sophie: Die gleiche Prozedur wie jedes Jahr, James!

James: Gut – ich werde mein Bestes tun!

Dinner for one – Freddie Frinton, Miss Sophie und der 90. Geburtstag, © Edition Nautilus, Hamburg 1985

Der Sketsch bringt uns (als Gastgeber, Koch, Kellner und Spülknecht in Personalunion, erlaube ich mir, das vornehmere Wir zu verwenden) auf den Gedanken, auf das ursprünglich geplante Silvester-Menü zu verzichten und die drei geladenen Gäste mit der Speisefolge von *Dinner for one* zu überraschen. Allerdings sehen wir uns gezwungen (inzwischen ist es ja schon halb acht) auf verschweißte Tüten und verlötete Dosen sowie auf die Tiefkühltruhe zu rekurrieren.

Vorher gönnen wir uns ein Glas Orangensaft. Die Tetrapackung wird aufgerissen, wobei die Hälfte des Inhalts sich auf den bereits gedeckten und geschmückten Tisch ergießt. Weil Eile geboten ist, packen wir die Tischdecke an allen vier Ecken, verknoten die Enden und versenken den ganzen Krempel in der Badewanne.

Zuerst also die Suppe. Die Mulligatawny-Suppe. Ursprünglich handelte es sich bei dieser indischen Spezialität um eine einfache mit Curry gewürzte Fleischbrühe. In der Folge reicherten die in Indien stationierten Engländer die Suppe mit etwas Hammelfleisch und Gemüse an. Weil aber Hammelfleisch bekanntlich nicht nach jedermanns Gusto ist, entwickelten sie gleichzeitig auch eine Hühnerfleisch-Version, die sich später vor allem in Australien großer Beliebtheit erfreute.

Mulligatawny-Suppe

1 Suppenhuhn
Salz
1 Zwiebel, geviertelt
4 Tomaten
40 g Mehl
1 gestrichener TL Currypulver

1 Bund Suppengrün
1 Lorbeerblatt
50 g gewürfelter Räucherspeck
40 g Butter

etwas Cayennepfeffer
125 ml Sahne
geröstete Brotwürfelchen

Das Suppenhuhn mit Salz, Zwiebel, Suppengrün und Lorbeerblatt in kaltem Wasser aufsetzen und bei mäßiger Hitze garen. Das Fleisch ablösen und in feine Streifen schneiden. Die Brühe durch ein Sieb geben.

Geschälte und in Würfel geschnittene Tomaten in der heißen Butter und dem Räucherspeck schmoren, mit Mehl bestäuben, gut umrühren und Brühe aufgießen. Das Hühnerfleisch dazugeben. 15 Minuten kochen, die Suppe mit Curry und Cayennepfeffer abschmecken und mit Sahne verfeinern. Mit gerösteten Weißbrotwürfeln servieren.

Weil wir an diesem (im Nachhinein betrachtet) unseligen Silvesterabend mehr als die Hälfte der für diese Suppe benötigten Zutaten nicht im Haus haben, versuchen wir uns anderweitig zu behelfen. Wir holen die Dose Hummersuppe aus dem Kasten, die wir vergangenes Jahr zu Silvester geschenkt erhielten. Das Metall ist nicht angerostet, der Inhalt vermutlich also noch genießbar. Die Konserve ist erfreulicherweise mit einem Selbstöffner versehen. Von wegen erfreulicherweise – der halbe Fingernagel des linken Mittelfingers ist weg, das Blut spritzt nur so auf den Küchentisch. Gut dass wir die Tischdecke schon entfernt haben. Die Hausapotheke liegt natürlich ganz hinten im Schrank, der inzwischen auch schon Blutspuren aufweist. Mit der unverbundenen Hand angeln wir uns den Beutel mit der Haferkernsuppe, den wir eigentlich für die nächste Hungersnot aufheben wollten. Ist es Ihnen, meine Lieben, schon einmal gelungen, einen Suppenbeutel zu öffnen, ohne die Hälfte zu verschütten? Uns bleibt jetzt leider nichts anders übrig, als den Boden zu kehren. Die Suppe können wir vergessen.

Der Fisch, den wir in der Mikrowelle auftauen wollen, ist in Folie eingeschweißt. Also her mit dem spitzen Messerchen; der Linkshänder mit seiner lädierten Linken sticht notgedrungen mit der Rechten zu. Die Messerspitze rutscht ab und steckt im Verband. In einer knappen Stunde werden die Gäste eintreffen; für den Fisch reicht es eh nicht mehr; wir schmeißen ihn wieder in die Kühltruhe und holen das Hühnchen heraus. Irgendwo auf dem Karton müssen sie doch stehen, die beiden Worte, die uns den Weg zum Glück weisen: *Hier öffnen!* Wir zerren und reißen an dem Ding,

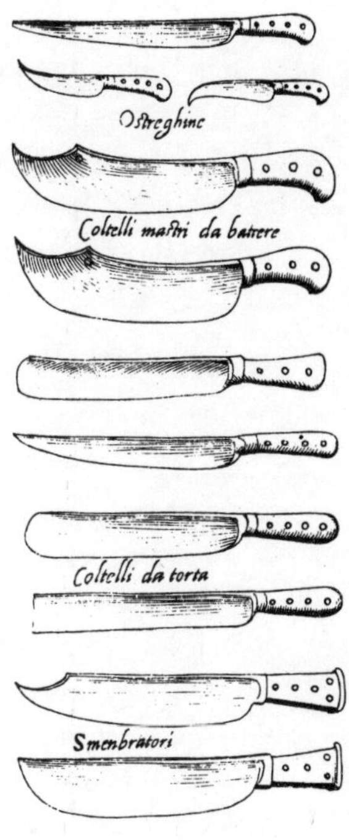

Messer aus Scappis Küche.

und fragen uns, wie Damen, welche die fünfzig überschritten haben, diese Verpackungen wohl aufkriegen. Wahrscheinlich rufen sie jedes Mal ihren Mann zu Hilfe und sind somit nicht ganz unschuldig, wenn es in der Ehe ständig kriselt.

Endlich ist das Hähchnen im Mikrowellenofen aufgetaut und glücklich (*glücklich?* haha!!) im Ofen. Jetzt noch die Früchte. Da ist doch diese Dose mit Schattenmorellen, die wir vor etlichen Jahren auf dem Christkindlmarkt in Augsburg (oder war es in Nürnberg?) erstanden haben. Aber öffnen Sie mal eine solche Dose! Bevor wir am Metallverschluss drehen, lassen wir noch unsere Gäste herein; das Glas rutscht. Wir versuchen es mit einem Handtuch; jetzt rutschen wir ab! Wir stochern mit einem Messer unterm Deckelrand. Nun ist auch noch die Klinge hin. Wir hauen mit dem Fleischklopfer auf den Dosendeckel, das soll angeblich wirken. Tatsächlich, es wirkt – aber eben bloß angeblich. Wir halten die Dose unters heiße Wasser. Und rutschen wieder ab. Wir holen eine Zange aus dem Werkzeugkasten. Dann versuchen wir es mit dem großen Schraubenzieher. Mit dem stoßen wir zu – ein geübter Mörder könnte es nicht besser. Dass unsere drei Gäste schlagartig erbleichen, kriegen wir nur am Rande mit.

In Zukunft werden wir auf Dosennahrung und Tiefkühlkost verzichten. Wenn Sie, liebe Leserinnen und Leser, diese Entscheidung nicht mittragen möchten, dann legen sie a) 1 Schraubenzieher, b) 1–2 Hämmer verschiedener Größe, c) 1 Zange, und d) 1 Spachtel zu ihren Küchengeräten. Und vergessen Sie auf keinen Fall die Hausapotheke. Über Ihre Erfahrungen mit diesen Gerätschaften halten Sie mich bitte auf dem Laufenden.

P. S. Meine drei Gäste habe ich dann zum Griechen eingeladen, nachdem das Hühnchen im Ofen zu Asche verbrannt war und der Champagnerkorken ein Loch in die Fensterscheibe getrieben hatte. Was den Fisch betrifft, habe ich sie auf später vertröstet. Wir werden an einem Sonntag im August zusammen an einen bayrischen Baggersee fahren und dort einen Steckerlfisch verputzen.

Steckerlfisch

4 Forellen
30 g weiche Butter
1 EL trockener Wermut (Noilly Prat)
Salz, Pfeffer
getrocknete Vermouthblätter

Die Forellen ausnehmen, schuppen, waschen und mit Küchenpapier trockentupfen. Butter, Wermut und Gewürze miteinander verrühren, die Mischung in die Bauchhöhle geben und jeden Fisch mit einem langen Holzspieß durch die Maulöffnung zum Schwanz aufspießen, während etwa 10–15 Minuten über die Glut im Gartengrill halten und dabei ständig drehen. Von Zeit zu Zeit ein paar getrocknete Vermouthblätter (erhältlich in der Apotheke!) in die Glut werfen.

Wie die Heiligen an den Herd und die Hexen in die Küche kamen

EIN VERGNÜGEN ERWARTEN IST AUCH EIN VERGNÜGEN.

Gotthold Ephraim Lessing, Minna von Barnhelm

Die Heiligen gehen in die Küche

Der in kostbare Gewänder gehüllte Mann in der linken Bildhälfte sitzt am Tisch, augenscheinlich in Erwartung des Essens. Konsterniert betrachtet er den Eindringling; auch seine Gemahlin hat ein Fragezeichen im Gesicht. Der anwesende Mundschenk lenkt den güldenen Weinstrahl von der Karaffe geschickt in den Zinnbecher.

Rechts im Bild befindet sich der Kamin, wo die Magd einen Spieß mit Hühnern über dem Feuer dreht. Drei Stück von dem Federvieh indessen flattern höchst lebendig auf das Fenster im Hintergrund zu.

Bei dem Gemälde handelt es sich um die Altartafel eines unbekannten Meisters aus dem späten 15. Jahrhundert, welche sich heute im Musée d'Unterlinden in Colmar befindet. Die Hühner und der mit Pilgerhut und Pilgertasche ausgestattete Fremdling bringen uns auf die richtige Spur zur Lösung dieses Bilderrätsels – und diese führt mitten hinein in die Jakobuslegende. Die weiß von einem Pilgersmann zu berichten, welcher mit seinem Sohn unterwegs ist nach Santiago de Compostela. Eines Abends rasten die beiden in einer Herberge. Die Tochter der Wirtsleute wirft ein Auge auf den jungen Mann. Als dieser sie abweist, rächt sie sich, indem sie einen Silberbecher in seinem Gepäck versteckt, ihn des Diebstahls bezichtigt und so ins Gefängnis bringt. Der Vater setzt die Wallfahrt fort und bittet den heiligen Jakobus inständig um die Befreiung seines Sohnes. Der aber wird inzwischen dem Richter zugeführt, verurteilt und gehängt.

Auf der Rückreise trifft der Vater den Sohn lebend an; die heilige Jungfrau und der heilige Jakobus haben ihn vom Galgen heruntergeholt. Als der Vater den Richter von dem Wunder benachrichtigen will, sitzt der gerade beim Mittagsmahl. Nachdem er sich die ganze Geschichte angehört hat, ruft er aus: »Dein Sohn ist gerade so lebendig wie die Hühner dort am Spieß.« Kaum sind diese Worte gesprochen, flattern die Hühner davon.

Uns hingegen bleiben sie erhalten und so bereiten wir, bevor wir in unserer Erzählung fortfahren, einen Salat-Cocktail zu, in welchem neben dem Huhn noch ein paar andere Ingredienzien zur Geltung kommen.

Meister des Jakobusaltars, Das Hühnerwunder, um 1480.

Salat-Cocktail mit Hühnerfleisch und Melone

Salatsoße

4 EL Distelöl
3 EL Balsamessig
1 EL Obstessig
1 EL geriebener Meerrettich
Salz, Pfeffer, Aromat

Alle Zutaten gut miteinander verrühren; falls die Soße zu scharf gerät, etwas Sahne untermischen.

2–3 Hühnerbrüstchen
1/2 l kräftige Gemüse- oder Hühnerbrühe

Die Hühnerbrüstchen in der Gemüsebrühe erhitzen und etwa 15 Minuten ziehen lassen. Abkühlen und in mundgerechte Bissen schneiden. Mit der Salatsoße vermischen. Vier große Cocktailgläser mit einigen Salatblättern auslegen. Darauf wird zuerst der Hühnersalat angerichtet. Im Zentrum unseres Cocktails steht die Melone, welche ihm die herrliche Frische verleiht. Also – einfach kleine Kugeln aus einer Melone herausstechen und diese über dem Hühnersalat verteilen. Die Krönung, die bekanntlich obenauf kommt, besteht aus Krevetten an einer Cocktailsoße.

Cocktailsoße

5 EL Mayonnaise
1 EL Tomatenmark
1 Prise Zucker
Salz, weißer Pfeffer
1 Prise Cayennepfeffer
1/2 Gläschen Cognac oder Whisky

Alle Zutaten mit dem Schneebesen glatt rühren. Allenfalls noch 1–2 EL Sahne hinzufügen, mit einer Hand voll Krevetten vermischen und anschließend auf den Melonenkugeln verteilen. Wer keine Krevetten mag, kriegt auf die Melonen etwas Tafelspitzsalat.

Tafelspitzsalat

Den kalten Tafelspitz in dünne Streifen schneiden und mit einer aus Senf, Essig, Öl, Salz und Pfeffer zusammengerührten Soße vermischen.

Die Überlieferung, nach welcher der Apostel Jakobus das Christentum nach Spanien brachte, ist vom 6. Jahrhundert an greifbar. Erst im 9. Jahrhundert verbreitete sich die Ansicht, dass ein an der Stelle der heutigen Kathedrale aufgefundenes Grab die sterblichen Überreste dieses Apostels berge.

Natürlich – und damit schlagen wir den Bogen von der Kathedrale zur Küche – kam auch der Jakobsmuschel in diesem Zusammenhang eine gewisse Bedeutung zu.

Im Mittelalter nämlich war das nordspanische Galicien einer der wenigen Orte, an denen diese Muscheln gefischt wurden. Von daher erklärt es sich, dass die nach Santiago de Compostela Pilgernden zum Beweis, dass sie die Wallfahrt wirklich absolviert hatten, sich eine dieser Muschelschalen an den Hut oder an den Mantel hefteten – daher die Bezeichnung Jakobsmuschel. Diesmal mögen wir sie am liebsten mit gebratenen Koriandergemüsen in Currybutter:

Jakobsmuscheln

6 frische ausgelöste Jakobsmuscheln
je 60 g Kaiserschoten, Blumenkohl, Kürbis
1 Lauchzwiebel, 1 kleine rote Zwiebel
20 g Cashewkerne (oder Pistazienkerne)

Korianderpaste:

1 Bund Koriander, 1 grüne Peperoni
100 ml Sonnenblumenöl
4 cm Ingwerwurzel (ca. 20 g)
2 Knoblauchzehen

Currysoße

50 ml Weißwein
20 ml Madeira
150 ml Fischfond
etwa 2 gestrichene TL Curry (5 g)
20 g kalte Butterflöckchen

für die Zubereitung:

1 EL Sonnenblumenöl
1 EL gerösteter Sesam
1 EL Sesamöl
je 1 Prise Salz und Zucker
etwas Curry

Die Jakobsmuscheln in zwei Scheiben und das Gemüse in kleine Stücke schneiden, Cashewkerne zufügen. Die Zutaten für die Korianderpaste im Mixer pürieren.

Für die Currysoße Weißwein und Madeira bis auf zwei Esslöffel im offenen Topf einkochen. Fischfond zugießen und auf die Hälfte reduzieren. Curry und Butterflöckchen einrühren und nicht mehr kochen.

Gemüse im Wok in Sonnenblumenöl anbraten und mit geröstetem Sesam, Sesamöl, Salz und Zucker würzen.

Jakobsmuscheln in einer beschichteten Pfanne ohne Fett mit etwas Curry und Salz anbraten und zum Gemüse geben. Mit der Korianderpaste abschmecken.

Gemüse mit den Jakobsmuscheln auf den Tellern verteilen. Letztere mit der Currysoße übergießen.

Genau so zufällig und ungewollt wie der heilige Jakobus haben auch andere Heilige in die Küche Eingang gefunden. Einige besitzen dort sogar eine Art Ehrenbürgerrecht. Es gilt dies vor allem für den heiligen Martin, den die Künstler in der Regel als Soldat darstellen, hoch zu Ross, mit Helm und Schwert und Mantel und einem Bettelmann zu Füßen. Gelegentlich jedoch ist der Bischof von Tours auch im vollen Ornat zusammen mit einer Gans abgebildet – so etwa auf einem mittelalterlichen Glasfenster im Münster zu Ingolstadt. Rührt das Bild vom Mantel teilenden Soldaten an unser Herz, so beginnt uns beim Anblick des Gänse hütenden Bischofs der Magen zu knurren.

Lucas von Leyden, Pilger auf der Rast, 1508. Selbstverständlich reisten auch Frauen zu Wallfahrtsstätten. Zum Gepäck gehörte ein Taschenmesser.

Spätestens gegen Ende Oktober nämlich, wenn der Herbst schon fortgeschritten ist und Rilke wieder einmal Recht behält (»Wer jetzt kein Haus hat, baut sich keines mehr...«), denken selbst fanatische Fastenprediger gelegentlich an die bald einmal fällige Martinsgans. Die kommt aber erst am 11. November auf den Tisch, zu Sanct Martini, wie aufrechte Christenmenschen zu sagen pflegen.

Vermutlich waren es Mönche, welche die Mär in die Welt setzten, dass sich der schüchterne Martin nach seiner Wahl zum Bischof von Tours in einem Gänsestall versteckt habe und dann durch das Schnattern der aufgeregten Tiere verraten worden sei.

Einem gewissen Melchior de Fabris verdanken wir die Einsicht, dass die Martinsgans sowohl den Körper stärkt wie auch den

Geist erhebt. Besagter de Fabris nämlich hielt im November 1595 im Kloster zu Thierhaupten eine Martinspredigt, deren Titel uns heute vielleicht ein bisschen kurios anmutet: *Von der Martins Gans. Ein schöne nützliche Predig/darinnen zuo sehen ein feyne außlegung deß H. Evangelij leben: Unnd ein hailsame anmanung/wie und was gestalt wir S. Martins Gans essen/und unser leben in ein andern gang richten sollen.*

Kann man es dem Prediger verübeln, wenn er in seiner Betrachtung den Blick der Gläubigen auf das Evangelium lenkt, ohne dabei die Gans aus dem Auge zu verlieren?

Gänsebrust im Römertopf

1 Gänsebrust von mindestens 900 g
700 g Kastanien
25 g Butter
2 gehäufte EL Zucker
100 ml Hühnerbrühe
100 ml Bratensoße
Salz, Pfeffer

Die Gänsebrust schmore ich im Römertopf. Den Römertopf während 15 Minuten in kaltes Wasser stellen. Inzwischen die Gänsebrust waschen, gut mit Salz und Pfeffer einreiben und mit der Fettschicht nach oben in den Topf legen. Diesen in den kalten Ofen schieben, die Temperatur auf 230° einstellen und nach ungefähr 50 Minuten den Deckel entfernen (und allenfalls etwas Fett abschöpfen). Die Brust muss nun bei reduzierter Hitze noch rund 10 Minuten garen, damit eine schöne Kruste entsteht.

Weil der Ofen für die Gänsebrust benötigt wird (und der Römertopf immer in den kalten Ofen gestellt werden muss, damit er nicht zerspringt), bereite ich die Kastanien schon am Vortrag zu. Diese werden gewaschen, abgetrocknet und mit einem scharfen Messer längs der Rundung eingeschnitten und anschließend auf einem Kuchenblech für etwa 35 Minuten in den auf 230° vorgeheizten Backofen gegeben. Abkühlen lassen. Das Schälen und die restliche Zubereitung besorge ich, während die Gänsebrust im Römertopf vor sich hin schmort.

Während meine Gäste sich an einem Vorspeislein verlustieren, bringe ich die Butter in einem Topf zum Schmelzen, gebe den Zucker dazu und rüttle die Pfanne immer wieder ein wenig, bis der Zucker hellbraun ist. Dann kommen die geschälten Kastanien hinein und werden gut durchgemischt (glasiert). Nun gieße ich die (entfettete!) Hühnerbrühe und die Bratensoße darüber und lasse alles während 15 Minuten bei geschlossenem Deckel köcheln. Dann wird die Gänsebrust entbeint, in dünne Scheiben geschnitten und zusammen mit den Kastanien auf einer flachen Platte angerichtet.

Wie die Gans zum heiligen Martin, so gehört das Schwein, und sei es auch nur ein kleines und rosenhäutiges, zum nicht weniger heiligen Wüstenvater Antonius.

Antonius, um 251 geboren, verstarb im hohen Alter von 105 Jahren. Der Überlieferung zufolge, hatte der Eremit gelegentlich harte Kämpfe mit allerlei Abergeistern und Dämonen auszufechten. Dies wiederum führte dazu, dass die Volksfantasie in dem ihm von den Künstlern beigesellten Schwein einen verkleideten Teufel sah.

In Wirklichkeit jedoch geht dieses Schwein auf den Antoniterorden zurück, der gegen Ende des 11. Jahrhunderts in Frankreich gegründet wurde und dessen Mitglieder sich der Krankenpflege widmeten. Dafür stand ihnen das Privileg zu, ihre Schweine frei weiden zu lassen. Darin und nicht in der Biografie des Heiligen hat die Bezeichnung »Antoniusschwein« ihren Ursprung. Ein solches wurde später in manchen Gegenden mit öffentlichen Mitteln gekauft und hatte an der Kirche seinen Stall. Am 23. Dezember wurde das Antoniusschwein gesegnet, geschlachtet und an die Armen verteilt.

Rouladen nach meiner Art

Die Schnitzel für diese Rouladen stammen selbstverständlich weder vom Kalb noch vom Rind, sondern vom Schwein.

10 g getrocknete Steinpilze
4 flach geklopfte Schweinsschnitzel
Pfeffer, Paprika, Salz
40 g Leberstreichwurst
4 fingerlange Stücke Stangensellerie
2 der Länge nach halbierte kleine Karotten
4 Scheiben Bratspeck
wenig Mehl
Bratfett
150 ml trockener Rotwein
200 ml Fleischbrühe
2 EL Crème fraîche

Die Steinpilze 30 Minuten in Wasser einweichen, Wasser abgießen, Pilze leicht ausdrücken. Die Schnitzel beidseitig würzen, auf einer Seite mit Leberwurst bestreichen und die Pilze darüber verteilen. Je ein Stück Stangensellerie und eine halbierte Karotte mit dem Bratspeck umwickeln und auf die Schnitzel legen, diese satt einrollen, mit einem Zahnstocher fixieren, in etwas Mehl wenden und im heißen Bratfett kurz und kräftig anbraten. Den Bratfond mit dem Wein und der Fleischbrühe ablöschen und die Rouladen während einer guten halben Stunde schmoren lassen. Zum Schluss die Crème fraîche unterziehen.

Falls ich aus Versehen zu viel Steinpilze eingeweicht habe, gebe ich den Rest in die Soße. Dazu serviere ich Erbschen mit Möhrchen und Kartoffelbrei.

Manche Heilige haben etwas von Elfen, Feen oder gutartigen Heinzelmännchen an sich. Sie selber würden sich derartige Titulierungen wohl verbitten. Als Gehilfen oder Helferinnen treten sie bekanntlich nur in Erscheinung, wenn man sie in ihrer Eigenschaft als Schirmherren und Beschützerinnen um Beistand angeht. Und längst nicht alle von ihnen halten sich in Vorratskammern, in der Nähe von Backöfen und in Kochnischen auf. Manche bevorzugen eher das Vorfeld und stehen ihren Schutzbefohlenen bei der Bereitstellung der Grundprodukte zu Diensten.

So haben die Jäger (wie überhaupt alle auf Wildgerichte Versessene) im heiligen Hubertus einen wackeren Gewährsmann gefunden. Sein Mandat erhielt er, obwohl er für die Jägerei nie etwas übrig hatte. Am 3. November 743, 16 Jahre nach Hubertus' Tod, wurden seine Gebeine in das Ardennenkloster zu Andage übertragen, wo er früher als Glaubensbote gewirkt hatte. In diesem Heiligtum suchte man um die Mitte des 10. Jahrhunderts Heilung vor Tollwut. Da gerade die Weidmänner häufig von dieser Krankheit befallen wurden, ergab es sich von selbst, dass Hubertus mehr und mehr zu ihrem Schutzpatron avancierte.

Hubertus war nie auf der Pirsch und seine letzten Lebenstage verbrachte er beim Fischfang. Was uns veranlasst, ihm kein Wild-, sondern ein Fischrezept zu widmen.

Lachsforelle im Kräutersalzmantel

2 kg Meersalz
je 1 gehäufter TL Thymian, Oregano, Dill und Rosmarin
2–3 Knoblauchzehen
1 EL eingelegte grüne Pfefferkörner
1 küchenfertige Lachsforelle (mindestens 1 kg)
1 Bund Petersilie

Das Meersalz mit den Kräutern, dem Pfeffer und dem gepressten Knoblauch vermischen. Den Fisch innen mit 1 gestrichenen TL dieses Kräutersalzes bestreuen. Die Petersilie grob hacken und in den Fischbauch legen. Die Hälfte des Kräutersalzes in einem großen Bräter verteilen, den Fisch darauf legen und mit dem restlichen Salz bedecken. Den Bräter für gut 20 Minuten in die Mitte des auf 250° vorgeheizten Ofens stellen. Im ausgeschalteten Ofen einige Minuten nachziehen lassen. Die Salzkruste aufbrechen, den Fisch vorsichtig herausnehmen und filetieren. Zusammen mit Kräutermayonnaise und Salzkartoffeln servieren.

Wie so manche andere Angehörige der Heiligengilde hat auch Ambrosius (von dem in diesem Buch später noch ausführlicher die Rede sein wird) auf schon fast abenteuerlichen Umwegen Zugang zur Gastronomie gefunden, nämlich weil er mit einem Bienenstock dargestellt wird. Dabei kümmert er sich keinen Deut um den Honigmond der Neuvermählten, sondern sorgt dafür, dass die Bienen die Im-

Gentile da Fabriano, Nikolaus erweckt drei Schüler, Pinacoteca Vaticana. 15. Jh.

ker nicht stechen und sie auch nicht im Stich lassen. Der Apostel Petrus wiederum verhilft den Fischern zu einem guten Fang, während der heilige Matthias, der gewöhnlich ein Beil schwingt, den Schlachtern und Metzgern tat- und schlagkräftig zur Seite steht. Antonius von Padua bewahrt die Brotbäcker beim Teigkneten vor Rückenschmerzen. Der heilige Papst Sixtus II., der im 3. Jahrhundert lebte, sorgt an seinem Gedenktag am 7. August für eine gute Bohnenernte; nebenher kümmert er sich außerdem um das Gedeihen der Reben. Was die Bierbrauer betrifft, haben sie im böhmischen Herzog Wenzeslaus eine feste Stütze. Falls dieser sich einmal etwas schwerhörig stellen sollte, springt Nikolaus von Myra für ihn ein, dem die Legende nachsagt, dass er drei Knaben wieder zum Leben erweckte, die ein ruchloser Brauwirt in einem Fass eingepökelt hatte. An dieser Stelle wäre auch Sankt Brigitta von Kildare zu erwähnen, die in einer ihrer Visionen im Paradies einen großen Biersee erschaute, an dem sich die Seligen nach Lust und Laune laben dürfen. Weil diese irische Heilige aber unglücklicherweise auch einmal Wasser in Milch verwandelte, wurde sie prompt von den Melkern, Käsern und Rinderzüchtern zur Schirmherrin erkoren. Die Butterhändler dagegen, die schon von Berufes wegen zur Crème de la crème zählen, verehren nicht die irländische Kuhhirtin und spätere Nonne Brigitta, sondern den französischen Eremiten Léonard von Noblac, während die Müller darauf vertrauen, dass die erst geräderte und anschließend enthauptete Katharina von Alexandrien ihr Mühlrad munter klappern lasse. Die Bauern schließlich wähnen sich unter der Obhut des Seelenhirten Wendelin, den die Legende zum Schafhirten und die Volksfrömmigkeit zum Beschützer des Viehbestands machte. So ist es denn nicht zuletzt ihm zu verdanken, dass wir jetzt einen ganz besonderen Leckerbissen goutieren dürfen.

Kalbsfilet mit Morchelfüllung

1 Kalbsfilet (700 g)
80 g getrocknete Spitzenmorcheln
1 kleine Zwiebel
125 ml Morchel-Einweichwasser
125 ml Sahne
2 EL Crème fraîche

etwas Butter
Salz, Pfeffer
125 ml weißer Burgunder
20 ml Cognac
1 Spritzer Zitronensaft
2 Scheiben altbackenes Toastbrot, entrindet
Bratfett

Getrocknete Morcheln über Nacht in Wasser einweichen, herausnehmen, mit viel Wasser gut durchspülen. Einweichwasser filtern und aufbewahren.
Die fein gehackte Zwiebel in Butter glasig andämpfen, Morcheln zugeben, mit Salz und Pfeffer würzen, mit Weißburgunder, Cognac, Einweichwasser, Sahne, Crème fraîche und Zitronensaft ablöschen. Das Ganze bei starker Hitze fast reduzieren lassen und zum Schluss mit Toastbrotbröseln binden. Die Masse abkühlen lassen.
Kalbsfilet säubern und mit einem sehr schmalen Messer der Länge nach von beiden Enden durchstoßen. Mit den Fingern die Öffnung etwas erweitern und die Morchelmasse von beiden Seiten bis zur Mitte hin einfüllen. Die Enden zunähen oder mit einem Holzspießchen verschließen. Das Kalbsfilet salzen, pfeffern, in heißem Fett von allen Seiten scharf anbraten und im Ofen ungefähr 15–20 Minuten bei 180° garen.
Herausnehmen und auf einer vorgewärmten Platte etwa 5–10 Minuten ruhen lassen, mit einem scharfen Messer tranchieren und rasch servieren. Übrig gebliebene Morchelmasse mit Einweichwasser und Sahne vermengen, kochen lassen und mit kalten Butterflöckchen aufmontieren und als Soße separat servieren.
Dazu passen Stangenspargel mit neuen Kartoffeln oder Butterreis mit Frühlingsgemüse.

Sobald es Zeit zum Kochen ist, treten die Schutzheiligen der Zulieferer und Zuträgerinnen in den Hintergrund, denn die Köchinnen verlassen sich bekanntlich lieber auf die heilige Marta, die gelegentlich mit einer Kelle dargestellt wird, die sie auch selber rührte, während ihre Schwester Maria Jesu Worten lauschte. Recht ungewöhnlich hingegen mutet das Motiv an, welches die Köche veranlasst, dem heiligen Laurentius einen Stoßseufzer zuzuschicken. Die Künstler stellen ihn gewöhnlich mit einem Gitterrost dar, weil er der Legende zufolge von seinen Peinigern zu Tode geröstet wurde. Diese makabre Überlieferung wiederum brachte es mit sich, dass die Köche ihn zu ihrem Schutzmann erwählten.

Kartoffel-Karotten-Küchlein

Die braten wir selbstverständlich nicht auf dem Grill, sondern in der Pfanne. 500 g geschälte rohe Kartoffeln und 250 g geschälte Karotten auf einer mittelfeinen Röstiraffel reiben. 1/2 fein gehackte Zwiebel, 50 g Speckwürfelchen und 6 EL halbfette Sahne unter die

Masse rühren und diese mit etwas Salz und Pfeffer würzen. Etwas Bratbutter in einer Pfanne erhitzen. Die Backmasse löffelweise in die Pfanne geben und mit dem Kochlöffel flachdrücken. Die Küchlein beidseitig je etwa 6–8 Minuten knusprig braten. Dazu reichen wir eine Bratwurst oder einen grünen Salat. Oder beides.

Manche Heilige fristen in der Küche eher ein Schattendasein. Es gilt dies auch für den heiligen Ulrich von Augsburg († 793). Ihm sollen ruchlose Gesellen an einem Freitag Fleisch vorgesetzt haben, um seine Tugend zu prüfen. Doch der am Fasttag verbotene Braten verwandelte sich in einen Fisch. Was zur Folge hatte, dass Ulrich in den Geruch der Heiligkeit und die auf Fischgerichte Versessenen zu einem Schutzherrn kamen.

Etwas weniger lose ist die Verbindung, welche die heilige Elisabeth (1207–1231) zur Küche unterhält. In gewisser Weise steht sie direkt neben dem Backofen, ist sie doch nicht nur die Schutzheilige Thüringens, die Patronin der Witwen und Waisen, sondern auch die Schirmherrin der Bäcker, weil sie in Notzeiten an die Armen Brot verteilte.

Manche Heilige kamen ganz ohne Kochherd aus, so etwa der 861 im »Finstern Wald« (heute: Maria Einsiedeln) ermordete Einsiedler Meinrad, der sich der Legende zufolge die tägliche Brotration von einem Raben einfliegen ließ, oder der Pestheilige Rochus, dem ein Hündlein jeden Tag ein Laiberchen Brot zutrug. Andere wiederum wurden angeblich von Engeln ernährt, so Maria Magdalena, nachdem sie sich in die raueste Wildnis zurückgezogen hatte. Diese Überlieferung entlehnt die Legende, die sich bekanntlich wenig um Urheberrechte schert, der Lebensgeschichte der Maria von Ägypten; auch ihr sollen Engel in der Wüste den Tisch bereitet haben.

Vor noch nicht allzu langer Zeit hat mich jemand während eines Essens in eine Diskussion über die Schutzpatrone verwickelt. Und mir die heikle Frage gestellt, wen die Köchinnen und die Köche denn anrufen sollten, wenn der Braten angebrannt sei. Ich würde sagen: den heiligen Florian. Dieser wurde im Jahr 304, zur Zeit der diokletianischen Christenverfolgung in Lorch in der Enns ertränkt. In Niederösterreich und Oberbayern gehört er zu den volkstümlichsten Heiligen. Zu ihm nimmt man zwar gelegentlich auch bei Wassernöten seine Zuflucht, vorwiegend aber doch bei Brandgefahr.

Der Aberglaube geht durch den Magen

Wohl möglich, dass der Glaube im Stande ist, Berge zu versetzen. Aber gegen den Aberglauben hat er nur geringe Chancen, vor allem wenn es darum geht, den tausend heimlichen Gefahren des Alltags vorzubeugen. Die drohen bekanntlich nicht nur zu jeder Tageszeit und an allen Straßenecken, sondern auch da, wo man sich am sichersten fühlt und sie am wenigsten vermutet, nämlich in den eignen vier Wänden. Dort findet sich aber auch allerlei Nützliches, um ein Zipperlein zu kurieren oder um übel wollenden Hausgeistern den Garaus zu machen. Da gibt es das Gewürzbord in der Küche, die Gemüseliege im Keller und vielleicht gar ein Flaschendepot unter der Stiege. Nur Begriffsstutzige sind der Ansicht, die dort gehorteten Schätze dienten ausschließlich der Verfeinerung der Gerichte und zur Stillung von Hunger und Durst. Eingeweihte hingegen wissen gar Wundersames zu berichten über die geheimen Kräfte von Speisen und Spezereien. In der guten alten abergläubischen Zeit waren selbst aufgeklärte Geister felsenfest davon überzeugt, dass Knoblauch das zuverlässigste Mittel gegen Vampire darstelle.

Kartoffelgratin mit Knoblauch

800 g Kartoffeln
300 ml Milch
200 ml Sahne
2–3 gepresste Knoblauchzehen
Salz, Pfeffer, Muskat
etwas Butter
30 g geriebener Greyerzer
30 g geriebener Sbrinz

Die geschälten Kartoffeln in sehr dünne Scheiben schneiden. Milch, Sahne, die Hälfte des Käses, Knoblauch und Gewürze miteinander vermischen und in einem Topf kurz aufkochen, die Kartoffeln zugeben und während 15 Minuten köcheln. Die Masse in eine ausgebutterte Gratinform geben, mit dem Käse bestreuen und in dem auf 220° vorgeheizten Ofen 20 Minuten gratinieren.
Vergessen Sie bitte nicht, dass bei diesem Gericht alles vom Knoblauch abhängt. Skeptiker und Zweiflerinnen, die nicht daran glauben, dass er die Abergeister von Haus und Herd fern hält, sollten ihn trotzdem nicht weglassen, schon aus rein geschmacklichen Gründen.

Die missgünstigen Druden, welche schon manchen Haushalt durcheinander und manches Ehepaar auseinander gebracht haben, besänftigt man am besten mit drei weißen Gaben, nämlich mit Salz, Mehl und Eiern. Bier indessen hilft weder gegen die Untoten, noch gegen Kobolde, sondern zieht bloß die Hexen an, die ihre Nase nur zu gern in den weißen Schaum stecken. In Leobschütz verbrannte man 1581 jedenfalls zwei Frauen, weil sie, wenn wir dem Chronisten trauen dürfen, »auf vollen Bierfässern eine Luftfahrt gemacht und sie auf der Kirchturmspitze ausgesoffen hatten«.

Diese unglaubliche Geschichte veranlasst uns, etwas weiter auszuholen. Heute wird das Bier ja vorwiegend von Männern hergestellt. Die neue Rechtschreibung

 Auf dem Weg zum Wirt, Holzschnitt von Jost Amann.

hat am sächlichen Artikel dieses Getränks nichts geändert. Aber eigentlich ist das Bier weiblich. Im Mittelalter nämlich waren es häufig Frauen, welche die hehre Kunst des Bierbrauens (wie auch die des Backens) pflegten. Noch im Jahre 1358 wurde eine der sieben Straßburger Brauereien von einer Frau betrieben und hieß demzufolge *Zur Bierfrowen.* Auch der Klerus der St. Apostelkirche zu Köln ließ sich damals von einer Brauerin mit Bier versorgen. In Oxford kümmerten sich noch im Jahre 1493 mehr Frauen als Männer um die Herstellung des flüssigen Brotes. Damit aber hatten sie, vielleicht auch weil die Kirche sich zu sehr für sie interessierte, wenig Glück. Dass die Männer im ausklingenden Mittelalter die Bierbrauerinnen fast gänzlich aus ihrem Beruf verdrängten, wissen wir nicht nur aus den eher beiläufigen Bemerkungen der Chronisten, sondern auch aus Quellen, über die man heute nicht mehr so gern spricht, nämlich aus den Protokollen von Hexenprozessen.

Dass ausgerechnet die Brauerinnen unter die Hexen kamen, ist kein Zufall. Nachdem das weibliche Geschlecht allmählich aus dem gesellschaftlichen Leben und damit auch aus den öffentlichen Berufen abgedrängt und die entsprechenden Zünfte aufgelöst waren, machten sich Frauen mit emanzipatorischen Gelüsten verdächtig, vorab wenn sie ein den Männern vorbehaltenes Metier ausübten. Einer weit verbreiteten Überzeugung zufolge konnte es sich bei solchen Weibsbildern nur um Hexen handeln.

Eine besondere Kategorie unter ihnen bildeten die »Bierhexen«. Wenn in einem Haushalt der Gerstensaft säuerte, musste es dafür ja Gründe geben. Dann steckte mit Sicherheit eine Zauberin dahinter, die, des bösen Blickes mächtig, mit dem Leibhaftigen unter einer Decke stöhnte. So erfand man die Bierhexen. Und machte mit ihnen kurzen Prozess. Die erste wurde 1423 in der Mark Brandenburg verbrannt. Noch zwei Jahrhunderte lang war in Strafverfahren von Frauen die Rede, die sich angeblich einen Spaß daraus machten, anderen die Freude am Bier zu verderben.

Es wäre falsch zu behaupten, dass die Kirche diesen Aberglauben – oder gar den Aberglauben prinzipiell – bekämpfte. Richtig ist, dass sie Anschauungen und Praktiken, die ihrer Ansicht nach abergläubischer Natur waren, zeitweise unerbittlich ahndete. Nachdem Papst Innozenz VIII. im Jahre 1484 seine berüchtigte *Hexenbulle* veröffentlicht hatte, breitete sich der Hexenwahn in Europa schneller aus als knapp anderthalb Jahrhunderte vorher die Pest. Wer auch nur im Verdacht stand, mit dunklen Mächten zu paktieren, endete in der Regel auf dem Scheiterhaufen. Der Aberglaube an die Existenz von Hexen galt damals als Glaubenswahrheit; wer, wie später der couragierte Jesuit Friedrich Spee von Langenfeld, daran zweifelte, riskierte sein Leben. Paradoxerweise huldigte gerade die Kirche, die sich doch angeblich gegen allen Aberglauben wehrte, selber einem schauerlichen Irrglauben, der die furchtbarsten Folgen zeitigte.

Was jedoch die Nahrungsmittel angeht, und zwar die festen wie die flüssigen, drückten die kirchlichen Würdenträger schon mal ein Auge zu, wenn jemand ihnen Kräfte zuschrieb, die den Gang zum Apotheker erübrigten. Noch heute soll es unter den Gottesgelehrten welche geben, die in der Natur allerlei Übernatürliches wahrnehmen. Letztlich ist das ja bloß eine Frage der Terminologie. Statt von Aberglauben spricht man dann von Volksmedizin.

Tatsächlich soll es ja Gebresten geben, gegen die nur die Volksmedizin hilft. Oder eben der Aberglaube, wie andere keck behaupten. Kleine Testfrage: An wen wenden wir uns, wenn wir Seitenstechen verspüren? Da weiß weder der Arzt einen Rat, noch kennt der Apotheker ein Mittelchen dagegen. Also schauen wir beim Knasterverkäufer vorbei und besorgen uns das sonst verpönte Gewächs. Dann beschmieren wir ein Tabakblatt mit Honig oder mit geriebenem Meerrettich und legen es auf die schmerzende Stelle. Wer von dem besagten Kraut partout nichts wissen will, hebt einen Stein auf, bespuckt ihn auf der Unterseite und legt ihn wieder an seinen Platz zurück. Und spürt sein Leben lang kein Seitenstechen mehr.

Zauberei am Weinfass, Holzschnitt, 1486.

Nicht nur Nikotin, auch Koffein vermag sagenhafte Energien freizusetzen. Schlecht beraten ist, wer Kaffee als pures Genussmittel betrachtet. Liegt denn im Kaffeesatz nicht die Zukunft verborgen – also eigentlich alles? Erschaut man Schlimmes, bleibt dennoch ein Trost. Man trinkt die nächste Tasse kalt; denn kalter Kaffee macht schön.

Granita di caffè (Eiskaffee)

Seine Schönheit fördernde Wirkung entfaltet der Kaffee in vollem Ausmaß erst, wenn er eiskalt genossen wird, beispielsweise in Form einer *granita di caffè*. Dazu erhitzen wir 250 ml Wasser und 175 g Zucker, kochen die Flüssigkeit unter Rühren eine Minute auf, geben 1 große Tasse sehr starken Kaffee hinzu und lassen anschließend alles in einer flachen Schale etwa 1 Stunde gefrieren. Halbgefroren durchrühren und diesen Vorgang noch ein bis zwei Mal wiederholen. Die kristallisierte Masse in Gläser füllen, mit etwas Weinbrand oder Rum verfeinern und mit einem Klacks Schlagsahne servieren.

Unsere Altvordern wussten noch von Dingen, die heute kein studierter Medikus mehr kennt. So lesen wir in einem *Kreuterbuch* aus dem Jahre 1543: »So die schwangeren Weiber oft Quitten essen, sollen sie sinnreiche und geschickte Kinder gebären.« Manche verlangt es statt nach Quitten nach Reis, dessen Verzehr sich auf die Folgen der Liebeslust ebenfalls günstig auswirkt. Weshalb sonst sollten die Hochzeitsgäste nach vollendeter Zeremonie das Brautpaar mit den weißen Körnern bewerfen? Dem Vernehmen nach bewirkt der Genuss von Reis gelegentlich schon vor der Heirat wahre Wunder, etwa wenn Händchen haltende Verliebte sich in die Arme fallen, noch bevor sie ihren Teller mit Risotto geleert haben. Dann war's wohl wirklich Liebe auf den ersten Biss. Ähnlich wie mit den Quitten und dem Reis verhält es sich mit den Krapfen, die man ohne Risiko genießen kann – es sei denn, die Familie sei schon vollständig. Denn Krapfen, wer daran zweifelt, kann es ja darauf ankommen lassen, fördern die Fruchtbarkeit.

Nun sind aber Kaffeesatz und Krapfen und Quitten und Reis beileibe nicht alles, was die Küche an Ersprießlichem zu bieten hat. Es liegen dort gelegentlich auch Erbsen herum. Wer eine Schote mit neun Kügelchen öffnet, dem lacht das Glück lauthals entgegen. Ähnlich gute Aussichten hat, wer vor dem Frühstück drei Mal niesen muss. Sollte dabei das Brot auf den Boden und auf die Butterseite fallen oder das Salzfässchen umstürzen, wird das Schicksal aber gnadenlos zuschlagen. Das gilt auch, wenn jemand an einer Hochzeitstafel Salz verschüttet; dann drohen harte Ehejahre – was allerdings gelegentlich auch sonst eintrifft, wenn wir den Zeitzeugen glauben wollen. Segensreich wirkt sich – nicht nur beim Hochzeitsschmaus – ein durch häufiges Anstoßen verursachtes Gläserklingen aus. Im Wein badet nämlich nicht nur die Wahrheit, es plantscht dort auch der Alkoholteufel; ihn und alle übrigen Dämonen wussten unsere Vorfahren mit Kettengerassel und, wenn keine eisernen Fesseln zur Hand waren, mit Gläsergeklirre wirksam zu verjagen. Anderseits aber liegen in der zügellosen Zecherei auch gewisse Gefahren.

Wer ein Glas füllt, bevor es leer getrunken ist, bekommt die Gicht oder eine böse Schwiegermutter. Wenn das Verhängnis seinen Lauf nimmt, droht gar beides.

Aber – bei allen Kobolden und Druden! – vergessen wir bloß das Gewürzbord nicht! Dort lagern Essenzen und Kräuter, welche die neue Pille überflüssig machen, die derzeit alle im und viele zum Munde führen. Manche schwören darauf, dass Akelei, Petersilie, Vanille, Salbei, Knabenkraut, Fenchelsamen und Liebstöckel die Liebeslust und damit die Lebensfreude steigern. Oder umgekehrt. Wieder andere erwarten sich die gleiche Wirkung vom Verzehr von frisch gelegten Eiern (»Je roher die Eier, desto froher der Freier«). Wer sich vor Salmonellen fürchtet, findet in der Küche jede Menge anderer Mittelchen, die Ähnliches verheißen. Denn auch Kresse, Zwiebeln, Rüben und Sellerie machen müde Männer munter. Und natürlich der Spargel, der aber wegen seiner eindeutigen Form zu zweideutigen Reden Anlass gibt. Vermutlich liegt darin das eigentliche Geheimnis seiner Wirkkraft.

Spargelsalat mit Krevetten

800 g weißer Spargel	*2 Hand voll Rucola*
Salz	*100 g gekochte Krevetten*
1 Prise Zucker	*gehackter Schnittlauch*

Soße für Spargel

100 ml Sahne	*2 TL trockener Vermouth (Noilly Prat)*
2 EL Jogurt	*etwas Zitronensaft*
1 EL scharfer Senf	*Salz, weißer Pfeffer*

Die geschälten Spargeln in 3 cm lange Stücke schneiden (die ganz dicken längs halbieren!) und im Salzwasser unter Zugabe von etwas Zucker etwa 6–7 Minuten kochen. Wasser abgießen und die Spargelstücke auskühlen lassen.

Für die Soße die Sahne steif schlagen und die übrigen Zutaten sorgfältig untermischen. Würzen. Spargelstücke und Krevetten darunter mischen. Rucola in Coupe- oder Kelchgläser verteilen und die Spargel-Krevettenmischung darüber geben. Mit etwas Schnittlauch bestreuen. Und bitte vergessen Sie nicht, jedes Glas mit 2–3 Halmen Schnittlauch zu garnieren. Statt Rucola eignet sich auch zarter Blattsalat.

Dieses Gericht reicht als Vorspeise für vier, als kleine Hauptmahlzeit für zwei Personen. Was die Hauptmahlzeit für zwei Personen betrifft, sind Fälle bekannt, in denen der Spargel ganz schnell wirkte, obwohl die beiden von den einschlägigen Theorien nichts hielten.

Sollte, wie Botaniker und Partnerschaftsberaterinnen fast einhellig versichern, der Glaube an die geheimnisvolle Wirkkraft des Spargels tatsächlich auf krudem Aberglauben beruhen, so helfen bestimmt Austern und Gänsezunge, Kaviar und Krebse, Schnecken und Pfeffer – oder all das zusammen. Die ganz Mutigen packen das Übel gleichsam am Schwanz; sie stehen auf Hengste, Hasen und Hirsche, deren Herz, Hoden oder Hirn sie verzehren; auch Stier und Spatz sind wieder vermehrt gefragt. Oder Trüffel. Wobei aber höchst umstritten ist, ob der hält, was die Volksmedizin verspricht. Bewiesen ist lediglich, dass das Kilo zwischen 1000 und 1500 Euro kostet. Im Übrigen figurierten zeitweilig auch der Fliegenpilz und die Tollkirsche auf der Liste, welche die apfelbusige Aphrodite stets auf dem neuesten Stand hält. Davon aber sei allen abgeraten, selbst jenen, deren Glaube an Abergläubisches stark genug ist, um wenigstens die Hoffnung auf Liebe wach zu halten. Es könnte sich sonst leicht ergeben, dass sie statt des Gipfels der Lust die ewigen Jagdgründe erreichen.

Was die Tollkirsche (*Atropa belladonna*) betrifft, hat man sie früher zusammen mit Eisenhut, Stechapfel und Bilsenkraut auch zur Herstellung von Hexensalben verwendet, welche vor der Orgie mit dem Deiwel auf den Körper aufgetragen wurden. Der rote Fliegenpilz mit den lustigen weißen Tupfen hingegen ist nur ungenossen, etwa auf Neujahrskarten, ein Glücksbringer. Ob er gut verdaulich ist, lässt sich schwer feststellen, da er in der Regel ziemlich schnell zur finalen Betäubung führt. Dann hilft auch die ostasiatische Ginsengwurzel nicht mehr, welche angeblich ein hohes Alter garantiert.

Wer sich bemüht, die Höhen und Tiefen des Lebens etwas auszuloten, entdeckt überall Bedrohliches, das, wenn auch oft nur indirekt, mit der menschlichen Gaumenlust zusammenhängt. Schon ein belegtes Vesperbrot kann dazu führen, dass sogar Heilige sich plötzlich wie Tiere gebärden. Über solcherart Gefährdungen weiß der heilige Kirchenvater Augustinus Bescheid. In seiner bedeutendsten Schrift mit dem Titel *Der Gottesstaat* berichtet er im 18. Kapitel des 18. Buches von einem Vorkommnis, das sich vor allem jene Genussspechte zu Gemüte führen sollten, die einen reichhaltigen Käsenachtisch einem lauwarmen Krapfen vorziehen: »In einem Dorf in Italien gaben einst ein paar Schankwirtinnen den Leuten verhexten Käse zu essen, worauf diese sich prompt in Esel verwandelten. Nachdem sie eine Zeit lang schwere Lasten befördert hatten, nahmen sie wiederum ihre ursprüngliche Gestalt an.« Augustinus zweifelt keinen Augenblick am Wahrheitsgehalt dieser Geschichte. Sie wird schon deshalb stimmen, weil der unentwegte Gottsucher an der besagten Schrift sage und schreibe genau 13 (in Worten: dreizehn!) Jahre gearbeitet hat, von 413–426. Allerdings betont er ausdrücklich, dass Gottes Allmacht nicht zur Debatte stehe, da dieser den ganzen Spuk zulassen wollte.

Häufig munkelt man in unseren Gegenden von neidigen Abergeistern, die den heimischen Herd umschleichen, sogar wenn dort gerade kein Flämmlein züngelt.

Aber auch gegen sie findet sich einiges in Küche und Vorratskammer. Am ehesten hilft Geruchstarkes wie Lauch, Baldrian oder das Tausendgüldenkraut. Auf Kümmel und Fenchel sollen die ungeliebten Hausdämonen ebenfalls allergisch sein. Hundertprozentig schützt man sich vor ihrem Zauber aber nur mit Fett, mit dem man den Körper einreibt. Dass die Kleider Flecken kriegen, nehmen Geisterkundige in Kauf.

Seltsames erzählt man vom Kürbis. Die Kerne sollte man erst an Christi Himmelfahrt setzen, und zwar während das Geläute die Gläubigen zur Messe ruft. Dann erreicht der Kürbis die Größe einer Kirchenglocke. Andere allerdings kennen ein profaneres – und, wie sie behaupten, probateres – Mittel, um das Wachstum dieses Kletter- und Kriechgewächses zu fördern; sie setzen sich auf die Kerne, bevor sie diese setzen. Dann werden die Kürbisse groß und rund und voll wie pralle Hintern.

Kürbissuppe

250 g Kürbisfleisch
1 kleine gehackte Zwiebel
30 g Butter
20 g Mehl
1 1/4 l Wasser
1/2 kleine Sellerieknolle in kleinen Stücken
1 Tomate in Stücken
Suppengrün, gehackt
Salz, Pfeffer

Das Rezept zu dieser reichhaltigen Suppe stammt aus dem Südtirol. Die Zwiebel in der Butter kurz andünsten, das Mehl, anschließend das Wasser dazugeben, alles mit dem Schneebesen gut verrühren. Anschließend kommen die übrigen Ingredienzien hinzu und werden weich gekocht. Die Suppe passieren, nochmals aufkochen und mit Salz und Pfeffer würzen.

Manche Menschen sind derart oral fixiert, dass sie vom Essen sogar träumen. Im Grunde ist das kein schlechtes Zeichen. Vielmehr bietet sich so die Möglichkeit, einen Blick in die Zukunft zu werfen. Wer sich im Traum beim Naschen ertappt, kann mit einer Beförderung rechnen. Wer sich Gebratenes einverleibt, sollte möglichst bald eine Spielbank aufsuchen. Und wer im Schlaf die Essigflasche zum Mund führt, hat endlich die Gewissheit, dass die Verwandten oder Freunde sauer sind. Das ist kein Aberglaube; es ist die reine Wahrheit. Ebenso wahr ist, dass etwas Meerrettich im Geldbeutel vor wütenden Hunden schützt.

Natürlich gibt es auch abergläubische Rituale. Aber dafür haben wir nichts übrig. Wir halten uns an das Reale. Denn nur das Reale ist das Wahre. Wer Leuten begegnet, die Unglaubliches berichten (was Experten zufolge möglicherweise für den vom heiligen Augustinus berichteten Vorfall zutrifft), sollte sich an den Dichter Justinus Kerner (1786–1861) halten. Der kennt ein Rezept, von dem er vermutet, dass es selbst in hoffnungslosen Fällen gelegentlich hilft. Kerner war übrigens nicht nur Dichter, sondern auch Arzt. Und Spiritist. Also muss er's ja wissen:

Trinkt euer Bier nur dreister,
Speist eine Wurst dazu,
Dann lassen euch die Geister
Und böse Träum' in Ruh.

Wer sich nach ein paar Maß zwischendurch einmal kurz absentiert, sollte das Bier nicht einfach stehen lassen, sondern den Humpen zudecken. Erwiesenermaßen sind die Hexen auch dann scharf auf das schäumende Gebräu, wenn man nicht an sie glaubt.

Vom »honigfließenden Lehrer«, vom Bienenkorb des heiligen Ambrosius und vom Honeymoon

Wer sich in der Nähe von Überlingen am Bodensee aufhält, sollte, falls der Schriftsteller Martin Walser gerade keine Zeit hat, unbedingt einen Abstecher zum Kloster der Zisterzienser in Birnau machen. Die dortige Wallfahrtskirche, ein Juwel des Barocks, wurde in einer Rekordzeit, nämlich von 1746–1750, erbaut und wird selbst jene nicht unbeeindruckt lassen, welche zum Papst ein etwas distanziertes Verhältnis haben. Da die Patres einen von einem dortigen Mönch verfassten kunsthistorischen Führer für die Basilika anbieten, können wir uns hier eine ausführliche Beschreibung der an Kunstschätzen reichen Klosteranlage ersparen. Falls Ihnen in der Kirche zufällig gerade einer der Mönche über den Weg läuft, wird er Sie, liebe Leserinnen und Leser, zweifellos auf den Honiglecker hinweisen, einen lebenslustigen und listigen Putto, den der aus dem oberösterreichischen Linz stammende Bildhauer Josef Anton Feuchtmayer aus einem Marmorblock zum Leben erweckte und am ersten Seitenaltar vorne rechts, gleich vor der Kommunionbank, aufstellte. Dort macht der verschleckte Nackedei seit Jahr und Tag der über dem Hochaltar thronenden Gnadenmutter ernsthaft Konkurrenz; unbeschwerte Urlauberinnen und Touristen sind entzückt von der lustvollen Art, mit der er seinen honigtriefenden Finger lutscht. Selbst niedergedrückten Pilgern und verzagten Wallfahrerinnen vermag sein Anblick ein Lächeln zu entlocken. Eingefleischte Atheistinnen und ausgemachte Agnostiker fragen sich zumindest, wie dieser Honig naschende Putto in eine Kirche kommt.

Das könnte ihnen nicht nur der Prior erklären, sondern auch der bescheidenste Laienbruder des Klosters, weil nämlich die Mönche, obwohl nicht ganz von dieser Welt, über weltliche Dinge manchmal viel besser Bescheid wissen als aufgeklärte Freigeister, die einfach nicht einsehen wollen, dass Religion mit Geistigkeit und Geistigkeit wiederum, zumindest indirekt, etwas mit Gastronomie zu tun hat. Der Laienbruder oder Prior würde uns vermutlich zuerst auf das vom Putto flankierte Altargemälde hinweisen. Dort erkennen wir den heiligen Bernhard von Clairvaux, der von 1090 bis 1153 lebte und ein großer Muttergottesverehrer war, weswegen man ihn auch als »Zither Mariens« bezeichnete. Im weißen Chorgewand der Zisterzienser kniet er vor der Madonna. Zu ihr aufblickend und die Leidenswerkzeuge Jesu umfassend gibt er seiner Liebe zum Erlöser Ausdruck. In der linken unteren Ecke des Gemäldes sehen wir einen von Engeln umschwärmten Bienenkorb, welcher die geisterhebenden Schriften des *Doctor mellifluus*, des honigfließenden Lehrers, symbolisch veranschaulicht.

Diese heute nicht mehr ohne weiteres verständliche Symbolik hat innerhalb der christlichen Kunst eine jahrhundertealte Tradition. So wurde (und wird) auch ein anderer großer Prediger und Kirchenschriftsteller, der heilige Ambrosius (um 340–397), bisweilen mit einem Bienenkorb dargestellt, was darauf zurückzuführen ist, dass seine *Sermones* der Mailänder Bevölkerung lieblicher schmeckten denn Honigseim. Dieser Umstand wiederum gab Anlass zur Legendenbildung. Vermutlich war es ein etwas fantasiebegabter Zuhörer oder eine von der Wortgewalt des Heiligen hingerissene Verehrerin, welche die Mär in die Welt setzte, dass sich auf dem Gesicht des schlafenden Knaben einstmals ein ganzer Bienenschwarm niedergelassen habe, weil sein Mund von süßem Nektar geradezu überströmte.

Wenn die Kunst- und Kirchengeschichte den Eindruck vermittelt, der Honig sei vorab für Augen und Ohren bestimmt, wollen wir darüber doch nicht vergessen, dass er auch Mund und Magen frommt – eben weil, wie wir schon sagten, Geistigkeit auch etwas mit Gastronomie zu tun hat.

Hühnerbrüstchen an Honigsoße

4 Hühnerbrüstchen
Salz, Pfeffer
1 EL fester Honig
2 EL Erdnusskerne
3 EL Butter

Honigsoße

200 ml Hühner- oder Gemüsebrühe
1 Spritzer Sojasoße
2 EL Honig
12 entsteinte Aprikosen
1 EL sehr kalte Butter

Die Hühnerbrüstchen (ersatzweise: Putenschnitzel) beidseitig salzen und pfeffern und auf der Oberseite mit Honig bestreichen. Die Erdnusskerne (ersatzweise: Pinienkerne) in einer Teflonpfanne (ohne Butter!) rösten und beiseite stellen. Butter in der Bratpfanne erhitzen, die Hühnerbrüstchen zuerst auf der Unterseite, dann auf der Honigseite braten und warm stellen. Den Fond mit der Hühnerbrühe ablöschen, die Sojasoße und den Honig unterrühren, die Aprikosen (ersatzweise: vorher in Wasser eingeweichte Dörraprikosen) erhitzen und warm stellen, die Pfanne vom Herd nehmen und die kalte Butter unterziehen.
Die Soße mit den Erdnusskernen und den Aprikosen über die Hühnerbrüstchen geben.
Dazu gibt's einen Trockenreis. Und eine passende Geschichte.

Die handelt von einem Juden, der eine Hühnerfarm bewirtschaftete. Eines Tages kommt er zum ortsansässigen Wunderrabbi gelaufen. »Rabbi, helft! In meinem Hühnerstall ist eine Seuche ausgebrochen.« Der Rabbi klärt und gibt folgende Ejze (Rat): »Geh heim, räuchere den Stall aus und gib frisches Stroh hinein!« Der Jude eilt glücklich nach Hause. Zwei Tage später ist er wieder da: »Rabbi, die Hühner sterben weiter, zehn Hennen sind eingegangen!« Der Rabbi klärt wieder und sagt: »Kauf trockenen Mais, vermenge ihn mit Hirse und füttere die Hennen mit dieser Mischung.« Der Mann bedankt sich und geht heim. Schon zwei Tage später findet sich der Jude wieder beim Rabbi ein: »Rabbi! Euer Mittel hat nicht geholfen, letzte Nacht sind dreißig Hühner eingegangen!« Darauf der Rabbi: »Ejzes hab' ich noch genug. Aber hast du auch genug Hühner?«

Während wir für unsere Gäste das Rezept für unser Honigschnitzel aufschreiben, kommt uns in den Sinn, dass wir die Begriffe »Honigwoche« und die »Honigzeit« dem Schriftsteller Jean Paul verdanken, der allerdings dem Honigmond nichts abgewinnen konnte. Wie wäre wohl seine Reaktion ausgefallen, wenn er geahnt hätte, dass die Amerikaner heutzutage ihre Angebetete mit *Honey* anreden und daraus das Recht ableiten, an ihren Ohrläppchen zu knabbern und sie auf den Hals zu küssen?

Arme Schlucker

Dass der Aberglaube nicht nur schädlich, sondern auch tödlich sein kann, zeigt der Fall der Dienstmagd Anna Göldi, die 1782 in Glarus dem letzten in der Schweiz durchgeführten Hexenprozess zum Opfer fiel. Unter anderem spielte in diesem absurden Verfahren ein Mädchen eine beweiskräftige Rolle, welches mehrfach Nadeln ausspie und behauptete, die Göldi hätte ihr diese mit einem verzauberten Gebäck in den Magen expediert. Heute wissen wir auf Grund der zeitgenössischen medizinischen Literatur, dass mutwillige Kinder den Trick mit dem Nadelspeien damals häufig anwandten, sei es, um sich in den Mittelpunkt zu stellen, sei es, um missliebige Personen zu schädigen.

Ähnliche weniger tragische, dafür aber umso bizarrere Begebenheiten von armen Schluckern wurden vor allem im 16. und 17. Jahrhundert durch die europäische Flugblatt- und Zeitungsliteratur verbreitet. Diese teils wahren, teils erfundenen Hungergeschichten handelten von Menschenwesen, die es allesamt nach ausgefallener Kost verlangte. So nennt der Königsberger Medikus Daniel Becker 1643 in seiner Schrift *Historische Beschreibung des Preußischen Messerschluckers, wie er nicht allein durch einen Schnitt des Messers befreyet, glücklich geheilet, sondern nunmehr ein Weib gefreyet* gleich mehrere Exempel von Leuten, die Haarbüschel, Holz, Kohlen, Glas, Nägel und Nadeln, aber auch Schlangen, Kröten, Gewehrkugeln und Knochen, ja sogar einen ganzen Hundeschwanz ausgespuckt haben sollen. Wobei der erzählfreudige Medizinmann ausdrücklich erwähnt, dass viele seiner Kollegen der Ansicht seien, der Leibhaftige persönlich habe den Bedauernswerten diese Dinge mit seinen Zauberkräften in die Gedärme appliziert.

Becker selber hingegen, der allem Mystizismus abhold und dem Rationalismus zugetan war, vertrat die Meinung, dass es sich bei derartigen Phänomenen um »melancholische Imaginationes« handle. Mit dieser Diagnose lag er möglicherweise gar nicht so daneben. Gut zehn Jahre später nämlich berichtet sein Kollege Thomas Bartholinus von einem Mann, der sich in dem Wahn, einen Nagel verschluckt zu haben, so lange krümmte, bis ihm sein Arzt ein solches Ding heimlich in das *vomitorium*, will sagen in den Spucknapf, legte und ihn so auf wundersam natürliche Weise von seinem Hirngespinst befreite.

Manche Leute weigern sich schlicht, einfach alles zu schlucken, was sie vorgesetzt bekommen. Aber wer nicht gar zu verwöhnt ist, wird sich jetzt gern zu uns an den Tisch setzen, um unser einfaches Menü zu kosten.

Tafelspitz mit Rhabarber-Vinaigrette

für 6 Personen

1 l Fleischbrühe
1 kg Tafelspitz
1 Frühlingszwiebel
3 EL Apfelessig
5 EL feinstes Olivenöl
Salz, Pfeffer
1 kleiner Stängel Rhabarber

Das Fleisch in die kochende Brühe legen und auf kleiner Flamme etwa zwei Stunden köcheln.
Den Rhabarber *sehr* fein würfeln, die Frühlingszwiebel mit dem Grün hacken und beides zusammen mit den übrigen Soßen-Zutaten gut vermischen. Den Tafelspitz in dünne Scheiben schneiden und zusammen mit der Vinaigrette anrichten. Dazu passt Stangenweißbrot.
Da wir den Tafelspitz als Vorspeise servieren, wird ungefähr die Hälfte davon übrig bleiben.

Zucchinipfannkuchen

500 g Zucchini
Salz, Pfeffer
2–3 Eier
1 EL Mehl
1 kleiner Bund Petersilie
1 kleiner Bund Schnittlauch
1 Hand voll Basilikumblätter
1 Schalotte
2–3 EL geriebener Hartkäse
Olivenöl

Die Zucchini mit der Röstiraffel in eine Schüssel reiben, leicht salzen und durchmischen. Die Eier mit dem Mehl verquirlen. Petersilie, Schnittlauch, Basilikumblätter und die Schalotte fein hacken und zusammen mit dem Käse unter die Eimasse rühren. Diese pfeffern und mit den Zucchini vermischen. Etwas Olivenöl in einer Bratpfanne erhitzen, die Zucchinimasse darüber verteilen und wenn sie auf der einen Seite goldbraun gebraten ist, mit einem Teller wenden. In vier Stücke schneiden und anrichten. Das Gericht schmeckt heiß und lauwarm.

Überbackenes Eis mit Früchten

4 Eiweiß
100 g Puderzucker
2 Eigelb
1 Packung Löffelbiskuits
Himbeer- oder *Orangensaft*
Himbeergeist oder *Orangenlikör*
Himbeeren oder *Orangenscheiben*
Himbeer- oder *Vanilleeis*

Eiweiß und Puderzucker zu Schnee schlagen. Das Eigelb schaumig rühren und darunter ziehen.

Eine flache Gratinform mit Löffelbiskuits auslegen. Mit etwas Fruchtsaft und wenig Himbeergeist oder Orangenlikör tränken, einige Himbeeren oder die Orangenscheiben darauf verteilen. 1 Block Eis in dicke Scheiben schneiden und diese ziegelartig auf die Biskuits legen. Die Eimasse so darauf verteilen, dass das Eis ganz bedeckt ist. Sofort in den heißen Backofen schieben und bei einer Oberhitze von 250° ganz kurz überbacken, bis die Eimasse leicht braun ist.

Parfümierte Wassermelone

Wem dieser Nachtisch zu aufwändig erscheint, sticht aus einer Wassermelone kleine Kugeln aus (oder schneidet das entkernte Fruchtfleisch einfach in mundgerechte Stücke). Diese werden mit etwas Grand Marnier oder Cointreau parfümiert und mit einer Kugel Zitroneneis serviert.

Von fettigen Fingern und vom Teufelszeug

Zu Beginn des 11. Jahrhunderts erlitten ein paar Nordländer im fernen Venedig einen wahren Schock, an den sich später einer von ihnen schriftlich erinnerte: »Der Doge von Venedig, Pietro Orseolo II., hatte eine Byzantinerin zur Frau. Sie rührte keine Speise mit den Fingern an, sondern die Eunuchen mussten ihr die Gerichte in kleine Stücke schneiden, die sie sich dann mit einem zweizinkigen Gäbelchen aus Gold in den Mund schob.«

Tatsächlich diente in jenen Zeiten selbst in Fürstenhäusern die Gabel lediglich als Küchengerät. Vorzugsweise benutzte man sie zum Tranchieren von Braten.

Das bedeutet jedoch nicht, dass man sich bei Tisch unzivilisiert verhielt. Als Teller diente zumeist ein harter Brotfladen. Darauf legte man das Fleisch (wenn es denn welches gab) oder andere feste Speisen, zerlegte diese mit dem Messer und schob sich die Nahrung mit der Hand in den Mund. Flüssiges wie Brei oder Suppe trug man in Schüsseln auf, die jeweils für zwei oder drei oder auch mehr Personen bestimmt waren und schlürfte den Inhalt direkt aus dem kreisenden Gefäß. In vornehmeren Kreisen bediente man sich eines Löffels, der aber erst im 13. Jahrhundert allgemeine Verbreitung fand.

Bei Hofe und in den Adelshäusern allerdings hatte sich schon zur Zeit Karls des Großen eine feinere Esskultur entwickelt. Die zeigte sich vornehmlich darin, dass man Tischtücher benutzte, an denen man sich die schmutzigen Finger abputzen konnte.

Das war schon deshalb nötig, weil die von den Mönchen in Montecassino noch im Jahre 1023 als Teufelszeug verschriene Essgabel sich in deutschen Landen erst um die Wende vom 16. zum 17. Jahrhundert, und zwar gegen den ausdrücklichen Widerstand der Kirche, durchzusetzen vermochte. Dass es bei Tisch dennoch halbwegs manierlich zuging, verdankte sich den seit dem 13. Jahrhundert verbreiteten *Tischzuchten*, eine Sammlung von Anstandsregeln, die Leute von Stand zu beachten hatten, wenn sie ihr Renommee nicht verlieren wollten. Plötzlich galt es nun als unanständig, das Messer am Stiefelschaft zu säubern und sich ins Tischtuch zu schnäuzen.

Wie der Chronist überliefert, wusste Kaiser Karl V. auf dem Reichstag von 1547 durchaus, was sich bei Tisch gehörte: »Ich habe den Kaiser auf etlichen Reichstagen oft essen sehen. Er ließ sich nichts vorschneiden, brauchte auch das Messer nicht viel, sondern schnitt so viele Stücklein Brot, so groß wie er sie zu jedem Bissen in den Mund stecken konnte. Das Gericht, von dem er essen wollte, löste er an der Ecke, wo es ihm am besten gefiel, mit dem Messer, sein Stück brach er mit den Fingern auseinander, zog die Schüssel unter das Kinn und aß so natürlich, jedoch reinlich und sauber, dass man seine Lust daran sah.«

Noch der Sonnenkönig Ludwig XIV. († 1715) weigerte sich beharrlich, mit der Gabel zu essen und verbot das auch der übrigen Tischgesellschaft, was seine Schwägerin Liselotte von der Pfalz in einem ihrer vielen Briefe nach Österreich zu einer Klarstellung veranlasste: »Mir hat noch nie jemand dergleichen verbieten müssen. Ich habe mich zeit meines Lebens beim Essen nur meines Messers und meiner fünf Finger bedient.« Als Liselotte sich einmal besorgt über den unstillbaren Appetit ihres Schwagers äußerte, musste sie sich sagen lassen, es sei Aufgabe der Köche, den König zu füllen, und die der Ärzte, ihn zu entleeren.

Bekanntlich sah das Hofzeremoniell von Versailles vor, dass die Herren mit dem Federhut auf dem Kopf zu speisen hatten. Des Weiteren verlangte die Etikette, dass les Messieurs jedes Mal, wenn eine Dame das Wort an sie richtete, den Hut zu heben hatten. Da die gesprächige Liselotte keinerlei Grund sah, sich in verbaler Zurückhaltung zu üben, sahen sich ihre Gäste gezwungen, ständig ihre Kopfbedeckungen zu lüften. Diese waren dann, da es ja keine Gabeln gab, am Ende eines Galadiners oft über und über mit Speisefett beschmutzt.

Gemüse-Crostini

8 Toastscheiben
125 g Frischkäse (z. B. Cantadou)
2 EL geriebener Meerrettich
Kräuter aus der Provence
1/2 rote Paprika, in sehr feinen Streifen
1/2 Zucchetti, fein gerieben
1 Messerspitze Paprika edelsüß
frisch gemahlener schwarzer Pfeffer

Sämtliche Zutaten (außer natürlich die Toastscheiben) mit dem Käse vermischen. Die Maße auf die Toastscheiben streichen und diese diagonal halbieren. Auf ein Backblech geben und 10 Minuten in dem auf 220° vorgeheizten Ofen backen. Statt Paprika kann man auch eine geriebene Karotte verwenden.

Dass der in Sachen Gastronomie nicht ganz unsensible Goethe sich zu Beginn des 19. Jahrhunderts darüber beschwerte, dass er gezwungen sei, Messer und Gabel selber mitzubringen, wenn er in französischen Gaststätten speise, soll uns nicht weiter stören. Wir führen unsere Crostini mit der Hand zum Mund. Damit keiner der Gäste seine Hände am Tischtuch abwischt, haben wir Papierservietten bereitgelegt.

»Nachbarin! Euer Fläschchen!« oder Von Weinheiligen und Weinseligen

Wir waren noch bei der Vorspeise und mein Glas war schon leer. Selber nachzuschenken getraute ich mich aber nicht. Dabei befand sich der Bocksbeutel mit dem Frankenwein in Reichweite, genau neben meiner Tischnachbarin, von der ich wusste, dass sie den ganzen *Faust* auswendig kannte. Nun macht sich ein Goethezitat ja immer gut. Vermutlich kann man damit nie sein Leben retten, aber in einer heiklen Situation manchmal das Gesicht wahren. Also lächelte ich der Dame zu, deutete mit einer leisen Geste auf mein Glas und sagte: »Nachbarin! Euer Fläschchen!«

Madame gab sich charmant: »Das arme Gretchen ...« Während sie mir nachschenkte, nahm ich das Etikett ins Visier und bemerkte, dass es sich um einen 1993er Volkacher Ratsherr handelte. Für Zahlen habe ich nur etwas übrig, wenn sie auf Weinflaschen stehen.

Auch den Barolo, Jahrgang 1983, der später zum Hauptgericht gereicht wurde, habe ich noch in bester Erinnerung. Weil mich nämlich der Hausherr mit einem leisen Lächeln fragte: »Darf ich unserem Weinheiligen noch einen kleinen Schluck nachschenken?«

Wenn die Kirche Heilige und Selige auseinander hält, ist dieser Unterschied lediglich gradueller Natur. Selige sind Heilige, deren Fest bloß in bestimmten Gegenden oder von einzelnen Ordensgemeinschaften liturgisch gefeiert wird. Was hingegen die Weinheiligen und die Weinseligen angeht, ist die Differenz wesentlicher Natur.

Weinselige Menschen tragen ihr Herz auf der Hand, weil sie ein klein bisschen zu viel – na, Sie wissen schon ... Die Weinheiligen hingegen sind rundherum nüchterne Gestalten, welche für günstige Witterung sorgen, die Rebberge bewachen und den Traubensaft in die richtige Gärung führen. Zu diesen Weinheiligen zählt die Kirche eine ganze Reihe von Jesusjüngern und Christusnachfolgerinnen. Manche von ihnen gehören allerdings eher zufällig oder auf Grund von Verwechslungen zu dieser illustren Gilde – so der irische Wanderbischof Kilian, der im Würzburgischen um 689 den Märtyrertod erlitt und den der Dichter Josef Victor von Scheffel (1826–1886) in der zweiten Strophe seines Frankenliedes zum Winzerschutzherrn beförderte, allerdings ohne vorherige Rücksprache mit der römischen Ritenkongregation:

Bald hebt sich auch das Herbsten an,
die Kelter harrt des Weines.
Der Winzer Schutzherr Kilian
beschert uns etwas Feines.

Wer diesen Vers im Kopf und die dazugehörige Melodie im Ohr hat, wird sich kaum daran stoßen, dass der gute Scheffel, sei es nun in grober Unkenntnis des lokalen und liturgischen Brauchtums oder aber bloß um des gelungenen Reimes willen, den Ur-Patron der Weinbauern, nämlich den heiligen Papst Urban, bedenkenlos durch den Frankenheiligen Kilian ersetzt hat.

Aber auch Urban I., er regierte von 222–230, kam rein zufällig zu seiner Schirmherrschaft über Weingärten, Weinbauern und Weinkeller. Nicht auf Grund von irgendwelchen historischen Begebenheiten, sondern wegen seines Gedenktages erwählten ihn die Weinbauern zu ihrem Schutzherren. Schließlich fällt sein Festtag am 25. Mai mit dem Endtermin der Weingartenbestellung zusammen. Was lag da näher, als ausgerechnet den Tagesheiligen um seine Fürbitte für ein gutes Gedeihen der Reben anzugehen?! Später mag der Rebensaft dazu beigetragen haben, dass die historischen Lücken in Urbans Biografie mit allerlei sagenhaften Geschichten ausgefüllt wurden. So erzählt man sich, dass dieser sich zur Zeit einer Christenverfolgung wochenlang in einem Weinberg versteckt hielt, bevor ihn die Häscher dort aufspürten und den Folterknechten übergaben. In den Weingegenden war der Glaube an die Wirkkraft dieses Heiligen so tief verankert, dass selbst die Bilderstürmer seine Statuen nicht zerstören mochten. Im Württembergischen gestand man ihm sogar nach der Reformation weiterhin seine Prozession zu. Bei anhaltendem schlechtem Wetter allerdings wurde der Bedauernswerte regelrecht abgestraft; man beschimpfte ihn als »Rebenmännle« und wässerte seine Statue im Stadtbrunnen. Übrigens wird Papst Urban erst seit dem 15. Jahrhundert mit einer Traube in der Hand dargestellt, deren Form an eine Tiara, die früher gebräuchliche Papstkrone, erinnert.

Ungefragt wie Papst Urban wurde auch der heilige Theodul, der erste Bischof von Martigny im schweizerischen Wallis, zum Schutzheiligen der Weinbauern befördert. Dieser leitete gegen Ende des vierten Jahrhunderts die damals neu errichtete Diözese, und vermutlich lag der bischöfliche Amtssitz inmitten von ertragreichen Rebbergen. Daher versteht es sich eigentlich von selbst, dass die manchmal etwas angeschickerte Legende ihm ein Weinwunder zuschreibt, an das sich die von Haus aus nüchterne Historie beim besten Willen nicht erinnern kann. Nachdem die Pflanzungen ganzer Rebberge einem Frost zum Opfer gefallen waren, soll der glaubensstarke Gottesmann die Winzer aufgefordert haben, die wenigen noch guten Weintrauben zu pressen und den Saft in die Fässer zu verteilen, die sich daraufhin prompt mit Wein füllten, bis dass dieser überschwappte.

Dass neben dem heiligen Theodul noch ein anderer Bischof, nämlich der heilige Martin von Tours, zum Schirmherrn trinkfreudiger Gesellen, der Mundschenke und deren Lieferanten wurde, hängt mit seinem liturgischen Gedenktag zusammen. Der wird seit jeher am 11. November begangen, zu dem Zeitpunkt also, an dem der Beaujolais primeur von Frankreich aus durch ganz Europa gekarrt wird und seine erste Kraftprobe zu bestehen hat. Nach Sanct Martini begann im Mittelalter die damals streng gehandhabte vorweihnachtliche Fastenzeit. Am Tag vor diesem großen Verzicht pflegten stand- und handfeste Christenmenschen früher nicht nur beim Essen kräftig zuzulangen.

Hubert und Jan van Eyck, Johannes der Evangelist, Genter Altar, rechter Außenflügel, Gent, St. Bavo, 1432.

In früheren Jahrhunderten hatten die Winzerleute das Jahr über nicht nur ihre vollen Fässer im Sinn, sondern je nach Jahreszeit auch eine Reihe mehr oder weniger erlauchter Schutzheiliger vor Augen; der Himmel war gewissermaßen geerdet. Spuren davon finden sich noch in einigen alten Bauernregeln. Im Winter erinnerte man sich des heiligen Sebastians, dessen Fest auf den 20. Januar fällt: »Sebastian je kälter und heller – Scheuer und Fass umso völler.« Der heilige Vitus hatte am 15. Juni für gutes Wetter zu sorgen, damit die Rebenblüten nicht verrieselten. Und gegen Jahresende, am 27. Dezember, wird in manchen katholischen Kirchen auch heute noch der Kelch mit dem gesegneten Johanniswein kredenzt. Diese ins Mittelalter zurückreichende Gepflogenheit beruht auf einer Legende, nach welcher der Heilige einen Giftbecher geleert hat, ohne Schaden zu nehmen. Diese Geschichte bildete einen idealen Vorwand, um die alten heidnischen Trankopfer und die damit verbundenen Saufgelage etwas einzuschränken, indem man sie zur Johannisminne umfunktionierte. Der notorische Durst der Teutonen war einfach zu groß, als dass man den uralten germanischen Brauch, die Götter durch Zechgelage günstig zu stimmen, ersatzlos hätte abschaffen können.

Michael Pacher, Traubenmadonna, Pfarrkirche St. Lorenzen bei Bruneck.

Das ganze Jahr über zuständig für die Bekämpfung der Reblaus und für das Gedeihen der Weingüter ist der heilige Abt Wigbert, ein Angelsachse, der Bonifatius nach Deutschland folgte, in Hessen und Thüringen missionierte und um 737 im Kloster Fritzlar verstarb. Seine Attribute sind Traube und Kelch, weil er, als einst der Messwein fehlte, eine Traube ausdrückte. Eine Beere allerdings grub er ein; daraus wuchs in den folgenden Jahren ein riesiger Weinstock – erzählt die Legende.

Gelegentlich sieht man Bilder, auf denen die Muttergottes eine Weintraube in der Hand hält. Solche Traubenmadonnen verdanken wir unter anderem Lukas Cranach, Martin Schongauer und Hans Leinberger. Die theologische Absicht, die aus diesen Darstellungen spricht, können ein paar Verse aus *Des Knaben Wunderhorn* verdeutlichen:

Das Weinkorn, das hochheilige,
das kam vom Himmel herab
einer Jungfrau unter ihr Herze,
die war heilig und klar.
Sie trug es unvergoren
bis an den Weihnachtstag.
Da ward der Wein geboren,
der alle Dinge vermag.

Das geht offenbar auf jene Gleichnisrede vom »Weinstock Israel« bei Jesaja (5. Kapitel, 1.–7. Vers) zurück, die Jesus zu Beginn des 15. Kapitels des Johannesevangeliums aufgreift, wo er sich als »wahren Weinstock« bezeichnet. Dieses Motiv wiederum wird von manchen spätmittelalterlichen und frühneuzeitlichen Künstlern aufgegriffen und abgewandelt, indem sie Christus in der Kelter zeigen. Ähnlich wie die Trauben getreten und gepresst werden, um Wein zu erzeugen, wird Christus gekeltert, will sagen gekreuzigt, damit das Erlösungswerk zur Vollendung kommt. Gelegentlich nimmt auch die Wurzel Isais (Jesaja 11. Kapitel, 10. Vers) in der Kunst die Form eines Weinstocks an, in dessen Krone dann Maria mit dem Gotteskind thront.

Andere Kunstwerke wiederum verweisen auf Jesus als den wahren Weinstock, indem sie das Kind im Arm der Mutter statt mit der Weltkugel mit einer Traube zeigen. Ein schönes Beispiel dafür findet sich im Theobaldusmünster im elsässischen Thann, wo in der hinteren Kapelle des südlichen Seitenschiffes eine liebliche Winzermadonna auf die Gläubigen herabblickt. Gestiftet wurde diese Maria mit dem sanften Blick im Jahre 1510 von der Rebmannszunft. Aber nicht sie, sondern der schelmisch lächelnde Jesusknabe zieht aller Blicke auf sich; in der Hand hält er eine große Traube, die er hinter seinem Rücken vor den Augen der Mutter zu verstecken sucht.

Während die Weinseligen Bacchus verehren, indem sie dem Rebensaft manchmal etwas über Gebühr frönen, verhalten die Weinfreunde und Weinliebhaberinnen sich in dieser Hinsicht distinguiert und kultiviert; sie halten Maß, und sie halten sich an die Weinheiligen.

Eben fällt mir ein, dass ich meine eigene Geschichte ja noch gar nicht zu Ende erzählt habe. Die Frage des Hausherrn, ob »unser Weinheiliger« noch einen kleinen Schluck Barolo möchte, habe ich zustimmend und mit der gebotenen Noblesse beantwortet. »Sehr gern – aber ein großer Schluck tut's auch.«

Übrigens kamen die Gäste bei dieser Zusammenkunft in den Genuss eines Essens, das nach meinen Vorschlägen zubereitet wurde. Die Rezepte möchte ich meinen Lesern und Leserinnen nicht vorenthalten.

Gefüllte Morcheln im Brotkörbchen

4 Scheiben Toastbrot (12 x 12 cm)
Trüffelöl oder Butter
20 große getrocknete Morcheln
1 Hand voll Rucola
(evtl. etwas Distelöl, Weißweinessig und 1 Prise Salz)

Füllung:

1 sehr *fein gehackte Schalotte*
1/4 sehr *fein gehackte rote Paprika*
Butter
80 g Kalbsbrät
80 g Hackfleisch
1/4 Bund fein gehackte Petersilie
Pfeffer

Morchelsoße

200 ml Wasser von den eingeweichten Morcheln
1 Brühwürfel
100 ml Kaffeesahne
1 Gläschen trockener Vermouth (oder Portwein)
Salz, Pfeffer
80 g Crème fraîche

Die Morcheln etwa 2 Stunden in lauwarmem Wasser einweichen.
Den Backofen auf 220° vorheizen. Rinde von den Toastbrotscheiben wegschneiden, dann das Brot auf der Oberseite mit Trüffelöl bepinseln oder mit wenig Butter bestreichen.
Je eine Scheibe in ein ofenfestes Portionenförmchen (Souffléförmchen oder Ähnliches) drücken und mit einem zweiten Förmchen beschweren. Die Brotscheiben in der Ofenmitte etwa 7 Minuten backen, auskühlen lassen und die ›Körbchen‹ aus den Förmchen nehmen.
Die eingeweichten Morcheln sehr gründlich waschen und abtropfen lassen. Das Einweichwasser filtern und beiseite stellen.
Schalotte und Paprika in etwas Butter dünsten. Auskühlen lassen und mit dem übrigen Zutaten der Füllung zu einer Farce vermengen. Diese mit dem Spritzsack in die Morcheln füllen.

Das Morchelwasser in einem Topf erhitzen, den zerbröselten Brühwürfel dazugeben, die Kaffeesahne und den Vermouth unterrühren, die Soße mit Salz und Pfeffer abschmecken und aufkochen, damit sich die Füllung in den Morcheln, die nun mit einem Löffel sorgfältig in den Topf gelegt werden, sofort verfestigt. Die Hitze reduzieren und die Morcheln etwa 20 Minuten sanft köcheln. Den Topf vom Herd nehmen und die Crème fraîche unterrühren.
Rucola mit wenig Distelöl, Weißweinessig und einer Prise Salz vermischen und ringförmig auf die Teller verteilen. Die Brotkörbchen in die Mitte setzen und mit den Morcheln und der Soße füllen. Wer *bella figura* machen möchte, schneidet für jeden Teller je eine der Morcheln in der Mitte auf und legt sie geöffnet obendrauf, damit die Füllung gleich sichtbar wird.
Für vegetarische Gäste fülle ich die Morcheln mit etwas Safranrisotto vom Vortag, den ich zuvor im Cutter mit ganz wenig Sahne püriert habe. Die farbliche Wirkung ist umwerfend.
Weil von der Hackfleisch-Brätfüllung stets etwas übrig bleibt, bereite ich davon die siebenfache Menge zu und mache daraus Fleischpflanzl. Die hebe ich in der Gefriertruhe für meine Freunde und Freundinnen auf, die wissen, dass ich spontane Besuche nicht weniger schätze als längerfristig geplante Gastereien.

Polenta mit Steinpilzen nach meiner Art

30 g getrocknete Steinpilze (einweichen und grob hacken)
250 g Maisgrieß
1 Lorbeerblatt

100 ml Einweichwasser der Steinpilze
900 ml Gemüsebrühe
2 EL Butter
geriebener Greyerzer

Die Gemüsebrühe und die Einweichflüssigkeit der Steinpilze zusammen mit dem Lorbeerblatt aufkochen, Letzteres entfernen, die Hitze reduzieren, die Steinpilze und den Maisgrieß unter Rühren beigeben, zugedeckt etwa 25 Minuten quellen lassen und dabei gelegentlich umrühren. Vor dem Servieren Käse und Butter unterziehen. Was den heutzutage oft verwendeten Rapid- oder Quickmais betrifft, ist mir schon die Bezeichnung ein Gräuel.

Lammfleisch nach meiner Art

4 Nierstücke vom Lamm

Für die Marinade:

3 Wacholderbeeren
2 Nelken
1 in grobe Stücke geschnittene Zwiebel
Rotwein und Essig (3 Teile Rotwein, 1 Teil Essig)
1 Zweiglein Thymian
½ Lorbeerblatt

außerdem

1–2 EL Bratensoße
1 Salbeiblatt
Salz, Pfeffer
Butter
Trauben

Das Fleisch in mundgerechte Bissen schneiden und zusammen mit den übrigen Zutaten im Rotwein mindestens 3 Tage im Kühlschrank marinieren. Gelegentlich wenden und dabei beachten, dass die Fleischstücke immer vom Wein bedeckt sind.

Das Fleisch aus der Marinade nehmen und mit Küchenpapier trocken tupfen und beiseite stellen. Die Marinade erhitzen, ein Salbeiblatt und etwas Bratensoße beigeben, mit Salz und Pfeffer abschmecken und etwas einkochen.

Das Fleisch in Butter kurz und scharf anbraten und anschließend in der Soße einige Minuten köcheln. In der Bratpfanne kleine Büschelchen mit weißen und roten Trauben in etwas Butter erhitzen und zusammen mit dem Fleisch servieren.

Kartoffel-Apfel-Brei

700 g Kartoffeln
2 kleine Äpfel
Salz
1–2 EL Butter
100 ml Milch

Die geschälten Kartoffeln in kleine Würfel schneiden und 15 Minuten im Salzwasser kochen. Nach der Halbzeit die geschälten, entkernten und gewürfelten Äpfel mitkochen. Das Wasser abschütten und die Kartoffel- und Apfelstücke passieren und wieder in die Pfanne geben. Milch und Butter hinzufügen und die Masse mit der Kelle luftig schlagen.

Brokkoli an Balsamico-Vinaigrette

Brokkoli in Salzwasser ca. 15 Minuten kochen; abtropfen und etwas auskühlen lassen.

Für die Vinaigrette:

4 Teile Balsamessig (aceto di Modena)
4 Teile Distelöl
Pfeffer
Salz

Die Zutaten mit dem Schneebesen gut vermischen. Ein schweres Olivenöl wäre hier fehl am Platz, da es das delikate Aroma des Balsamessigs übertönen würde. Die Vinaigrette über die gekochten lauwarmen Brokkoli-Röschen geben.

Ingwerzwetschgen mit Zwetschgen-Zimteis

Pro Person etwa 5 kalifornische halbierte Dörrzwetschgen in etwas mit Zimt gewürztem Rotwein erhitzen. Zucker nach Belieben, etwas Zitronensaft und kleine Stücke von kandiertem Ingwer dazugeben. Sanft köcheln.
In einer Schale pro Person 1/4 Meringueschale zerbröseln. 1–2 Kugeln Zwetschgen-Zimteis darauf geben und die warmen (nicht: heißen!) Zwetschgen darüber verteilen.

Waadtländer Rahmkuchen

Für diesen Klassiker gibt es unzählige Varianten. Wir halten uns hier ans Überlieferte und Altbewährte. Und tragen der Tatsache Rechnung, dass unser Kuchenblech einen Durchmesser von 26 Zentimetern aufweist.

Hefeteig

250 g Mehl
mindestens 150 ml Milch
15 g frische Hefe
25 g weiche Butter
1/2 TL Salz

Belag

150 ml fette Sahne
5 EL Zucker
Butter fürs Backblech

Das Mehl in eine Schüssel sieben. In der Mitte eine Vertiefung eindrücken.
Die Hefe in der handwarm temperierten Milch auflösen und diese in die Vertiefung gießen.
Dabei etwas Mehl vom Rand einrühren bis ein dickflüssiger Teig entsteht.
Etwas Mehl vom Rand darüber stäuben. Bei Raumtemperatur stehen lassen,
bis sich Risse zeigen.

Butter und Salz zum Mehl geben und mit der Kelle alles zu einem Teig zusammenstreichen. Diesen mit den Händen kneten, bis er geschmeidig ist. Daraus eine Kugel formen und diese in eine vorgewärmte Schüssel geben. Und warten, bis das Volumen sich verdoppelt hat.

Das Kuchenblech mit reichlich Butter bestreichen, den Teig hineinlegen, mit der Hand darin ausziehen und gleichmäßig verteilen. Einen kleinen Rand eindrücken, damit nachher die Sahne nicht ins Blech fließt. Mit einer Gabel an mindestens zwanzig Stellen einstechen. Das Kuchenblech mit dem Teig nochmals für eine halbe Stunde mit einem Tuch bedecken, den aufgegangenen Teig mit der Hand wieder etwas eindrücken, zwei Drittel der Sahne darauf verteilen und mit der Hälfte des Zuckers bestreuen. Den Kuchen in der Mitte des auf 250° vorgeheizten Ofens etwa 15 Minuten backen. Kurz vor Ende der Backzeit den Rest der Sahne und des Zuckers darüber verteilen. Am besten schmeckt dieser Kuchen lauwarm. Wer keinen Kaffee verträgt, trinkt dazu ein Viertel Waadtländer, vorzugsweise einen Chasselas.

Beim Gedanken an den Waadtländer fragen wir uns allerdings, ob wir unseren Gästen als Vorspeise an Stelle der gefüllten Morcheln nicht einen Malakoff zumuten und ihnen bei dieser Gelegenheit erklären sollten, dass sie – worauf ja schon der Name hinweist – beim Verzehr dieser Spezialität immerhin mit der Weltgeschichte in Berührung kommen. Als 1853 verschiedene europäische Truppen gegen die Russen um die Vorherrschaft an der Krim kämpften, zeigte es sich bald, dass die Schlacht um das Fort Malakoff in der Hafenstadt Sewastopol die Entscheidung bringen würde. Die Festung wurde nach 14-monatiger Belagerung von den waadtländischen Söldnern des französischen Generals Pélissier eingenommen. Pélissier wurde dafür zum Duc de Malakoff geadelt, während seine Mannen die früheren Heldentaten später in ihrer Heimat bei gebackenen Käseschnitten aufwärmten, die schließlich kurzerhand Malakoff genannt wurden. Nur gibt es davon, wie übrigens auch von den strategischen Vorgängen in Russland, verschiedene Versionen, die teilweise erheblich voneinander abweichen. Die Miss Nazionale der helvetischen Gastronomie, Marianne Kaltenbach (welche in ihrem Kochbuch *Aus Schweizer Küchen* die hier angeführte Art der Zubereitung überliefert), bezeichnet das Gericht nach einem waadtländischen Ort als *Croûte de Vinzel*. Wer sich in dem verschlafenen Vinzel (Postleitzahl: 1184) etwas umsieht, stößt früher oder später unfehlbar auf die *Pinte Au Coeur de la Côte* und dort auf ein Plakat, welches die

Alternative Malakoff oder Croûte de Vinzel geflissentlich vermeidet: *Bienvenue à Vinzel, chez Charly, le numéro 1 à Malakoff-City.*

Croûte de Vinzel

400 g geriebener Greyerzer
2 Eier
2 Knoblauchzehen
1 EL Kirsch
1 TL Backpulver
2 EL Mehl
Salz, Pfeffer, Muskat
1 rundes Modelbrot
1 Eiweiß
Öl zum Frittieren

Den Käse mit den verquirlten Eiern, dem durchgepressten Knoblauch und dem Kirsch verrühren. Das Backpulver mit dem Mehl mischen, in eine Schüssel sieben und mit der Käsemasse zu einem Teig verarbeiten. Mit Salz, Pfeffer und Muskat würzen. Das Modelbrot in 1/2 cm dicke Scheiben schneiden. Eine Seite der Brotscheiben mit leicht geschlagenem Eiweiß bestreichen. Das ist das Geheimnis, damit die Käsemasse auf dem Brot haftet und beim Frittieren nicht abfällt.

Die Käsemasse dann auf die bestrichene Seite der Brotscheiben bergartig aufhäufen. Mit einem Esslöffel zu einer kompakten Halbkugel formen und die Oberfläche schön glatt streichen, damit beim Frittieren kein Öl eindringt. Mit der bestrichenen Seite nach unten in die Fritteuse geben (wichtig: nicht über 180°!) und goldgelb ausbacken. Sofort servieren.

Denkmal für eine Köchin

Sie hat ihr Leben lang gekocht. Zuerst als Schulmädchen unter der strengen Aufsicht ihrer Mutter. Hernach zwischen dreißig und vierzig Essen pro Tag, in einem Hotel. Anschließend in mehreren Haushalten. Dann für ihren Ehepartner und, nachdem ein Kind nach dem anderen sich anmeldete, über Jahre hin für ihre siebenköpfige Familie.

Nach dem Tod ihres Mannes hat sie weitergekocht, für sich und die fünf Kinder. Nachdem die flügge geworden waren, kochte sie zweieinhalb Jahrzehnte lang fast nur noch für sich selber. Dabei war ihre Freude am Kochen stets größer als ihre Lust aufs Essen. Und die war auch nicht klein. Vor allem später, als *ich* sie bekochte, wenn ich sie besuchen konnte. Bei solchen Gelegenheiten hat sie manchmal von Dingen gekostet, von denen sie früher nicht einmal wusste, dass es sie gab.

Sie hat ihr Leben lang lieber gekocht als gegessen. Als sie mit ihren 86 Jahren merkte, dass ihre Kochbegeisterung nachließ, hat sie gesagt, es sei Zeit. Und hat die Wohnung aufgelöst und ist ins Altersheim gezogen.

Ich habe meiner Mutter beim Umzug geholfen. Berge von Fotos und Bündel von Briefen kamen zum Vorschein. Erinnerungen kamen hoch. Tränen kamen keine.

Als ihr beim Räumen ihre Zeugnisse in die Hände fielen, hat sie sich gefreut: »Die kannst du behalten. Ich brauche sie jetzt nicht mehr. Aber es wäre schön, wenn jemand sie liest.«

Ich habe sie gelesen. Immer wieder ist da die Rede von einer »willigen und treuen Angestellten«. Auch ihre »Ehrlichkeit, Bescheidenheit und Selbstständigkeit« werden gerühmt. Am 15. Oktober 1934 bestätigt man ihr, dass sie »bei uns eine einfache bürgerliche Küche besorgt hat«. Am 3. Mai 1937 schreibt eine Dienstherrin: »Auch kochen kann sie gut bürgerlich.« Am 15. November 1939: »Sie besorgte bei mir den Haushalt selbstständig, und ich war mit ihren Leistungen speziell im Kochen sehr zufrieden und kann sie weiterhin bestens empfehlen.«

Das allererste Arbeitszeugnis lautet so: »Die Unterzeichnete bezeugt hiermit, dass die Inhaberin dieses Certificats vom 1. Dezember 1932 bis 1. Dezember 1933 als Kochlehrtochter in meinem Dienste gestanden ist. Sie ist als treue, willige und arbeitsame Tochter bestens zu empfehlen, 1. Dezember 1933. Hotel Sternen, in *** – gez. Frau W.-R.«

»Treu, willig und arbeitsam«, sage ich zu meiner Mutter. »Alle Achtung.« Nachdenklich schaut sie mich an. »Weißt du, was das heißt? Dass man nach Strich und Faden ausgenützt wurde. Dass ich von morgens um halb sechs bis abends um zehn, oft bis um elfe in der Küche stand. Für einen Hungerlohn. Dass ich gerade alle zwei Wochen einen freien halben Tag hatte – falls nicht gerade wieder ein wichtiges Essen anstand. Dass man den Launen der Herrschaften hilflos ausgeliefert war.« Dann macht sie eine Pause und lächelt. Und sagt: »Aber kochen, das habe ich damals gelernt! Und das ist mir später in vielen Haushalten zugute gekommen. Dort habe ich es dann auch besser gehabt. Weißt du, wenn jemand sein Handwerk beherrscht ...«

Dann reden wir über einfache Rezepte. Zu diesen gehören auch die Käseschnitten, auf die wir als Kinder regelrecht gierig waren. Meine Mutter hat die Brotscheiben einfach in einer Mischung aus Ei und geriebenem Hartkäse gewendet und in heißem Fett ausgebacken. Ich mache sie ein bisschen aufwändiger.

Käseschnitten

8 Scheiben Brot
1 Glas Weißwein
4 Scheiben Schinken
70 g geriebener Emmentaler
70 g geriebener Greyerzer
50 g Hüttenkäse (Cottage cheese)
4 EL Sahne
Muskat

Die Brotscheiben kurz in etwas Weißwein wenden. Mit 1/2 Scheibe Schinken belegen. Käse und Sahne zu einem Teiglein vermischen und mit Muskat würzen. Auf dem Schinken verteilen. Im Ofen bei 220° 20 Minuten backen.

Bei einem meiner Besuche kamen wir auch auf das Hotel zu sprechen, in welchem meine Mutter vor über 70 Jahren ihre Lehre gemacht hat. Dort ist inzwischen vieles anders geworden. Der Betrieb hat sich vom Restaurant zum Fresstempel gemausert. Alles ist bestens organisiert. Auch das Personal, in Gewerkschaften.

Wenn ich keinen Besuch erwarte, bereite ich mir gelegentlich ein paar Käseschnitten zu, wobei ich die Brotscheiben einfach in einer Mischung aus Ei und geriebenem Hartkäse wende und in heißem Fett ausbacke. Sie schmecken ganz anders als in meiner Kindheit. Und so bin ich noch immer auf der Suche nach der verlorenen Zeit.

Literaturhinweise

Gastronomica

Arnold R., Pasta Polonaise, in: Klink V. (Hrsg.), Cotta's kulinarischer Almanach 1999/2000, Stuttgart 1998, S. 110–113

Bergdolt K., Leib und Seele. Eine Kulturgeschichte des gesunden Lebens, München 1999

Bernhard O., Dreihundertjähriges deutsches Kloster-Kochbuch, Leipzig 1856

Bonardi G. (Hrsg.), Giovanni Bockenheym. La Cucina di Papa Martino V, Milano 1995

Coe S. und M., Die wahre Geschichte der Schokolade, Frankfurt am Main 1997

Faccioli E. (Hrsg.), L'arte della cucina in Italia, Torino 1987

Fahrenkamp H. J., Wie man eyn teutsches Mannsbild bey Kräfften hält. Die vergessenen Küchengeheimnisse des Mittelalters, Hannover 1986

Feller L., Änismodel. Geschichte – Brauchtum – Symbolik, Olten 1998

Glazer Ph., Mense e cibi ai tempi della Bibbia. Gusti, alimenti e riti della tavola nell'Antico e nel Nuovo Testamento, Casale Monferrato 1995

Haid H., Vom alten Handwerk, Bad Sauerbrunn 1991

Harrus-Révidi G., Die Kunst des Genießens. Esskultur und Lebenslust, Düsseldorf Zürich 1996

Häußner Th., (Hrsg.), Das kleine Buch vom Bier, Würzburg 1999

Höller H./Schmitt A., Das neue Buch vom Frankenwein, Würzburg 1997

Imbach J., Was Päpsten und Prälaten schmeckte, Würzburg 1997

Kirchschlager M., Was Sie schon immer über teutsches Pier wissen wollten, Weimar 1999

Klink V./Opitz St. (Hrsg.), Cotta's kulinarischer Almanach auf das Jahr 1994, 1993

Klink V./Opitz St. (Hrsg.), Cotta's kulinarischer Almanach auf das Jahr 1996/97, Stuttgart 1995

Magri D., Virtù del Kafè bevanda introdotta nuovemente nell'Italia. Con alcune osservazioni per conservar la sanità nella vecchiaia, Viterbo 1657

Otto B. (Hrsg.), Dreihundertjähriges deutsches Kloster-Kochbuch enthaltend eine bedeutende Anzahl längst vergessener, jedoch äußerst schmackhafter Gerichte. Nach einem in den Überresten des ehemaligen Dominikaner-Klosters zu Leipzig aufgefundenen Manuskript, Leipzig o. J. (Reprint der Ausgabe von 1856)

Paczensky G./Dünnebier A., Leere Töpfe, volle Töpfe. Die Kulturgeschichte des Essens und Trinkens, München 1994.

Pfistermeister U., Hier kehrt man ein. Wirtshausschilder aus drei Jahrhunderten, Nürnberg 1998

Root W., Das Mundbuch. Eine Enzyklopädie alles Essbaren, Frankfurt am Main 1995

Schechta R., Gut bei Leibe, München 1998

Schultz U. (Hrsg.), Speisen – Schlemmen – Fasten. Eine Kulturgeschichte des Essens, Frankfurt am Main und Leipzig 1993

Thiele-Dohrmann K., Europäische Kaffeehauskultur, Düsseldorf/Zürich 1997

Unterwurzacher L., ... und dann gib's zur Tafel. Herrschaftliches Kochen im alten Tirol, Hall in Tirol 1997

Literatur- und Geistesgeschichte

Aldinger M., Bewusstseins-Erheiterung. Weisheitsgeschichten. Herder, Freiburg Basel Wien 1998

Chaucer G., Canterbury-Erzählungen (dtv 2200), Zürich 1996

Dornetti V. (Hrsg.), Il diavolo in pulpito. Spettri e demoni nelle prediche medievali, Milano 1991

Franz von Assisi, Legenden und Laude. Hrsg. von Otto Karrer, Zürich 1945

Franz von Sales, Philothea oder Anleitung zum gottseligen Leben, Einsiedeln 1869

Kierkegaard S., Der Augenblick, Zürich 1942

Kirchhoff H., Christliches Brauchtum. Feste und Bräuche im Jahreskreis, München 1995

Kurzel-Runtscheiner M., Töchter der Venus. Die Kurtisanen Roms im 16. Jahrhundert, München 1995

Luther M. Tischreden, Weimar 1912

Melander O./Seria J., Von einem der lieber groß als kleine Fisch isst, Darmstadt 1618

Moroni G. R., Dizionario di erudizione storico-ecclesiastica, 103 Bde., Venezia 1840–1861

Moser D.-R., Bräuche und Feste im christlichen Jahreslauf, Graz Wien Köln 1993

Nussbaumer J., Die Kellerkinder von Nivagl. Die Geschichte einer Jugend, Basel 1995

Platter F., Tagebuchblätter, Basel 1977

Reinhardt V., Rom. Ein illustrierter Führer durch die Geschichte, München 1999

Scarnera A., Il digiuno cristiano dalle origini al IV° secolo, Roma 1990

Tacchi-Venturi P., Stato della religione in Italia nella metà del secolo XVI, Roma 1908

Vale G. (Hrsg.), Itinerari di Paolo Santonino in Carintia, Stiria e Carniola negli anni 1485–1487, Città del Vaticano 1958; deutsch unter dem Titel: Die Reisetagebücher des Paolo Santonino 1485–1487 (Hrsg. von R. Egger), Klagenfurt 1947

Weisungen der Väter. Apophthegmata Patrum, auch Gerontikon oder Alphabeticum genannt. Eingeleitet und übersetzt von B. Miller, Freiburg i. Br. 1965.

Kochbücher

Berry M., Süße Träume. Die besten Kuchen und Desserts, Cham 1993

D'Avila-Latourrette V.-A., Köstliche Klostermenus für jede Jahreszeit, Freiburg i. Ü. 1999

Ehlert T., Kochbuch des Mittelalters, Düsseldorf [4]1994

Erler-Zanol A. / Kofler D., Südtiroler Hausmannskost, Bozen 1992

Freudenberger W. (Hrsg.), Schmankerln aus Kärnten, Linz 1995

Goodman N. / Marcus R. / Woolhandler S., Rezepte zwischen Himmel und Erde. Gaumenfreuden aus biblischer Zeit, Asslar 1997

Harrus-Révidi G., Die Kunst des Genießens. Esskultur und Lebenslust, Düsseldorf und Zürich 1996

Hofmann I., Köstlichkeiten aus Klöstern, München 1996

Kaltenbach M., Meine Fischküche, Bern und Stuttgart [4]1992

Kaltenbach M., Aus Schweizer Küchen, Bern [9]1993

Kochen meine Freude. Rezepte aus der Klosterküche der Franziskanerinnen des Kreszentia-Klosters Kaufbeuren, Kempten [7]1992

Lambert Oritz E., Gewürze, Kräuter und Essenzen. Das Handbuch für die Küche, München 1993

Landis E., Von himmlischen & irdischen Köstlichkeiten. Ein Kochbuch um die Propstei St. Gerold im Gr. Walsertal, Meilen 1996

Papa S., La nuova Cucina dei monasteri, Milano 1993

Pauli Ph., Lehrbuch der Küche, Zürich [12]1992

Pauli Ph., Rezeptbuch der Küche, Zürich 1992

Seed D., The top on hundred Pasta Sauces, London 1987

Teubner Ch., Pizza- und Pasta-Variationen, München 1985

Register der Rezepte

** in größeren Mengen auch als Hauptgericht
* in kleineren Mengen auch als Vorspeise

Fleisch

Geflügel

Fisch

Gemüse und Kartoffelgerichte

Desserts

Kuchen und Gebäck

Mixgetränke